本专著得到工商管理黑龙江省国内一流学科资助

　　本专著是国家自然科学基金项目(41801137)、中国博士后科学基金项目(2016M600257)、黑龙江省哲学社会科学规划项目(20JYE275)、黑龙江省政府博士后资助项目(LBH-Z16093)的阶段性研究成果

碳排放约束下

中国旅游产业
效率测度及优化策略

MEASUREMENT AND OPTIMIZATION STRATEGIES OF
TOURISM INDUSTRY EFFICIENCY IN CHINA UNDER
CARBON EMISSION CONSTRAINTS

汤　姿　司小鹏 等 著

经济管理出版社
ECONOMY & MANAGEMENT PUBLISHING HOUSE

图书在版编目（CIP）数据

碳排放约束下中国旅游产业效率测度及优化策略 / 汤姿等著 . -- 北京：经济管理出版社，2024. -- ISBN 978-7-5096-9757-3

Ⅰ . F592.3

中国国家版本馆 CIP 数据核字第 20241995GT 号

组稿编辑：杨　雪
责任编辑：杨　雪
助理编辑：付姝怡
责任印制：许　艳
责任校对：陈　颖

出版发行：经济管理出版社
　　　　　（北京市海淀区北蜂窝 8 号中雅大厦 A 座 11 层　100038）
网　　址：www.E-mp.com.cn
电　　话：（010）51915602
印　　刷：北京晨旭印刷厂
经　　销：新华书店
开　　本：720mm×1000mm/16
印　　张：13
字　　数：241 千字
版　　次：2024 年 10 月第 1 版　　2024 年 10 月第 1 次印刷
书　　号：ISBN 978-7-5096-9757-3
定　　价：78.00 元

前　言

大好世界，万物繁盛，最美中华，如诗如画。习近平总书记提出"面向未来，我们要敬畏自然、珍爱地球，树立绿色、低碳、可持续发展理念，尊崇、顺应、保护自然生态，加强气候变化、环境保护、节能减排等领域交流合作，共享经验，共迎挑战，不断开拓生产发展、生活富裕、生态良好的文明发展道路，为我们的子孙后代留下蓝天碧海、绿水青山"。

人不负青山，青山定不负人。在 2023 年全国节能宣传周的启动仪式上，国家发展改革委相关人员表示，2012~2022 年我国以年均 3% 的能源消费增速支撑了年均 6.2% 的经济增长，能耗强度累计下降了 26.4%，相当于少用了约 14.1 亿吨标准煤，少排放了近 30 亿吨二氧化碳。这一成就既是我们始终坚持"绿水青山就是金山银山"理念的结果，也表明我国在生态保护和经济发展之间寻找到了双赢的途径，这是我国在生态文明建设上取得的重要成果。

随着旅游业的升级和旅游市场的扩大，旅游业的碳排放已经成为全球碳排放不可忽视的组成部分。2020 年，我国宣布力争于 2030 年前二氧化碳排放达到峰值，于 2060 年前实现碳中和。"双碳"目标下的旅游业发展方式必然发生重大转型和变革，旅游业的低碳转型成为推动实现"双碳"目标的关键一环。减少旅游业二氧化碳的排放，走低碳旅游之路，已成为旅游业发展过程中所面临的最紧迫的环境问题。本书针对旅游业研究的热点和前沿问题，将低碳理念应用到旅游业可持续发展过程中，可以服务于三个目的：一是唤醒大众的低碳意识，当前许多地区的旅游业发展呈现奢侈化趋势，造成了资源和能源的过度浪费，全民节能减排成为我国旅游业低碳发展的社会力量；二是揭示碳排放约束下我国旅游产业效率的时序变化与空间差异特征，识别和筛选出影响旅游产业效率的主要因素；三是通过理论研究与实证探索双碳目标下旅游业高质量发展的可行性路径，构建我国旅游产业的低碳优化模式，并提出保障模式顺利实施的策略，以期提升我国低碳旅游产业效率，平衡区域效率差异。基于此，本书以可持续发展理论、低碳经济理论、经济增长理论、脱钩理论、效率理论、旅游系统理论和利益相关者理论为基础的理论框架，对我国旅游业碳排放的时空演变和碳排放约束下旅游产业效率评价进行了实证分析；根据低碳旅游产业效率的影响因素结果和我国旅游业低碳发展现状与案例分析，归纳总结旅游产业低碳优化模式与提升策略。

本书是集体智慧的结晶。全书由汤姿设计统筹并与其他作者研讨确定提纲，汤姿撰写了第1、2、3、8章，司小鹏撰写了第4、5章，司小鹏、梁妍、程冰、王静、张宏源和任意共同完成了第6章，陶雨婷和张敏思共同完成了第7章，最后由汤姿统改定稿。

本书是国家自然科学基金项目（编号：41801137）、中国博士后科学基金项目（编号：2016M600257）、黑龙江省哲学社会科学规划项目（编号：20JYE275）、黑龙江省政府博士后资助项目（编号：LBH-Z16093）的阶段性研究成果。

目　　录

第1章 绪论

1.1 研究背景及意义

1.1.1 研究背景

（1）地球温室气体排放促进行业的低碳转型

全球气候变化是 21 世纪人类面临的最大且最广泛的挑战之一，关系地球生物的生死存亡。根据世界各国对温室气体排放的计算和评估，温室气体的组成中占比最高的是二氧化碳。联合国政府间气候变化专门委员会（Intergovernmental Panel on Climate Change，IPCC）在 2021 年上半年召开的会议上重点讨论了温室气体对气候变化的影响，并在报告《气候变化 2021：自然科学基础》中指出，自 18 世纪 50 年代以来，人类活动是造成温室气体浓度增加的主要原因。人类生活的地球有着自己的循环系统，有适宜的温度维持生物的生存和成长，但是如果温度继续上升就会给生态环境带来毁灭性的灾难。因此，积极推行政策，严格控制二氧化碳等温室气体大量排放以减缓全球气候变暖势在必行。1992 年，联合国环境与发展大会在巴西里约热内卢举行，会议通过了《联合国气候变化框架公约》，第一次将控制二氧化碳排放提上议程，让世人开始重视二氧化碳排放带来的问题，1994 年该公约正式生效。自 1995 年起，联合国气候大会每年都会举行，并由参会成员共同制定和形成相关决议。1997 年的《京都议定书》、2007 年的"巴厘路线图"决议、2009 年的《哥本哈根协议》、2011 年的德班气候大会，以及 2015 年的《巴黎协定》等都是各国为缓解气候变暖所做的努力。在此过程中，如何分配各国所承担的责任和义务，在各国利益和冲突中寻找契合点是需要重点商讨的部分。在国际社会大舞台上，国与国之间会为了各自的利益进行博弈（曾贤刚等，2011）。

能源消耗导致的二氧化碳排放是加剧全球气候变化的重要因素之一（Mardani et al.，2018）。工业化在产生了经济利益的同时付出了环境的代价，所以为了未来的生存，人类必须将经济的发展与碳排放的控制平衡起来，通过低碳环保的生产经营方式实现可持续发展。中华人民共和国成立之后，尤其是改革开放以来，中国社会经济高速发展，GDP 增幅位居世界前列，但经济的发展往往伴随着工业化水平的提高，进而增加了碳排放，导致地表温度不断上升。中国气象局气候变化中心发布的《中国气候变化蓝皮书（2022）》显示，1951~2021 年，我国地表年平均气温呈显著上升趋势，升温速率为每 10 年 0.26℃（中国气象报社，2022）。作为一个负责任的大国，我国积极进行气候治理，高度重视温室气体排放问题。2020 年，国家主席习近平在第七十五届联合国大会上宣布了我国的"双碳"目标，即力争于 2030 年前达到二氧化碳排放峰值，2060 年前实现碳中和的目标。虽然我国仍处于经济发展的重要阶段，但全国上下各行各业都在积极探索碳减排的可操作性，以期寻找合适的途径来实现"双碳"目标，这充分表明了中国在气候变化这一全球性问题中负责任的态度，体现了一个大国应有的担当。

（2）旅游业发展与全球气候变化密切相关

旅游业是一个综合性很强的产业，对环境具有较强的依赖性，因此与气候变化有着非常密切的关系（Nicholls，2006；席建超等，2010）。一方面，旅游业发展对全球气候变化具有高度的敏感性（Dubois and Ceron，2006；钟永德等，2013）。气候变化会引起自然景观和旅游季节的变化，其带来的高温、干旱、暴雨、洪水、雾霾、冰冻、野火等更会直接影响旅游业的发展。由于气候变化对自然环境会产生不可逆的影响，世界自然遗产和文化遗产也会受到一定程度的损害。例如，海平面上升使一些海岛国家的旅游景点面临被淹没的风险，进而可能使这些国家或地区的旅游业遭受严重打击。因此，碳排放问题直接影响了旅游业的可持续发展，这已成为全球旅游业面临的现实性挑战。另一方面，旅游业的发展对碳排放具有重大影响。2005 年，旅游业二氧化碳的排放量在二氧化碳总排放中所占的比例高达 4.9%，总额高达 13 亿吨。在全球气候变暖的情形下，由于旅游者人为因素导致的变暖达到了 5%~14%（UNWTO-UNEP-WMO，2008）。如果旅游业不做任何调整和变化，二氧化碳排放量预计 2005~2035 年将按照每年 3.2% 的速度增长（Peeters and Dubois，2010）。

2014 年，联合国气候变化专家小组的研究结果显示，若不进行控制，随着旅游业规模的不断壮大，到 2025 年旅游业所占的碳排放量将上升到 10% 左右。上述事实表明，旅游业与气候变化是相互影响的。因此，旅游业应积极采取有效措施以减缓气候变暖的进程。

（3）我国旅游业发展及其低碳转型

改革开放以来，我国人民以更快的速度富裕起来，对物质生活和精神生活都有了更高的追求，促进了旅游产业的蓬勃发展。2009 年国务院在《关于加快发展旅游业的意见》中指出，要将旅游业建设成为国民经济的战略性支柱产业和人民群众更加满意的现代服务业。公开数据显示，2019 年的国内旅游人数超过 60 亿人次，入境游客超过 1 亿人次，出境游客达 1.54 亿人次，实现了 6.63 万亿元的旅游总收入，分别是国内生产总值和第三产业产值的 6.69% 和 12.41%（文化和旅游部，2020；国家统计局，2020）。

为实现"双碳"目标，国内各行业都在积极根据自身特点寻找低碳发展的道路。2009 年国务院在《关于加快发展旅游业的意见》中明确指出要积极发展循环经济，五年内将星级饭店、A 级景区用水用电量降低 20%。2010 年 6 月，国家旅游局发布了《关于进一步推进旅游行业节能减排工作的指导意见》，各省份陆续在地方的旅游业发展规划中加入了"低碳旅游"并大力推行。2021 年 4 月，文化和旅游部发布的《"十四五"文化和旅游发展规划》提出要坚持绿色低碳发展理念，恪守生态与环境保护红线，实现文化旅游业与自然环境的协调共生。2022 年 1 月，国务院印发的《"十四五"旅游业发展规划》提出要推进旅游业绿色发展。促进生态旅游、绿色旅游、低碳旅游等是中国旅游业未来发展的必然趋势。积极应对全球气候变化和坚决贯彻实现党中央提出的碳达峰、碳中和目标是中国旅游业高质量发展的重要使命（唐承财等，2021）。

1.1.2 研究目的

"双碳"目标提出以后，中国旅游业的发展方式必然发生重大转型和变革。长期以来我国旅游业经营方式粗放，缺少节能减排意识，许多地区的旅游业发展呈现奢侈化趋势，造成了资源和能源的大量浪费，展现出大而不强、快而不优的发展状态。因此，如何在保持旅游经济增长的同时降低旅游业二氧化碳排放、提升低碳旅游产业效率，将低碳理念应用到旅游业发展过程中是我国旅游业可持续发展面临的一项重要课题。基于此，本书运用可持续发展理论、低碳经济理论、经济增长理论、脱钩理论、效率理论、旅游系统理论、利益相关者理论等，通过自下而上法和脱钩模型估算了我国旅游业二氧化碳排放的时空分布特征及其与旅游经济之间的脱钩关系；运用 DEA 模型评价了碳排放约束下我国旅游产业效率与全要素生产率，并利用 Tobit 模型对影响我国低碳旅游产业效率的因素进行了分析，进而提出了我国旅游产业低碳优化模式与提升策略。研究成果旨在测算我国旅游业的二氧化碳排放量及其低碳发展效率，为"双碳"目标下旅游业高质量发展提供理论依据，并为有关部门制定切实有效的节能减排措施提供借鉴。

1.1.3 研究意义

（1）理论意义

以习近平生态文明思想为指导，本书建立了旅游产业低碳发展及效率评价研究的理论框架，将可持续发展理论、低碳经济理论、经济增长理论、脱钩理论、效率理论、旅游系统理论、利益相关者理论等有机融合，为旅游产业低碳发展研究提供了理论支撑。研究将有助于拓展低碳旅游、绿色旅游、生态旅游等理论，丰富旅游业学科体系。同时，本书按照旅游业碳减排的测量—减排—补偿的逻辑主线，综合国内外学者的研究成果，测量了我国旅游产业二氧化碳排放的时间变化特征和空间分布格局，并进行了低碳旅游产业效率评价及影响因素研究，进而提出了旅游产业低碳优化模式和提升策略，为旅游产业绿色低碳发展、旅游业节能减排政策的制定提供了理论参考。

（2）实践意义

习近平总书记多次强调，要探索以生态优先、绿色发展为导向的高质量发展新路子。本书通过核算旅游业二氧化碳排放量，有助于明确旅游业的碳排放现状及减排潜力；以碳排放为约束条件对旅游业效率进行研究，有助于客观评价旅游产业效率的发展水平，实现低碳经济背景下旅游产业效率提升，为旅游业寻找在产品设计、生产和供应等过程中减少碳排放的机会，以较低或更低的碳排放量提高旅游业的能源利用效率，为政府决策部门提供更有针对性、更科学的参考依据。同时，旅游业涉及的部门和行业众多，在节能减排及低碳发展方面可以发挥引领和示范作用。以推进碳达峰、碳中和目标的实现作为牵引，开展碳排放约束下旅游产业效率研究，可进一步推进旅游经济增长与碳减排的协调发展，提升旅游资源要素配置效率。而旅游产业链的传导机制也会带动其他产业向绿色低碳经济发展转型，对促进天蓝地绿水清的美丽中国建设，在"绿水青山"中铸就"金山银山"，助力旅游领域"双碳"目标的实现都有一定的实践意义。

1.2　国内外研究现状

1.2.1　国外研究现状

（1）旅游业碳排放测度

通过对相关文献的整理和分析可知，旅游业碳排放量的测度问题受到众多国内外组织及研究者的关注。第一次在全球范围内测算旅游业能耗及二氧化碳排放情况是由 Gössling（2002）开展的，其研究发现全球能源消耗量及二氧化碳排放量的3.2%、5.3%是由旅游业产生的。在2005年世界气象组织（WMO）联合世界旅游组织（UNWTO）及联合国环境规划署（UNEP）针对旅游业二氧化碳排放量进行了相关测算，发现全球二氧化碳排放量的4.95%是由旅游业所产生的。Peeters 和 Dubois（2010）进行的研究表明，在全球二氧化碳的排放中，4.4%是由旅游业所产生的，而且其所占的比重会随着时间的推移而增大，在未来30年间的增加速度将会达到每年3.2%。Gössling 和 Peeters（2015）的研究表明，2010~2050年，在旅游业的发展方式不进行转变且保持已有发展速度的情况下，旅游业的二氧化碳排放量将会提升169%。Lenzen 等（2018）对全球范围内旅游业碳足迹进行测算发现其呈现快速上升的态势，在2009~2013年由3.9亿吨快速上升到45亿吨，在全球温室气体排放量中的占比也由原来估计的2%上升到8%。Erdoğan 等（2022）发现，在全球碳排放量中有五到九个分位数之间的增加是由旅游业导致的。除了全球层面的研究外，一些学者也从国家或国家内部的地区的层面做了相关研究，如对澳大利亚、瑞典、新西兰、挪威、葡萄牙等国家或地区（Becken and Patterson，2006；Gössling and Hall，2008；Bernard et al.，2010；Gössling，2012；Robaina-Alves et al.，2016；Mishra et al.，2021；Kumail et al.，2022）。

（2）旅游产业效率评价

在对现有旅游产业效率相关文献进行研究梳理后发现，20 世纪 90 年代中期国外一些学者逐渐将目光聚集于旅游产业效率，研究范围涵盖到旅游业（Hadad et al.，2012；Corne，2015；Moutinho et al.，2015；Alastaire et al.，2022）、旅游酒店（Bernini and Guizzardi，2010；Oliveira et al.，2013；Pace，2016；Sellers-Rubio and Casado-Díaz，2018）、旅行社（Köksal and Aksu，2007；Fuentes，2011；Alzua-Sorzabal et al.，2015）、旅游交通（Brida et al.，2014；Fragoudaki and Giokas，2016；Xosé et al.，2018；Ane and Josep，2020）、旅游目的地（Kytzia et al.，2011；Medina et al.，2012；Aurkene et al.，2015；Rosa et al.，2022）等多个领域，这些领域总体上可以涵盖旅游产业活动的各个方面。在效率评价方面，已经有很多种工具和方法可以用于旅游产业效率的评价分析，比较常用的如数据包络分析法（Tone，2001；Barros，2005；Assaf，2012；Taheri and Ansari，2013；Aurkene et al.，2015；Fuentes et al.，2016；Aurélie and Nicolas，2020）。Gössling 等（2005）第一次将旅游发展与生态效率结合起来，对旅游业经营发展所能产生的经济效益和由此出现的环境恶化之间的联系进行了研究分析。此后，一些学者展开了旅游业生态效率相关研究（Kelly and Williams，2007；Reilly et al.，2010；Tsai et al.，2014；Cadarso et al.，2016）。如 Castilho 等（2021）对 22 个拉丁美洲和加勒比国家总体生态效率的分析表明，无论从短期还是长期来看，游客的到来都会降低这些国家的生态效率；相反，从长远来看，旅游资本投资和旅游业对就业的直接贡献似乎会促进生态效率提升。

（3）旅游业应对全球气候变化的策略

随着旅游业对全球气候变化影响的逐步加深，学者们为了降低旅游业发展对气候变化的不利影响提出了一些方案，如征收旅游业碳税，通过测定—低碳—补偿三步走程序实现碳中和、自愿购买碳补偿行为、改变旅游者行为方式和公众意识等。Tol（2007）认为可以通过征收旅游业碳税约束旅游业的碳排放行为，如在航空旅游方式中，如果对航空燃料征收碳税就可以对旅游活动各方参与者的行为产生影响和约束。Dwyer 等（2012）指出碳税会引起宏观经济变量、减缓 GDP 增长等变化，旅游业的部分部门也会因此而获益。Meng 和 Pham（2017）的模拟结果表明，每吨 23 美元的碳税在实现减排方面非常有效，但也会导致经济收缩。在碳补偿（Carbon Offsetting）与碳中和方面，Gössling 等（2007）认为碳补偿可以有效降低旅游业各项活动产生的碳排放量，并且提出了鼓励旅游者参与碳补偿计划的可行性。Mair（2011）从旅游者本身意愿方面研究了澳大利亚和英国的航空旅游者自愿碳补偿（Voluntary Carbon Offsets，VCO）的购买情况，结果表明购买 VCO 的旅游者一般为注重生态保护的人。Gössling（2009）对碳中和的内容和方式进行了研究和界定，指出其至少应包括实现碳清洁甚至零碳以达到碳中和，可以通过三个步骤并结合国家层面的资金支持来达到碳中和的目的，即测定—低碳—补偿三步走。McLennan 等（2014）的研究结果表明，相比亚洲旅游者，欧洲旅游者进行碳补偿的意愿更为普遍。Heintzman（2021）从促进碳补偿意愿方面针对加拿大户外娱乐行业设计了相关项目以促进碳补偿的实施。旅游者是旅游活动中数量最多、影响最大的主体。在旅游活动中存在这样一种现象：国际旅游者不是无意识地对气候和环境产生不良影响，相反他们清楚自己所做出的旅游行为可能会对环境、气候产生不良后果，只是出于各种原因不愿主动改变或不知道如何改变旅游行为（McKercher et al.，2010；Weaver，2011）。因此，Belle 和 Bramwell（2005）提出改善旅游业对气候变化的影响可以从选择适当的旅行方式、乘坐更环保的交通工具、提高旅游者的公众意识等方面入手（Belle and Bramwell，2005；Simpson et al.，2008；Brouwer et al.，2008）。Buckley（2011）提出了"慢旅游"的方式，反对乘坐飞机等快速交通工具，提倡旅游过程与目的地同等重要的理念，通过提高对旅游过程的重视程度，降低旅游方式对气候环境的影响。Higham 等（2016）通过对挪威、英国、德国和澳大利亚四个国家旅游者的航空旅行方式的调查表明，除了旅游者本身的自愿行为外，还需要不同的政策手段加以调控才能有效改变旅游者的出行方式。Erdoğan 等（2022）指出，环保交通技术的改进对碳排放有显著影响，并能消除国际旅游业对环境质量的有害影响。Ghosh（2022）的研究表明，有效的可持续旅游政策能够减少旅游业的碳排放，科学研究应重点关注旅游辅助产业中的绿色技术和清洁技术。

1.2.2　国内研究现状

（1）旅游业碳排放测度

国内学者从不同的方面对旅游业二氧化碳排放进行了测算。在全国区域的测算方面，石培华和吴普（2011）通过自下而上法测算研究了我国 2008 年的二氧化碳排放量和能源消耗量及其占比。此后，自下而上法为其他学者提供了思路，用于估算我国旅游业的二氧化碳排放情况（王凯等，2014；刘军和岳梦婷，2021）。在局部地区层面，一些学者利用自下而上法对江西（焦庚英等，2012）、广西（古希花，2012）、江苏（陶玉国和张红霞，2011）、湖南（赵先超和朱翔，2013）、内蒙古（杨存栋和王雪，2014）、黑龙江（汤姿，2015）、上海（孙燕燕，2020）及中部六省（江进德等，2022）等地区的旅游业能源消耗或二氧化碳排放量进行了测算。此外，谢园方和赵媛（2012）将旅游消费系数剥离出来，从而建立测算我国旅游业二氧化碳排放的方法，并以长江三角洲地区为例进行了实证研究；袁宇杰和蒋玉梅（2013）基于投入产出模型并从终端消费角度核算了山东省旅游业二氧化碳排放量；陶玉国等（2014）依托投入产出表测度了江苏省旅游业二氧化碳排放总量，并利用 LMDI 分解了影响因素的作用机理。同时，一些学者从旅游碳足迹入手，对鄂西生态文化旅游圈（李风琴等，2010）、江西省（王立国等，2011）、舟山群岛（肖建红等，2011）、深圳市（汪清蓉，2012）、福建省（曹辉等，2014）、华东地区（涂玮和刘钦普，2021）旅游业的二氧化碳排放量进行了测算。

（2）旅游产业效率评价

国内旅游产业效率的研究起步于 21 世纪初，主要侧重于宏观与中观层面的研究，目前主要集中在两个方面：一是期待通过产业技术的进步提升旅游产业效率，二是优化企业经营活动从而实现旅游业效率提升。第一个方面是从整个旅游产业出发，主要是根据不同的空间尺度将其划分为不同的维度，在各个维度里分析投入产出之间的关系进而实现效率的测算（马晓龙和保继刚，2009；陶卓民等，2010；方叶林等，2015；王凯等，2016；王兆峰和孙姚，2021）。第二个方面主要从旅游景区（曹芳东等，2015；虞虎等，2015；王慧，2019；董红梅，2021）、星级酒店（谢春山等，2012；罗晓黎和闵剑，2015；韩国圣等，2015；周敏锐，2020）、旅行社（武瑞杰，2013；胡志毅，2015；张大鹏等，2021）、旅游交通（郭向阳等，2021）、旅游上市公司（耿松涛，2012；任毅等，2017；张海燕和杜瑶瑶，2020）等旅游企业的角度来研究。随着气候变化与环境问题的逐步凸显，部分学者将环境因素纳入旅游产业效率评估框架中，相关研究如区域产业效率（王慧英，2014；金春雨和王伟强，2014；吴芳梅和曾冰，2016；李锦宏和肖林，2022）、旅游景区效率（李志勇，2013；查建平和王挺之，2015）、酒店效率（杨璐等，2015；程占红和徐娇，2018）、旅游交通效率（刘长生，2012；王淑新等，2016）。此外，一些学者利用生命周期评价法、生态足迹法、碳足迹法开展了区域旅游生态环境效率实证分析（李鹏等，2008；甄翌，2014；姚治国等，2016；时朋飞等，2022）。

通过以上梳理可以看出，在国内外学者的研究下，旅游业效率发展和环境要素的结合已取得了一定进展。但随着旅游业碳排放对环境的影响日益加深，将其纳入旅游产业效率评价研究很有必要。韩元军等（2015）利用传统 DEA 模型和非期望产出 DEA 模型，对一些具有代表性的区域省份的旅游产业效率进行了测算。王坤等（2015）采用 ESDA 和 GWR 方法建立了含非期望产出的 SBM 模型。查建平（2016）采用含非期望产出的 SBM 模型对旅游业低碳效率进行了研究。王凯等（2018）采用 Malmquist 指数，建立了含非期望产出的 SBM 模型。刘军等（2019）采用单一比值法对 2000~2013 年我国整体上的旅游业生态效率值及各个不同的省域进行了测算。岳立等（2020）对我国各省旅游碳排放效率进行研究后发现，我国各省的旅游碳排放特征具有一定相似性，虽整体上看效率不高，但逐年增长。邵海琴和王兆峰（2020）运用 Malmquist-Luenberger 指数法建立了 DEA-SBM 模型并进行了相关研究。王梓瑛和王兆峰（2021）以 DEA 模型和非径向 SBM 模型为基础展开了相关研究。郭丽佳等（2021）以旅游生态效率及其空间分异、收敛和关联格局为基础，运用 Super-SBM 模型、Malmquist 指数及探索性空间数据分析等方法对 2000~2017 年我国不同省份旅游业的节能减排效率进行了分析。王凯等（2022）运用空间杜宾模型分析了旅游产业集聚对旅游业碳排放效率的影响及其空间溢出效应等。

（3）旅游业应对气候变化的对策措施

旅游业作为一个综合性的产业，想要实现节能减排不能仅从产业自身入手，其经营活动的发生与各行各业、各个部门联系紧密，需要各行业、各部门的合作。石培华等（2010）认为政府、旅游从业者、旅游企业和游客四个主体构成了旅游业节能减排的主要内容。唐承财等（2011）提出我国旅游业节能减排需要围绕政府相关机构、景区、旅游从业者和游客四大低碳旅游核心利益相关主体分别制定并实现可持续发展的规则。钟林生等（2011）认为低碳发展需要先从旅游业本身入手，提升旅游业绿色发展效率和综合能力，积极应对环境变化。熊元斌和陈震寰（2014）从发展规划、公共营销和利益协调机制等方面提出了我国低碳旅游的发展对策。汤姿（2015）分别从政府、旅游企业、旅游者层面提出了旅游业低碳发展的对策。朱璇和刘明（2016）提出应从旅游业本身着手，主动应对全球气候变化带来的效应，政府部门也应充分发挥对私营企业的协调作用。李倩等（2017）在对中国旅游业碳标签体系构建研究的基础上提出低碳减排从而促进低碳旅游的发展。蔡洋（2020）提出通过发展绿色旅游来应对极端气候对旅游业造成的影响，走可持续性发展道路。唐承财等（2021）指出，经济高质量发展下中国旅游业"双碳"目标的实现路径应从供给侧、消费端、政策支撑三方面突破。

1.2.3　国内外研究现状评述

上述国内外学者的研究成果为本书提供了重要的支撑和参考，但仍存在不足和有待进一步研究的地方。主要体现在：第一，现有的各种旅游业碳排放测度方法都存在一定局限或者现实操作问题。未来研究需要根据区域实际，采用更合适的测度方法来探讨旅游业碳排放量。第二，为客观评价区域旅游产业效率的发展水平，需要进一步从时间和空间二维视角来测度和分析旅游产业效率的动态变化与空间分异特征。第三，目前国内对环境要素约束下的旅游产业效率评价的研究尚处于探索阶段，而将旅游业能源消耗和碳排放作为非期望因素纳入旅游业生产过程中，来探讨旅游产业效率测算的研究成果还不多见，这值得我们进一步予以关注。

1.3　研究内容和技术路线

1.3.1　研究目标

通过运用自下而上法测算我国旅游业二氧化碳排放量，可以明晰其时间变化和空间分布特征；通过对旅游业二氧化碳排放与旅游经济之间脱钩关系的动态变化分析，可以反映旅游经济增长对能源利用的效率高低；结合碳排放指标，运用 DEA 模型评价我国旅游产业效率与全要素生产率，可以揭示碳排放约束下我国旅游产业效率的时序变化与空间差异特征；利用 Tobit 模型探讨我国低碳旅游产业效率与社会经济发展指标间的关系，可以识别和筛选出影响旅游产业效率的主要因素。本书构建了我国旅游产业的低碳优化模式，提出了保障模式顺利实施的策略，以期提升我国低碳旅游产业效率，平衡区域效率差异。

1.3.2 研究内容

1）相关概念及理论基础。首先，介绍了低碳旅游、旅游产业效率、低碳旅游发展效率等相关概念及内涵。其次，阐述了可持续发展理论、低碳经济理论、经济增长理论、脱钩理论、效率理论、旅游系统理论、利益相关者理论等旅游业低碳发展的理论基础。

2）我国旅游业二氧化碳排放量的时空变化及其与旅游经济的脱钩分析。首先，采用自下而上法从旅游交通、旅游住宿、旅游活动三个方面来估算全国旅游业二氧化碳排放量的时间变化特征。其次，从空间角度分析了各省份旅游业二氧化碳排放量的动态演变过程。最后，利用脱钩理论，分析全国及各省份旅游二氧化碳排放与旅游经济之间的脱钩关系。

3）碳排放约束下我国旅游产业效率与全要素生产率评价。首先，对不考虑碳排放情况下的旅游产业效率进行判别和分析，计算出全国及省域旅游产业综合效率、纯技术效率和规模效率的时序变化与空间差异特征。其次，考虑碳排放情况，利用非期望产出 DEA 模型，进行碳排放约束下旅游产业效率的总体特征、时序变动及空间分异特征与演化分析，并对不考虑碳排放下旅游产业效率变动情况与考虑碳排放下旅游产业效率变动情况进行对比分析。最后，构建旅游产业 Malmquist 生产率指数，分析在该研究时间段碳排放约束下旅游产业 Malmquist 生产率指数及分解的时序动态变化，以及空间差异和演化特征。

4）我国低碳旅游产业效率的影响因素分析。从产业结构、交通便利程度、经济发展水平、对外开放程度和科技发展水平五个方面进行低碳旅游产业效率影响因素的识别与分析。

5）我国旅游产业低碳发展实践的现状与案例分析。在介绍政策措施和发展成效的基础上，分别介绍了露营旅游、康养旅游、民宿旅游、国家公园、世界遗产五种旅游新业态的低碳旅游发展现状及其实证案例。

6）我国旅游产业低碳优化模式与提升策略。以"双碳"目标为指引，从低碳旅游交通、住宿、餐饮、景区等方面构建旅游产业低碳优化模式，并提出保障优化模式顺利实施的策略，助推旅游业碳达峰及碳中和目标的实现。

1.3.3　研究方法

（1）文献综述法

本书利用中国知网、万方网、Google 学术搜索、ScienceDirect 和 SpringerLink 等电子数据库查阅、收集、整理相关文献，了解国内外气候变化与旅游业发展的关系、旅游业能源消耗与二氧化碳排放、低碳旅游和旅游产业效率等领域的研究进展、研究趋势和研究方法。通过对这些文献系统的梳理分析与归纳总结后，形成本书的基本研究思路和研究框架。同时，利用历年《中国统计年鉴》获取旅游业各部门及各省份的相关统计数据。

（2）定量研究法

本书运用自下而上法对旅游业二氧化碳排放的时空格局和动态演变进行测算；运用脱钩指数分析旅游业二氧化碳排放与旅游经济的脱钩关系。利用传统 DEA 方法中的 BCC 模型，对不考虑碳排放情况下的旅游产业效率进行评价；利用非期望产出 DEA 方法的 CCR 模型和 BCC 模型，进行碳排放约束下旅游产业效率分析；构建旅游产业 Malmquist 生产率指数，分析旅游产业全要素生产率的时空演化特征。选取 Tobit 模型，探讨影响低碳旅游产业效率的因素。

（3）定性分析法

在定量计算的基础上，本书运用框架模型、归纳分析法、比较研究法等对旅游业碳排放的时空分布、旅游产业效率的时空演变特征、影响因素及其作用机理、旅游产业低碳优化模式、旅游产业效率提升策略等方面进行了深入探讨分析。

（4）实地调查法

通过实地考察、资料搜集等方法，获得了研究所需的相关资料和统计数据。同时，对旅游业相关行业、相关部门及专家学者进行深度访谈和问卷调查，以期厘清影响旅游产业效率的因素。

1.3.4　技术路线

本书的技术路线见图 1-1。

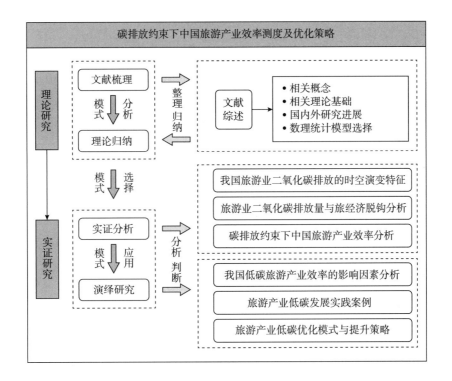

图1-1 技术路线

第 2 章　相关概念及理论基础

2.1　相关概念

2.1.1　低碳旅游

2009 年 5 月世界经济论坛发布的《走向低碳的旅行及旅游业》报告首次正式提出了"低碳旅游"（Low-carbon Tourism）（华旅兴，2018）。但是该报告没有明确给出"低碳旅游"的概念，只是将其作为旅游部门应对气候变化的一种战略途径。同年 12 月，在哥本哈根气候大会后，"低碳"这一词语被广泛应用，出现了"低碳生活""低碳旅游""低碳出行"等低碳新概念。我国在国发〔2009〕41 号文件《国务院关于加快发展旅游业的意见》中，明确提出了要倡导低碳旅游。此后，政府各部门陆续出台了一系列相关政策推动低碳旅游的发展。学者们也从各个不同的角度深入探讨了低碳旅游的概念。其中刘啸（2009）借用低碳经济的理念，将低碳旅游定义为低能耗、低污染的绿色旅游方式。它在食、行、住、购、游、娱的任何一个环节中节约能源、降低污染，用行动来建设节约、和谐和文明的社会。黄文胜（2009）则认为，低碳旅游是一种减少碳排放，保护旅游地自然环境（野生动植物等自然资源）和文化环境（当地传统文化和礼仪），并为之积极做出贡献的旅游方式。蔡萌和汪宇明（2010）认为，低碳旅游是一种可持续发展的旅游新方式，它应用低碳技术、推广碳汇机制、提倡低碳消费等，在旅游过程中获得良好的旅游体验和更高的旅游经济、社会、环境效益。石培华等（2010）认为，低碳旅游是一种新颖的旅游发展模式，是旅游业中低碳经济理念的表现，它将整个旅游系统作为研究目标，将旅游产品中的低碳生产与消费作为重要的研究内容，其最终目的是实现旅游业的低碳可持续发展。唐承财等（2011）认为，低碳旅游将可持续发展、低碳发展作为指导，使用低碳技术，合理应用资源，以达到旅游业的节能减排并将综合效益（社会、生态、经济）最大化。马勇和杨洋（2015）认为低碳旅游应该更注重低碳化的旅游产业发展，在旅游服务不变的基础上，通过节能减排、改变发展观念和消费方式等方法实现旅游发展"低碳化"，协调旅游与环境的关系。

综上所述，低碳旅游是指在旅游业中融合低碳经济的理念，通过利用环保节能技术、提倡旅游低碳生产和消费，在衣、食、住、行、游、娱、购等环节降低温室气体的排放，并保证游客旅游体验质量不变，将社会发展、旅游经济、生态环境三者利益最大化的一种可持续发展的旅游新方式。

低碳旅游的内涵包括三个方面：第一，在发展目标上，低碳旅游以环保节能、社会经济、生态效益最大化为目标。第二，在发展方式上，低碳旅游以低碳技术应用、能源高效利用、改变旅游观念为发展方式。第三，在发展内容上，将旅游产品的低碳生产与消费作为发展内容。首先，为适应低碳经济发展模式，低碳旅游将旅游系统作为整体研究对象，将低碳技术的应用、能源的高效利用、旅游观念的转变融入旅游业的食、住、行、游、购、娱的各个环节中，在政府部门、旅游企业、旅游者、旅游景区、当地社区等多方的共同努力下，通过旅游产品服务的低碳生产与低碳消费，最终在旅游业中实现可持续发展（见图 2-1）。

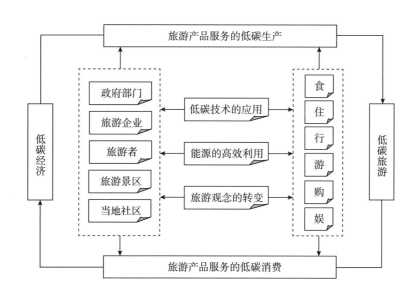

图 2-1　低碳旅游的内涵

其次,在全球气候变暖的背景下,低碳旅游是低碳经济理念在旅游业上的体现,也是旅游业对国家发展低碳经济的一种响应。因此,低碳旅游既是理念,也是措施。

2.1.2　旅游产业效率

旅游产业效率,即旅游产业的生产效率,描述了一个城市或地方旅游业的发展程度和经济发展程度。旅游业既不同于生产物质商品的工业部门,后者依靠挖掘天然的物质资源,对原材料加工后进行处理,从而制造出商品;旅游业也不同于传统农耕领域,传统农耕领域依靠种植、畜牧等农业生产活动,为社会提供具有各类生物化形式的农副产品。现代旅游业中的各公司都是依靠创造各类服务商品去满足游客要求,从而实现盈利的目的。而在现代旅游活动中,由于游客各种各样的变化的要求,需要许许多多的旅游公司来合作解决。这些不同种类的公司有机地紧密联系到一起成为供货商,向游客提供各项业务,必然会涉及运输、餐饮、住房、商务及娱乐等一系列行业。所以,产业内部各相关行业相互协调,各投入要素之间比例不断改善,以充分发挥最大的供给力。综合以上概念,低碳旅游产业效率则是将旅游产业效率应用于低碳旅游领域,在确定的时间区域和空间区域里,低碳旅游活动的投资量和产出在两者之间所产生的关联。在低碳旅游的资源配置中,要素投资越小、产出越大、收益越多,越利于低碳旅游业的持续健康发展,因此低碳旅游产业效率越高。

2.1.3　低碳旅游发展效率

为实现旅游业"双碳"目标,低碳旅游强调旅游经济增长与节能减排的平衡发展,进而提升低碳旅游发展效率(查建平,2016)。效率指的是生产资源投入与对应产出效用之间的比率(Barros,2005)。传统的旅游效率仅考虑旅游的投入与旅游期望产出之间的关系,却忽略了环境因素(环境污染、碳排放等非期望产出)。低碳旅游发展效率作为评价地区低碳旅游发展的关键指标,其效率值的大小代表着地区内低碳旅游发展的合理性,即在原本的投入下,能否达到最大的期望产出及最小的非期望产出。低碳旅游发展效率是考虑了碳排放约束条件下的旅游业发展效率的。本书将低碳旅游发展效率定义为:在实现低碳旅游发展过程中,特定时间范围内单位要素投入能够带来期望产出最大化,同时使非期望产出最小化,让所有利益相关者得到最大化的总剩余。即在低碳经济背景下,旅游业通过增加规模投入，改进低碳技术，从而获得最大的经济效益和环境效益（李晖，2017）。

低碳旅游发展效率测度主要包括三个方面：一是综合效率，它从宏观角度衡量整体的低碳旅游发展水平。二是规模效率，它是指低碳旅游发展的资源要素投入满足其资源需求的程度。如果资源投入不能满足低碳旅游资源需求，低碳旅游发展的潜力将得不到最大限度的激发。从规模上看，该时期低碳旅游发展是无效率的，只有通过加大资源要素投入，低碳旅游发展才可获得更大的收益。三是纯技术效率，它是指在低碳旅游发展过程中低碳技术水平发挥的程度。

2.2　相关理论基础

2.2.1　可持续发展理论

随着旅游业的高速发展，传统的旅游业发展模式所导致的所谓环境、生态、社会、经济、文化等问题日益显现。1990 年在温哥华举行的全球可持续发展大会上，旅游组织行动策划委员会提出了《旅游可持续发展行动战略》草案，首次提到可持续旅游的概念，并对可持续发展旅游的大概理论架构进行了构建，对其目标进行了论述。旅游业依赖于人文资源、生态资源等，所以发展可持续旅游需要保护好这些旅游资源，使其不仅有利于当今社会，而且能够在未来发挥作用。旅游业的可持续发展，既可以实现今天的人们为了迎合旅游者的需要而发展旅游业的权利，也不损害旅游环境及后代发展旅游业的权利。它体现了可持续旅游的共同、公平、协调、高效和其他各个维度的发展。公平发展的要求就是在保证旅游开发的基础上，既不损害后代的旅游发展潜力，又能给当代社会带来好处，以此实现代际平衡；共同发展强调旅游业是一个有机、统一的系统，所有子系统都应共同开发；协调发展是旅游、经济、社会和环境之间关系的协调；高效率发展是旅游、经济、社会和环境协调下的高效率发展；多维发展允许不同文化、不同类型的旅游模式发展（远萌，2012）。

旅游业的低碳发展与自然、环境、经济、社会、科技、文化等学科紧密相关，因此可持续发展理论对发展低碳旅游有着重要的指导意义。用可持续发展理论指导低碳旅游发展，其目标是通过低碳技术应用、能源高效利用等方式，在以提高能源效率为中心的前提下，处理好旅游发展、能源消耗和温室气体排放的关系；在为旅客提供高水平旅游体验和旅游环境的情况下，改善旅游地居民生活水平和环境质量，以维持生态环境良性循环，实现旅游业的能源节约和排放减少，并最大限度地实现经济效益、社会效益和环境效益。因此，低碳旅游是实现旅游业可持续发展的主要途径之一，低碳旅游必须以可持续发展理论为基础和出发点，也是贯穿并指导本书研究的一个重要理论基础。

2.2.2 低碳经济理论

低碳经济是在国际气候变化制度框架受到挫折的时势下，2003年英国首相布莱尔在《我们能源之未来：创建低碳经济》这一文件中首次提出的说法（DTI，2003）。2006年，前世界银行首席经济学家尼古拉斯·斯特恩（Nicholas-Stern）呼吁建立低碳经济，以实现全球向气候变化经济重要性的过渡（Stern，2007）。2008年，英国政府正式公布了《气候变化法案》。联合国环境规划署将2008年世界环境日的主题定义为"改变传统态度，促进低碳经济"。同年，全球经济受到国际金融危机的严重打击，在此背景下应该通过低碳生产和低碳消费实现全球经济的绿色复苏。2009年，联合国气候会议在哥本哈根举办，会议上"关于二氧化碳等温室气体的排放应该得到限制"这一观点得到各国一致的认同。随后提出了低碳经济、生产和生活方式的概念。在此背景下，全球经济开始向低能耗、低污染、低碳经济、高效发展的方向转变。

要想早日实现低碳经济的可持续发展，最主要的手段就是积极应对全球变暖。它的实质是如何发展低碳经济，实现二氧化碳等温室气体低排放和提高经济效益。这主要是为了能源结构清洁化，不断提高能源利用效率。发展的核心是调整社会经济发展模式和基于市场的发展理念，通过体制创新和政策制定促进低碳技术的研究和开发，并将社会经济转变为低能源发展模式，减少二氧化碳排放，节约能源，最终以更少的能源消耗和温室气体排放来实现社会经济可持续发展的目标。因此，低碳经济的发展目标可以总结为保护能源安全、减缓气候变化、加快经济发展（蔡萌，2012）。低碳经济的本质是提高碳生产力，即以更少的二氧化碳排放，获得更高的 GDP 产出。而低碳经济的发展与区域所处的经济发展阶段、低碳技术的应用与创新、社会经济活动的消费模式、不同类型的能源资源禀赋等密切相关（潘家华等，2010）。促进低碳经济的实施，最主要的就是在保障能源效率得到提升的同时，尽可能地降低能源的消耗，减少二氧化碳排放，发展低碳经济并提高二氧化碳排放代价。"双碳"目标下，低碳经济发展成为潮流。低碳旅游是低碳经济在旅游业的具体体现。因此，低碳经济理论对旅游业低碳发展具有重要的指导意义，也是本书写作的一个重要基础理论。

2.2.3　经济增长理论

经济增长理论是解释和探究经济增长相关的规律和影响或限制其发展水平因素的理论，全要素生产率存在其发展全程中。古典主义经济学理论、新古典主义经济学理论和内生经济增长理论分别从不同角度探讨了全要素生产率如何影响经济增长。古典主义经济学依赖人口和土地等资源，注重物质积累与资本积累，新古典主义经济学强调资本作为经济发展引擎和外部技术进步为主要驱动力的作用，内生经济增长理论强调内生技术变革（知识和人力资本等）在经济增长中起决定性作用。经济增长主要是指一个国家的生产商品的能力和劳务能力的扩大。而作为一个新的经济增长因素，我国的旅游经济直接通过劳动力、土地、资本的增长、知识的增加和使用、人力资本的提高和制度质量的加强等因素的影响而增长。

经济增长理论提出，在工业发展的初期，有一种广泛用于经济增长的方法，即以不断提高投入要素的量来逐步提升工业生产规模，进一步增加生产单位的生产能力，但这种经济增长方式受部分投入资源的限制，一旦发展到一定程度，投入要素的有限性会导致即使加大传统要素投入也不能促进经济的协调持续发展。此时，应该转变这种传统粗犷的发展为全面协调可持续发展，可以通过重新配置引起增长的投入变量、融合高新科技等方法来实现集约式发展。随着现代社会的迅速发展和经济水平的提高，通过传统的投入要素提高资源利用率的方法逐步被建立政策、利用新技术等方法取代，人们越来越重视要素配置、资源利用效率对经济的促进作用。从空间上，不同地区的投入资源种类千差万别，各地的资源利用程度不同，区域的经济发展有快慢差异，致使经济发展呈现整体上不均衡。可以通过提高地区生产水平来促进经济发展，从引入新技术和提高效率两个角度改进生产方法、提高资源和生产技术的利用水平，从而促进区域发展。对于技术这一重要影响因素，通常创新的成本较高，一般通过模仿或引入该领域的最新科技提高生产水平，技术进步是无数科研人员用努力换来的，对于城市旅游业的发展，政府制定高效的技术创新政策和规章制度有助于提高地区的旅游效率。

经济增长理论是坚持增长性、持续性、共同性原则的理论，与低碳旅游彼此融合与促进。一方面，它们都以实现低能耗、低排放、低污染为发展目标，在绿色发展、可持续发展的本质上是相同的。另一方面，经济增长理论为低碳旅游实现可持续发展提供理论支撑，旅游经济需要依赖环境保护来实现生态宜居、人与自然和谐发展的目标。以经济增长的理论作为基础和前提，经济发展、社会发展、人与自然的和谐共生是低碳旅游的发展条件、目的与核心，只有资源持续利用和生态持续优化，生态、经济与社会才能相互依存、协同发展。

2.2.4 脱钩理论

脱钩与耦合是物理学中相对的概念。耦合指两个或两个以上物理量之间，在发展过程中由于密切相关而造成相互干涉和牵引的情况；而脱钩是指有两个或两个以上物理量之间，不再具有互相呼应和同频同步骤变化的情况。1966年，在国外已经有学者提出关于经济的发展与环境的压力之间的脱钩问题，并将其引入社会及经济研究领域。脱钩与耦合的物理概念是相反的。耦合是指两个或两个以上的物理量由于其密切关系，在发生的过程中包含着相互干预和相互牵制的现象；而脱钩意味着两个以上的自然量不会相互反应并同时变化。国外研究人员认识到经济增长和环境压力之间的脱钩问题，并将其引入社会和经济研究中。2002年，经济合作与发展组织提出了脱钩指标计算方法，得到了广泛应用（尹敬东等，2012）。近年来，脱钩理论已经拓展到环境与能源、生态保护、循环经济、农产品生产贸易等领域，并取得了阶段性研究成果。

一般情况下，以环境库兹涅茨曲线假说为依据，来自资源的消耗或者环境的压力会随经济的增长而增大，在到达了一个顶峰数值后开始降低，与经济之间的关系为倒U形曲线。然而，库兹涅茨曲线形式的实现，并非一个自然的过程，需要人为加以干预。脱钩是当采取一些有效的政策措施和应用新的技术，使经济增长加快的同时，可能实现更少的资源消耗或更小的环境压力的过程（彭佳雯等，2011）。即用更少的物质消耗产出更多的社会经济，折射了物质消耗或环境压力和经济增长之间的不同步变化。脱钩理论常用作分析经济的增长与资源的消耗之间的解耦关系。在一定时间内，在能源消耗百分比、环境退化率或环境压力指数变化率低于经济增长率时，出现了相对脱钩或弱脱钩；资源总消耗或环境质量降低，经济发展过程中的环境压力降低，这被认为是绝对脱钩或强脱钩。

低碳经济也是一种脱钩经济，发展低碳经济的目的是实现替代能源消费和发展低碳经济之间的脱钩，以及通过低碳技术促进经济增长。评价旅游低碳发展的标准既不是单一地以旅游业二氧化碳排放量的减少为标准，也不是单一地看旅游经济发展状况，要综合两者之间的关系。旅游业二氧化碳排放量的增长速度可以大于、等于或小于旅游经济的增长速度，小于旅游经济的增长速度为理想状态。建立旅游经济与旅游业二氧化碳排放之间的脱钩关系，可以反映出旅游经济增长与能源消耗投入及生态环境保护之间的不确定关系。本书利用脱钩理论分析我国旅游业二氧化碳排放与旅游经济之间的关系，以期明确我国旅游业节能减排的潜力和目标，为制定切实有效的低碳发展措施提供更有针对性、更科学的决策依据。

2.2.5　效率理论

当研究对象是某个劳动力时，效率即单位时间所做的工作量。效率在经济学中是指在特定情况下，资源能在多大程度上尽可能地供应人类社会不断变化的需求。经济效率也被称为帕累托效率，如果某个经济活动在不损害其他人的利益前提下，实现了经济繁荣和经济福利，就意味着它在一定程度上达到了帕累托效率有效，此时必须满足下面情形：不能改善各方的情况、改善一方的情况而不使另一方的情况恶化是不可能的、交易效益不能再被提取、不能再进行互惠交易等。

在相同的情况下，效率可以理解为实现更少的成本或实现更多的收入。管理学中提出效率是一个组织在一段时间内全部投入和全部产出的比值。

旅游业是一种高投入、高产出的行业，因此可运用效率理论来对我国旅游业效率进行深入研究与分析。而低碳旅游更要依靠技术做支撑，通过先进科学技术的运用降低碳排放，促进旅游业可持续发展。本部分借助效率理论，在采用自下而上法计算旅游业二氧化碳排放量的基础上，以碳排放为约束条件，计算了旅游业低碳发展效率，旨在采用创新技术和节能减排等方式，从而达到增加能源中自然资源的使用率，让消费者在旅行期间减少化石能源的消耗和碳排放，以实现低碳旅游的高效目标。

2.2.6　旅游系统理论

20世纪70年代，尼尔·雷博首次提出了"旅游系统"的概念。此后，有关旅游系统的认识不断深化，并逐渐成为旅游科学研究中的一个重要基础理论。吴必虎（1998）指出旅游活动系统是旅游科学的研究对象。旅游是游客从常住地出发、到达旅游地、观光和返回常住地的过程。旅游研究就是将旅游活动从发生到结束的整个过程看成一个系统，旅游系统的要素被视为相互作用和相互关联的变量，在错综杂乱的相互关系中，找到一种以非常少的费用消耗获得非常大的综合效应的方案。在旅游开展的过程中，除了包含旅客常住地与旅游目的地在内的过程和关系，以及旅游资源之间的相互作用外，还包括在旅游活动期间某些相关支持系统的运作。所以，站在系统论的角度来说，旅游系统是由需求系统、供给系统和支持系统三部分组成的具有特定结构和功能的动态开放的复杂系统（阎友兵和张颖辉，2012）。其中需求系统主要包括旅游者子系统，供给系统由旅游吸引物、交通、信息、促销、服务等子系统构成，支持系统包括政策法规、人力资源、财政金融、环境保护、管理体制等子系统。

旅游系统理论为旅游业低碳发展提供了旅游学的理论基础。要促进旅游业的低碳发展，需要运用系统论的观点探讨在旅游各子系统中如何实现低碳发展，见图 2-2。也就是说，在旅游业发展的过程中，借助低碳技术和低碳理念打造客源地、目的地、媒介和支持系统组成的低碳旅游系统。旅游系统理论为本书分析我国旅游业碳排放结构及旅游业低碳发展的对策，提供了相应的理论指导。从旅游系统理论角度，探析旅游系统运行如何实现低碳化，是旅游业低碳发展的核心。通过低碳技术应用、能源高效利用，以及旅游生产与消费观念的转变，促进低碳

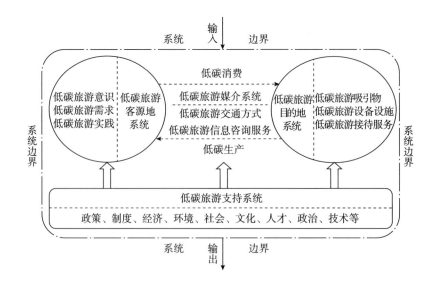

图 2-2　低碳旅游系统

技术与清洁能源在旅游系统中的应用，推动了与旅游者相关的食、住、行、游、购、娱等系统要素的低碳发展，促进达成旅游系统节能减排的目标，最终实现旅游系统经济效益、社会效益、环境效益的统一。因此，旅游系统的低碳可持续发展是旅游业低碳发展的根本保障，也是实现旅游业节能减排的关键方法。

2.2.7　利益相关者理论

20 世纪 60 年代，在欧美国家，一种管理理论诞生并流行起来，它叫作利益相关者理论。斯坦福研究中心的研究人员第一次提出"利益相关者"一词是在 1963 年，其认为利益相关者并不是单个人，而是一个群体，支撑着组织的存在。1969 年利益相关者理论被应用于管理领域。1984 年，弗里曼将利益相关者定义为"可能对组织目标产生影响或受到实现其目标过程的影响的个人或群体"，并将这一观点写进《战略管理：一种利益相关者的方法》一书中。因此，如何认定利益相关者，以及利益相关者具有什么特征，是利益相关者理论需要探讨的核心内容。一般而言，公司的利益相关者是股东、员工、消费者、债权人、供应商、当地政府和社区部门、本地公司和其他个人或机构。由于利益相关者理论兼顾了经济、社会、环境的各个方面，因此该理论研究已从企业逐渐扩展到社区、社会团体、城市及相关的生态环境、可持续发展、公平伦理等领域。

20 世纪 80 年代末期，随着旅游业发展带来的生态环境问题、社会影响问题、公平发展问题的日益突出，以及旅游行业的高度分散性和旅游目的地间的竞争加剧，一些学者开始使用利益相关者理论指导旅游业的发展，对利益相关者的研究主要体现在旅游规划、旅游管理、旅游环境伦理、旅游可持续发展、生态旅游、社区旅游与合作等方面，在一定程度上取得了丰厚的理论和实践成果。站在利益相关者角度，旅游业被认为是一个覆盖范围广、产业链长、相关部门多的综合性产业，涉及旅游者、旅游企业、政府部门、行业组织、学术机构、当地社区、媒体等众多利益相关者，它们分别扮演着实践者、执行者、体验者、参与者、受益者、调控者、引导者、宣传者、监督者的角色（宋瑞，2005）。

旅游利益相关者理论不仅是对旅游可持续发展理论的补充和深化，对旅游业低碳发展也具有较高的理论研究与实践指导意义。依据与低碳旅游发展的密切程度及影响或被影响的程度，旅游业低碳发展涉及的主要利益相关者分为核心利益相关者、潜在利益相关者和边缘利益相关者（见图 2-3）。核心利益相关者主要包括旅游企业、旅游者、政府部门和当地社区，对旅游业低碳发展产生极其重要的影响。潜在利益相关者包括学术研究机构、与旅游行业有关的非政府组织，他们密切关注低碳旅游发展进度和实践效果，并主动加入低碳旅游理论和实践发展中。边缘利益相关者对低碳旅游发展进程起宣传和监督的作用，包括媒体组织和社会公众。因此，旅游业低碳发展离不开各利益相关者的参与支持和协作配合，要综合考虑各方利益，共同推进低碳旅游的持续发展。本书从不同利益相关者角度提出了旅游业低碳发展的对策，促使各利益相关者发挥各自的作用和优势，共同推动旅游业的低碳发展。

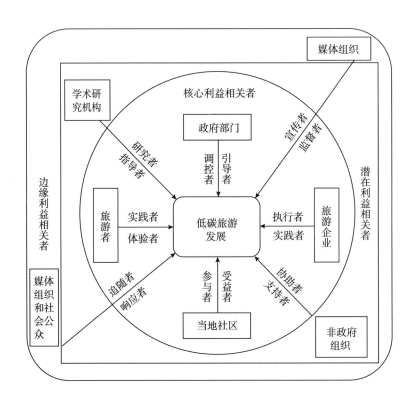

图 2-3　低碳旅游的主要利益相关者

2.3　本章小结

通过界定低碳旅游、旅游产业效率、低碳旅游发展效率等概念，本章明确了低碳旅游效率的内涵。可持续发展理论和低碳经济理论是本书研究的重要理论基础，贯穿本书研究内容之中；脱钩理论和经济增长理论在研究我国旅游经济发展和碳排放相关理论方面奠定了基础，提供了依据。效率理论为分析我国低碳旅游产业效率提供了技术支持。利益相关者理论为发展低碳旅游业提供了强有力的理论支持，有利于低碳旅游发展对策的研究。

第3章 我国旅游业二氧化碳排放的时空变化及其与旅游经济的脱钩分析

3.1 研究方法和数据来源

3.1.1 系统界定

世界旅游组织给旅游和旅游者的概念是：人们为了实现休闲、商旅和别的目标从而前去常住地以外的其他目的地并停留不多于连续一年的出行活动叫作旅游；由于娱乐、商旅或别的目的离开自己经常或长期居住的地方，去往其他目的地旅游或停留时间不超过连续一年的人叫作旅游者。但是，由于旅游的概念非常复杂，学术界对旅游、旅游者的界定尚未达成共识，仍存在争议。然而从概念的本质来讲，"旅游"指的是人们在空闲时间前往非常住目的地的一种体验，是关于暂时的生存状态和生活方式的体验（张凌云，2008；王玉海，2010；刘人怀等，2019）。旅游者指的是期待获得这种体验的游客。那么，作为一个产业，旅游业就是指为满足旅游者在旅游活动中的各种消费需要，为旅游者提供各种产品或服务的企业的总和（李江帆和李美云，1999；黄远水和宋子千，2007；韩春鲜和马耀峰，2008；陈海波，2016；刘德谦，2019）。

从以上分析看出，旅游业是指借助旅游目的地服务设施和旅游目的地资源，为游客在吃、住、行、游、购、娱等各个方面供应一些服务和产品的具有综合性质的产业。游客在游玩的过程中，吃、住、行、游、购、娱每个环节都直接或间接排放二氧化碳并造成能源的消耗；与此同时，多达102个产业与旅游业都有着或多或少的直接关系，使旅游业二氧化碳排放的系统边界很难界定（宋增文，2007）。

国内外学者和机构的研究结果表明，旅游交通住宿和一系列旅游活动会产生大量的二氧化碳和能源耗费（Gössling，2002；UNWTO，2009；石培华和吴普，2011）。因此，本书讨论的旅游业二氧化碳排放系统主要是旅游交通、住宿和活动三个方面，并从这三个方面来测算我国旅游业的二氧化碳排放量，以期从宏观上把握我国旅游业二氧化碳排放的总体特征；测算范围包括发生在我国境内的国内旅游和入境旅游活动，不包括发生在国外及我国港澳台地区的出境旅游活动。

3.1.2　旅游业二氧化碳排放测算方法

由于旅游业产业链长，涉及行业部门众多，加上旅游业自身统计资料及数据的相对缺乏，要精确计算旅游业二氧化碳排放量几乎不可能，只能采取估算的方法（石培华和吴普，2011；王凯等，2014）。目前，国内外关于旅游业二氧化碳排放的测算方法很多。在现有方法中，旅游消费系数剥离法和自下而上法应用较为广泛。但是现有研究关于数据来源及真实性有待进一步考察，况且我国缺乏较为完备的旅游卫星账户，《能源统计年鉴》中对旅游业能源消费统计并没有进行专门的设置，把旅游业从相关产业中剥离出来的方法饱受争议。自下而上法通过研究与旅游和旅游活动相关的游客的二氧化碳排放量，向上逐级计算旅游业的二氧化碳排放量。本书通过查找有关的统计年鉴获取旅客数据，运用自下而上法测量并计算旅游业二氧化碳排放量，详细的计算公式表示如下：

旅游交通二氧化碳排放量计算：

$$Q_T = \sum_{i=1}^{n} \alpha \times N_i \times D_i \times P_{Ti} \qquad (3-1)$$

其中，Q_T 是旅游交通产生的二氧化碳排放量；α 为乘坐不同交通方式客流量当中游客所占的比重；N_i 为选择 i 类交通方式的游客量；D_i 为旅客选择 i 类交通方式的出游距离；$N_i \times D_i$ 表示 i 类交通模式的游客周转量（Passenger Kilometers，pkm）；P_{Ti} 为 i 类交通方式的二氧化碳排放系数（克/游客周转量）；n 表示交通方式的总类数，比如飞机、汽车、火车和水运等。

不同旅游交通方式的规模是影响其二氧化碳排放量的主要因素。由于人们出行目的并不都与旅游有关，因此研究中的 α 值主要是参考已有研究成果确定。在吴普和石培华（2011）、魏艳旭等（2012）的研究结果的基础之上，本书确定关于铁路周转量相对应的 α 值为32.7%、水运、公路和民航游客的周转量对应的 α 值分别为10.6%、27.9%和36.7%，以此来代替各种旅游交通方式的规模，同时

把此 α 值运用于估量测算不同的地区和年份。另外，不同交通方式的单位能耗和二氧化碳排放系数在不同的国家和地区有很大差异。本书根据国内外学者的研究成果（UNWTO-UNEP-WMO，2008；Kuo and Chen，2009；Peeters and Dubois，2010；Gössling，2012；魏艳旭等，2012），结合中国的实际情况，确定了我国各种交通方式单位能耗系数和二氧化碳排放系数，见表3-1。

表3-1　各种旅游交通方式的能耗和二氧化碳排放系数

类型	单位能耗（兆焦/游客周转量）	二氧化碳排放系数（克/游客周转量）
火车	1.0	27
汽车	1.8	133
轮船	0.9	106
飞机	2.0	137

旅游住宿业二氧化碳排放量计算：

$$Q_H = 365 \times C \times R_k \times P_{He} \times P_{Hc} \times \frac{1}{1000} \times \frac{44}{12} \qquad (3-2)$$

其中，Q_H 为旅游住宿业的二氧化碳排放量；C 为旅游住宿业的总接待能力（用总床位数表示）；R_k 为旅游住宿业的床位年出租率；P_{He} 为旅游住宿业的每床每晚单位能耗系数；P_{Hc} 为单位热值含碳量；$\frac{1}{1000}$ 是单位转换系数；$\frac{44}{12}$ 是碳到二氧化碳的转换系数。

我国旅游业中对于住宿业的相关统计显示，有关星级饭店的数据统计是比较完整的，因此本书以星级饭店的二氧化碳排放情况代替旅游住宿业的二氧化碳排放量。一般来说，旅游饭店的服务项目越多、规模越大、星级越高、相关设备就会更奢华，其单位能耗也越大。因此，根据国内外学者的研究结果，结合我国饭店的星级制度，本部分采用的星级饭店每张床位每天晚上单位能耗系数 P_{He} 分别为：五星级饭店155兆焦/床·晚，四星级130兆焦/床·晚，三星级110兆焦/床·晚，二星级70兆焦/床·晚，一星级40兆焦/床·晚（Gössling，2002；石培华和吴普，2011；肖建红等，2011；汪清蓉，2012；Tang et al.，2013）。另外，通过查看1990年的世界电力组织的转换系数可以得知，P_{Hc} 的值为43.2克碳/兆焦（Gössling，2002）。

旅游活动二氧化碳排放量计算：

$$Q_A = \sum_{i=1}^{n} M \times w_i \times P_{Ai} \tag{3-3}$$

其中，Q_A 为旅游活动二氧化碳排放量；M 为旅游者人数；w_i 为选择 i 类旅游活动的旅游者比例；P_{Ai} 为第 i 类旅游活动单位二氧化碳排放系数。

随着旅游业的快速发展，旅游活动的内容、形式和性质都有许多特点，旅游业的能源消耗和二氧化碳排放在形式、内容和规模上也都有很大差异。与此同时，不同区域、不同个体的旅游活动能源消耗和二氧化碳排放的差异也非常显著（石培华和吴普，2011；焦庚英等，2012）。本部分在石培华和吴普（2011）的相关研究成果基础之上，以不同旅游目的为视角，把旅游活动类型划分为商旅出差、旅游观光、度假休闲、访友探亲、其他旅游活动五种，其二氧化碳排放系数和单位能耗见表 3-2。各种旅游活动类型的旅游者人数通过查找《中国旅游统计年鉴》和国家旅游局发布的《旅游抽样调查资料》可以得到。

表 3-2　不同类型旅游活动的单位能耗和二氧化碳排放系数

类型	观光旅游	休闲度假	商务出差	探亲访友	其他
能耗（兆焦/人）	8.5	26.5	16	12	3.5
二氧化碳排放系数（克/人）	417	1670	786	591	172

综上，旅游业总二氧化碳排放量计算：

$$Q = Q_T + Q_H + Q_A \tag{3-4}$$

其中，Q 表示旅游业总二氧化碳排放量；Q_T 是旅游交通的二氧化碳排放量；Q_H 为旅游住宿的二氧化碳排放量；Q_A 为旅游活动的二氧化碳排放量。

同时，为了与全国二氧化碳排放情况进行对比，本书参照徐国泉等（2006）、蒋金荷（2011）、陈明艺和李娜（2020）等文献进行了全国二氧化碳排放量的计算，公式如下：

$$CE = \sum_{i=1}^{n} E_i \times B_i \times \frac{44}{12} \tag{3-5}$$

其中，CE 为各种类能源的二氧化碳排放总量；i 为能源种类，因为水电和核电都是清洁能源，故本书只选取了煤炭、石油、天然气三种能源进行研究；E_i 为第 i 类能源的消耗量；B_i 为第 i 种能源的碳排放系数；$\frac{44}{12}$ 是碳到二氧化碳的转换系数。根据我国能耗基本情况，碳排放系数选取从国家发展和改革委员会能源研究所获得的数据，即有关石油、煤炭、天然气的碳排放系数分别为 0.5825 吨碳/万吨标准煤、0.7476 吨碳/万吨标准煤、0.4435 吨碳/万吨标准煤。

3.1.3 旅游业二氧化碳排放与旅游经济的脱钩关系测度方法

为了分析我国旅游经济增长与旅游业二氧化碳排放的脱钩关系，采取 Tapio 脱钩模型构建了两者之间的脱钩指数（Decoupling Indicator，DI），即某一期间内，旅游业二氧化碳排放量的变化率与旅游业经济层面的变化率之间的比例，它是衡量关于旅游业二氧化碳排放与旅游经济增长关系的一个标准。可以用 Tapio 脱钩模型作为基础和前提，在变量方面进行对应的转换，计算公式如下（Tang 等，2014）：

$$DI = \frac{\%\Delta Q}{\%\Delta G} \tag{3-6}$$

其中，DI 表示旅游业二氧化碳排放与旅游经济的脱钩指数；$\%\Delta Q$ 表示旅游业二氧化碳排放的增长率；$\%\Delta G$ 表示旅游经济的增长率。脱钩指数的类别和内涵见表3-3。

表3-3　旅游业二氧化碳排放与旅游经济的脱钩状态判定标准

状态	$\%\Delta Q$	$\%\Delta G$	DI	含义
强脱钩	<0	>0	<0	旅游业二氧化碳排放增长率为负，旅游经济增长率为正，是最理想的状态
弱脱钩	>0	>0	0<DI<1	旅游业二氧化碳排放增长率小于旅游经济的增长率，是比较理想的状态
临界	>0	>0	=1	旅游业二氧化碳排放增长率等于旅游经济的增长率
负脱钩	>0	>0	>1	旅游业二氧化碳排放增长率大于旅游经济的增长率
衰退脱钩	<0	<0	>1	旅游业二氧化碳排放下降率大于旅游经济的下降率
弱负脱钩	<0	<0	0<DI<1	旅游业二氧化碳排放下降率小于旅游经济的下降率
强负脱钩	>0	<0	<0	旅游业二氧化碳排放增长率为正，旅游经济增长率为负，是最不利的状态

资料来源：根据 Tapio（2005）、赵兴国等（2011）、杨嵘和常烜钰（2012）、远萌（2012）等文献修改。

3.1.4　数据来源与处理

数据来源方面：一是由于 2020~2022 年受到新冠疫情的严重影响，数据获取困难，文章选择了全国及 31 个省份（不含香港、澳门和台湾）为研究区域，2001~2019 年作为研究时间段。二是全国和 31 个省份各种交通运输方式的旅客周转量主要来自《中国统计年鉴》（2001~2020），从各省份相应年份的统计年鉴和《国民经济和社会发展统计公报》中得到部分省份的民航旅客周转量。三是各省份乃至全国星级饭店的床位数量、客房出租率等相关数据来自《中国旅游统计年鉴》（2001~2018）、《中国文化和旅游统计年鉴 2019》《中国文化文物和旅游统计年鉴 2020》。四是旅游者人数分为国内旅游者和入境旅游者。从《中国统计年鉴》（2001~2020）中获取有关中国接待的入境旅游人数和国内旅游人数；31 个省份的入境旅游人数来自《中国统计年鉴》（2001~2020），从对应年份的统计年鉴中获取国内旅游人数，通过参考《旅游抽样调查资料（2001~2020）》中在海关口岸统计调查的有关入境旅客活动和国内旅游活动得到各种类型旅游活动的规模。五是根据历年《国民经济和社会发展统计公报》《中国统计年鉴》《中国旅游统计年鉴》，各省份相应年份的统计年鉴及旅游业统计公报可以得到31 个省份的旅游业收入。六是 31 个省份和全国的能源消耗量来源于《中国统计年鉴（2001~2020）》。

数据处理方面：一是考虑到排除价格上涨的数据的可比性，应以 2000 年确定为基本价格年。使用 GDP 指数（1978＝100）以一定价格计算 2000~2019 年中国的旅游总收入，以获得 2000~2019 年各地区的修正旅游总收入。2000 年各省份的固定 GDP 指数作为基准年，消除了价格因素对旅游收入的影响。二是所提到的参照数据，如不同交通方式的单位二氧化碳排放系数、不同星级的酒店的能耗、旅游活动单位二氧化碳排放系数、使用不同交通工具的游客比例等，主要从国内外学者的相关文献及一些组织和机构的研究报告成果中获取。由于技术的进步、能源利用效率的提高、以及宏观经济发展的影响，各种能耗系数、二氧化碳排放系数、游客比例等会发生一定变化，但在本书的研究时段内，这种变化并不会引起计算结果与实际值出现数量级的差异。因此，在本书中，假设历年的各种能耗系数、二氧化碳排放系数、游客比例保持不变，且不考虑地区差异。

3.2 我国旅游业二氧化碳排放的时间变化

3.2.1 旅游业二氧化碳排放量变化

2000~2019 年，我国旅游业二氧化碳排放呈现以下三个特征：

第一，持续不断加大的旅游业二氧化碳排放量。利用式（3-1）~式（3-4）把旅游交通、旅游住宿和旅游活动三个主要部门的二氧化碳排放量进行求和，得到我国 2000~2019 年的旅游业二氧化碳排放量（见图 3-1）。从图 3-1 可以看出，我国旅游业二氧化碳排放总量从 2000 年的 3795.36 万吨增加到 2019 年的 11777.78 万吨，增长了 3.10 倍。从历年变化来看，2000~2007 年，除 2003 年受"非典"疫情影响旅游业二氧化碳排放速度下降外，其余年份的增长很快，年平均增长率达到了 10.39%；2008 年全球金融危机，旅游业二氧化碳排放速度下降，此后开始快速增长，2008~2012 年旅游业二氧化碳排放年均增长率达到了 8.99%；2013 年，由于交通统计口径发生变化，以及高铁、新能源汽车的投入使用，来自旅游交通的碳排放量降低，从而使旅游业二氧化碳排放总量有所降低；2014 年开始，旅游业二氧化碳排放又开始缓慢上升，2014~2019 年年均增长率为 4.09%。从整体来看，2000~2019 年，旅游业二氧化碳排放量的年均增长率达到了 6.43%。如果不能有效控制这一增长速度，实现我国旅游业的节能减排目标及低碳发展将会面临巨大压力。

同一时期，全国二氧化碳排放量从 2000 年的 350271.21 万吨增加到 2019 年的 1031010.36 万吨，增长了 2.94 倍，年均增长率为 5.98%。与同时期全国二氧化碳排放量进行对比，旅游业二氧化碳排放量占全国二氧化碳排放量的比重在 0.96~1.24，平均值为 1.07，该数值与石培华和吴普（2011）的研究结果接近。可以看出，旅游业在国民经济各部门中属于低排放产业，在发展低碳经济中占据至关重要的领域。2000~2019 年，旅游业二氧化碳排放量增长了 3.1 倍，年均增长率达到了 6.43%，均超过同期的全国二氧化碳排放量情况。因此，如果不能有效控制旅游业二氧化碳的增长速度，实现我国旅游业的节能减排目标及低碳发展将会面临巨大压力。

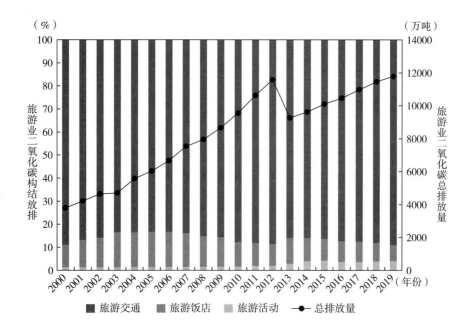

图 3-1　2000~2019 年我国旅游业二氧化碳排放总量及结构变化

第二，总体来看，人均旅游业二氧化碳排放量出现下降走势。为了从旅游规模层面反映旅游者人均二氧化碳排放情况，利用旅游者总数计算了人均旅游业二氧化碳排放量（见图 3-2）。2000~2019 年，人均旅游业二氧化碳排放量总体上呈现下降趋势，由 2000 年的 0.046 吨/人下降到 2019 年的 0.019 吨/人，年均下降率为 4.25%。从发展阶段来看，2012 年以前，人均旅游业二氧化碳排放量在波动中缓慢下降，由 2000 年的 0.046 吨/人下降到 2012 年的 0.037 吨/人；2013 年以后，人均旅游业二氧化碳排放量下降速度加快，2019 年下降到 0.019 吨/人。主要原因是随着旅游业的快速发展和旅游人数的增加，尤其是国内旅游人数的快速增长，虽然旅游业二氧化碳排放总量持续增长较快，但是小于旅游者的增长速度，使人均旅游业二氧化碳排放量下降较快。

第三，旅游业二氧化碳排放强度在一定程度上出现下降势头。为衡量旅游发展过程中的能源利用质量和碳排放效率，本书利用旅游业二氧化碳排放量与旅游总收入的比值得到了旅游业二氧化碳排放强度（见图 3-3）。2000~2019 年，旅游业二氧化碳排放强度总体上呈现出下降趋势，由 2000 年的 0.84 吨/万元降到了 2019 年的 0.50 吨/万元，以年均 2.42% 的变化率持续下降。同时，利用全国

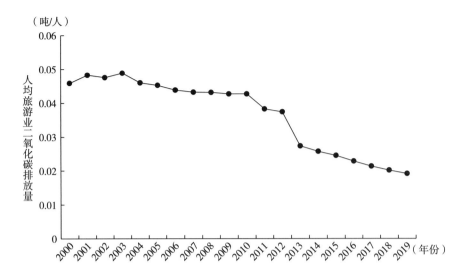

图 3-2　2000~2019 年我国人均旅游业二氧化碳排放变化

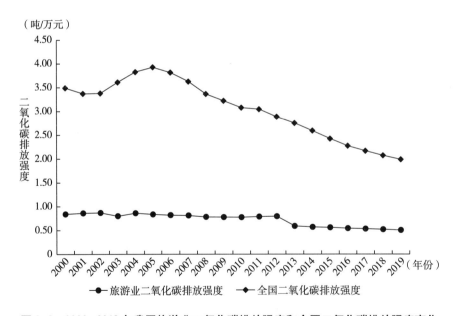

图 3-3　2000~2019 年我国旅游业二氧化碳排放强度和全国二氧化碳排放强度变化

二氧化碳排放量与 GDP 的比值，得到了全国二氧化碳排放强度，其数值由 2000 年的 3.49 吨/万元下降到 2019 年的 1.99 吨/万元，以年均 2.84% 的变化率持续下降。随着经济的快速增长和能源技术的提高，单位收入和单位游客人均 GDP 的能源效率逐渐提高，这表明旅游业发展对能源消耗和排放的依赖性正在下降，在一定程度上也反映了旅游业的低碳技术应用与节能减排效果较好。

与全国二氧化碳排放强度值相比，2000~2019 年旅游业二氧化碳排放强度远远低于全国二氧化碳排放强度（见图 3-3），即使考虑旅游增长值小于旅游收入这一因素。可以看出，与其他产业相比，在产生相同经济价值的前提下，旅游业对环境的影响有限，具有一定的经济价值。此外，旅游业二氧化碳排放强度的年增长率与旅游业二氧化碳排放量的年增长率的变动趋势基本一致，但旅游业二氧化碳排放量的增长率远高于旅游业二氧化碳排放强度的增长率。由此表明，旅游业节能减排并不乐观，提高旅游业能源利用效率仍然是一项非常艰巨的任务，需要旅游业各部门共同努力。

3.2.2　旅游业各部门二氧化碳排放量变化

2000~2019 年，旅游业各部门二氧化碳排放呈现以下四个特征：

第一，各部门二氧化碳排放差异明显，旅游交通是排放主体，旅游活动年均增长最快。通过观察旅游各部门二氧化碳排放情况（见图 3-1），二氧化碳排放量所占比例最大的是旅游交通，2000~2019 年，平均约占 86.22%，表现出先下降后上升的趋势；其次是旅游住宿，约占 11.48%，波动变化较大，表现出逐渐下降的趋势；旅游活动所占比例最小，约占 2.31%，有缓慢增加的趋势。表明随着人们出游意愿的提升和旅游类型的丰富，人们在旅行过程中对交通工具和参加活动的需求也在不断增加，导致旅游业二氧化碳排放量的逐渐上升。从总量变化来看，旅游交通、住宿和活动产生的二氧化碳排放量都呈现增长趋势，年均增长率分别为6.50%、4.77%、13.15%。可以看出，旅游活动的二氧化碳增长最为快速，因此在旅游业低碳发展过程中，要特别注意旅游活动的相关设施和内容的节能减排工作。

第二，不同旅游交通方式二氧化碳排放量差异明显。从各种交通工具二氧化碳排放结构比例来看（见图 3-4），公路比重最高，平均值为 59.70%，呈现逐渐下降的趋势；民航平均值为 29.22%，呈现明显增加的趋势；铁路平均值为10.94%，变化较为平稳；水运的重要性在下降，二氧化碳排放占的比重也最低。我们可以看到，公路和民航是旅游业和运输业碳排放的主要来源。通过计算，民航二氧化碳排放量的增加幅度最大，二氧化碳排放量所占的比重也很大，将会成为未来旅游交通二氧化碳排放的主要来源。而随着新能源汽车的普及，公路所占比例将会继续保持下降的趋势，因此民航的节能减排将是旅游业交通二氧化碳节能减排的重点。

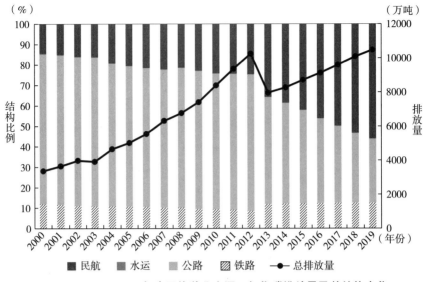

图 3-4　2000~2019 年我国旅游业交通二氧化碳排放量及其结构变化

旅游交通业是中国旅游业二氧化碳排放的重要来源和关键环节，这一趋势在短期内将保持不变。这一结果与其他学者和机构的研究结论基本吻合（Gössling，2002；UNWTO-UNEP-WMO，2008；石培华和吴普，2011；王凯，2014）。因此，旅游业节能减排的重点应放在旅游交通部门。而旅游交通属于客运交通的一部分，在交通运输业节能减排的大背景下，要推进旅游交通，特别是旅游景区内部交通的节能减排及其低碳发展，如提高旅游交通工具的能源利用效率、优化调整旅游交通结构、合理引导旅游者的出行交通需求等。

随着我国节能减排力度的加大，各种交通运输方式也在不断增加新能源的使用。例如，碳排放系数最小的铁路，关于高铁的运营里程不断加大。2021 年 2 月，中国"八纵八横"高铁网络全面贯通。到 2020 年底，中国高速铁路的运营公里数达到 37900 千米。2019 年，高铁客运量达到 229 亿人次，是人们出行的首选（新华网，2021）。

关于碳排放量较大的公路运输，我国汽车行业新能源的发展不断加快。自 2009 年"十城千辆"工程试点示范推广以来，我国的新能源汽车行业的发展取得了非常大的进步。新能源汽车是世界上为数不多的连续五年首次生产和销售的行业之一，截至 2020 年，我国累计推广的新能源汽车超过 450 万辆，占全球 50% 以上（人民网，2020）。

在民航运输方面，中国民航应以打赢蓝天保卫战为重要出发点，加强节能减排措施。2019 年，年客运量超过 500 万人次的中国机场中，95% 以上已完成 APU（辅助动力装置）替代设备安装并投入使用。拥有 1000 多万人口的机场基本建成通航，节省航空燃油 40 万吨以上，减少二氧化碳排放 130 万吨，各类空气污染物排放量减少了大约 4900 吨，航空燃油成本节约大概 120 亿元。截至 2019 年，中国航空运输每吨公里油耗是 0.285 千克，碳排放是 0.898 千克，与 2005 年相比，它们的数值都下降了 16.2%；机场乘客平均每客能耗为 0.898 千克标准煤，乘客每客二氧化碳排放量为 0.553 千克，与 2013~2015 年相比，均值下降了 15.80% 和 28.81%（中国民用航空局，2020）。民航的绿色发展必将带动旅游交通的绿色发展。

第三，不同星级酒店二氧化碳排放量有所差异。从各星级旅游饭店二氧化碳排放结构比例来看（见图 3-5），三星级饭店比例最高，平均值为 40.67%，呈现下降的趋势；四星级饭店平均值为 28.90%，呈现增加的趋势；五星级饭店平均值为 15.92%，呈现缓慢增加的趋势；二星级饭店平均值为 13.91%，呈现下降的趋势；一星级饭店比例最低，也呈现逐渐下降趋势。可以看出，三星级饭店所占二氧化碳排放量比例最大，四星级饭店和五星级饭店所占二氧化碳排放量的比重越来越大。因此，三星级饭店和四星级饭店将会成为我国旅游住宿二氧化碳排放量的主要来源，而控制四星级和五星级等高星级酒店的二氧化碳排放也将是旅游住宿业减排的重点。

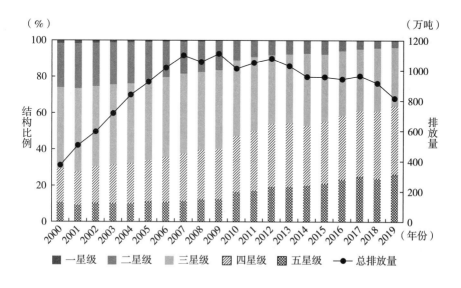

图 3-5　2000~2019 年我国旅游业住宿二氧化碳排放量及其结构变化

旅游住宿碳排放也是旅游业碳排放重要的直接来源之一，呈现缓慢下降的趋势。作为旅游业的三大支柱产业之一，旅游饭店在为宾客提供良好环境和优质服务的同时，带来了众多能源（如天然气、柴油、电力、水等）的资源消耗、物质损耗（如照明系统、用水系统、采暖制冷系统、床上用品等），以及废弃物排放（如废水、废油、厨余垃圾等）问题（刘益，2012；刘蕾等，2012；魏卫等，2013；Tang et al.，2013）。因此，为积极推进节能减排和旅游饭店发展，2021年2月，国务院发布了《关于加快建立健全绿色低碳循环发展经济体系的指导意见》（国发〔2021〕4号），指出餐饮、酒店等行业尽量不给顾客提供一次性筷子、一次性洗漱用品等一次性产品的倡议，阻止餐饮浪费现象发生，节约能源，全方位推进所有链条中塑料污染的处理，加快创建和完善低碳绿色循环经济。毫无疑问，该指南的推出进一步推动了酒店业的发展和践行绿色发展的理念（中国旅游新闻网，2021）。与此同时，自2007年国家生态友好型酒店标准实施以来，生态友好型酒店标准不断完善。2018年发布了新的国家标准。绿色酒店"环保、健康、节能、安全"的理念得到更多人的认可和接受。近2000家绿色酒店在促进酒店业发展、节约资源、节能降耗、保护环境、改变发展方式、管理产业发展、促进社会消费可持续发展等方面发挥了积极作用（中国饭店协会，2020）。

第四，不同旅游活动二氧化碳排放量有所差异。从各种旅游活动二氧化碳排放结构比例来看（见图3-6），休闲度假比例最高，平均值为40.54%，呈现增加的趋势；探亲访友平均值为32.08%，呈现下降的趋势；观光旅游平均值为14.09%，变化比较平稳；商务出差平均值为10.91%，呈现先下降后上升的趋势；其他旅游活动的比例最低，呈现下降的趋势。可以看出，在各类旅游活动中，排放二氧化碳所占比重最高的活动是休闲度假，接着是探亲访友；通过增长趋势可以看出，旅游者的旅游理念已逐步转变为休闲度假的理念，而其发展态势也会强于探亲访友。休闲度假成为中国旅游业二氧化碳排放的主要来源。

从前面分析可知，对比旅游交通、旅游住宿、旅游活动的二氧化碳排放年均增长率，旅游活动二氧化碳排放的年均增长率最高，而且其构成比例变化趋势在逐渐增加，表明旅游活动是今后旅游业节能减排的重要部门。虽然其在旅游业二氧化碳排放中的所占比例较低，但是其增长势头较快，表明旅游业的节能减排不能忽视旅游活动所带来的能源消耗和二氧化碳排放。人们的出游次数和期望随着生活水平渐渐有所提高而不断增长。2019年，入境的旅游人数14531万人次，同

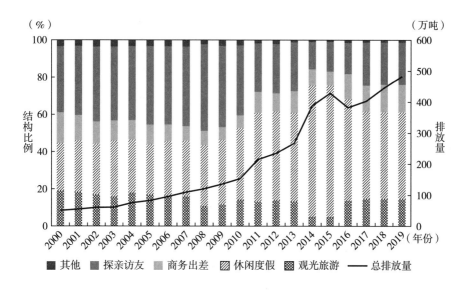

图 3-6　2000~2019 年我国旅游活动二氧化碳排放量及其结构变化

比增长 2.9%；国内的旅游人数达到 60.06 亿人次，同比增长 8.4%。人口流动的规模如此之大，必将带来旅游活动碳排放量的增加。旅游活动主要发生在旅游景区内，特别是在一些森林、水体、湿地、山地等自然风景区内。在大众旅游时代，为吸引旅客前来，一些景区推出了很多高能耗、高污染的旅游活动项目，如水上摩托、空中观光、直升机滑雪等，势必要消耗更多能源，产生更多的二氧化碳排放。因此，作为重要的旅游目的地，建设低碳景观，促进节能减排十分重要。这符合"五年内将酒店星级和 A 类旅游景点的水电消耗减少 20%"的目标。这一目标是《国务院关于加快发展旅游业的意见》中提出的。消费者在旅游过程中，入住可选择更绿色环保的酒店，出行可选择低碳的交通工具等。有余力及环保意识的消费者，还可在乘坐飞机时购买碳中和额度，或通过植树、购买其他碳减排项目等，以抵消自身出行所带来的碳排放。

3.3　我国旅游业二氧化碳排放的区域差异

全国不同省份之间，由于自然地理条件、旅游资源禀赋、社会文化环境和经济发展水平等方面的差异，使旅游业二氧化碳排放呈现着不同的区域格局变化。

本书计算了 2000~2019 年各地区 19 年间的旅游相关的交通、住宿、活动的二氧化碳排放量，并对全国各地区旅游业二氧化碳排放量的区域差异及时间变化进行了分析。

3.3.1 旅游业交通二氧化碳排放的区域差异

通过估算的 2000~2019 年旅游交通二氧化碳排放量来看，全国 31 个省份的旅游业交通二氧化碳排放量存在着明显的地区差异（见表 3-4）。从表 3-4 中的数据可以看出，2000~2019 年，全国 31 个省份旅游交通二氧化碳排放量均有不同程度的增长。从各地区 2000~2019 年的旅游交通二氧化碳排放量增长速率来看，西藏的增长速度最快，年平均增长率达到了 21.02%，上海、天津、北京、海南、内蒙古和青海的年平均增长率也都在 10% 以上。广州、北京、上海、江苏和四川在区域经济发展中拥有丰富的旅游资源，旅游交通也在这些省份的旅游业中发挥了更大的作用，旅游业交通二氧化碳排放量将增加。而在西藏、青海、宁夏等地区，受自然地理环境的制约，旅游业发展相对落后，旅游交通的发展也相对滞后，因此其旅游交通二氧化碳排放也相对较少。但是，随着交通基础设施的改善，拉萨、昌都、林芝等地机场的改扩建，2006 年青藏铁路的正式通车运营，以及公路通车里程的提高，均促进了西藏的旅游交通二氧化碳排放较快增长。

表 3-4　2000~2019 年全国各省份旅游交通的二氧化碳排放量

年份 省份	2000	2001	2002	2003	2004	2005	2006	2007	2008	2009
北　京	125.16	139.10	164.72	162.98	329.63	317.08	367.68	425.78	454.77	502.40
天　津	18.06	19.36	20.85	22.08	27.28	30.24	37.32	43.99	72.28	78.80
河　北	184.97	201.93	215.93	181.09	215.33	224.61	240.29	264.01	187.26	197.00
山　西	57.79	63.40	68.90	67.66	76.13	76.71	80.15	87.68	101.86	90.56
内蒙古	50.55	52.95	56.34	52.61	66.55	75.62	84.81	93.35	80.05	87.88
辽　宁	114.22	123.12	127.34	122.71	150.56	149.38	169.90	186.34	210.09	223.37
吉　林	46.00	48.09	50.68	50.66	56.03	58.55	60.45	71.93	110.40	117.11
黑龙江	100.65	102.67	104.55	107.41	123.65	134.61	153.09	175.12	144.35	164.46
上　海	104.79	120.75	142.33	152.50	271.04	301.92	339.08	408.05	399.22	467.29
江　苏	242.75	277.88	293.70	313.78	351.03	387.79	436.20	510.45	404.32	446.76

续表

年份\省份	2000	2001	2002	2003	2004	2005	2006	2007	2008	2009
浙　江	181.17	193.46	209.39	213.88	232.00	249.83	274.88	306.01	331.27	325.07
安　徽	142.26	147.94	165.57	174.15	194.16	217.15	238.92	268.36	341.95	381.87
福　建	108.33	122.90	130.11	128.81	148.20	162.24	178.05	203.61	192.37	209.43
江　西	85.46	88.08	94.02	93.84	104.98	109.92	117.61	123.89	143.54	148.73
山　东	140.03	155.44	169.36	167.60	200.65	225.68	252.31	298.46	422.16	480.17
河　南	167.10	175.08	184.44	170.70	194.60	211.94	235.97	280.83	360.86	401.30
湖　北	142.08	142.69	154.72	152.67	172.36	186.17	197.66	227.61	267.25	274.55
湖　南	157.30	163.32	185.87	187.66	224.01	241.37	259.15	281.54	291.46	310.26
广　东	405.28	448.28	525.77	513.50	596.63	741.15	820.44	970.01	938.06	1069.39
广　西	138.31	147.24	151.46	144.86	161.75	173.39	187.04	206.89	224.01	244.39
海　南	62.09	60.70	67.05	64.49	81.03	84.76	117.56	131.31	182.85	172.82
重　庆	77.86	82.83	87.66	82.63	100.48	104.02	100.60	128.19	144.77	160.11
四　川	189.72	203.64	227.88	213.85	260.78	288.07	319.91	356.47	420.09	459.22
贵　州	54.03	57.77	59.95	60.24	67.25	74.26	83.79	91.02	99.30	103.90
云　南	83.95	109.14	101.29	94.75	115.09	119.99	131.07	142.08	143.42	159.59
西　藏	3.03	1.97	2.12	2.04	5.49	6.83	7.21	7.74	9.51	8.79
陕　西	95.42	102.94	107.50	99.57	128.31	144.27	154.37	163.19	185.94	197.00
甘　肃	45.36	48.99	50.50	51.55	59.16	61.69	68.37	74.53	103.13	109.73
青　海	8.54	9.37	9.97	10.67	11.90	12.77	14.60	17.02	22.21	25.51
宁　夏	14.34	14.77	15.56	15.04	17.96	19.30	21.10	23.60	28.76	32.11
新　疆	65.56	73.49	80.67	88.23	104.97	113.85	125.46	139.81	153.30	148.52

年份\省份	2010	2011	2012	2013	2014	2015	2016	2017	2018	2019
北　京	624.10	683.55	713.96	686.75	731.40	799.61	871.91	956.83	1039.21	1072.65
天　津	86.32	93.05	129.69	119.07	130.83	142.10	155.69	175.46	185.39	197.31
河　北	228.59	262.99	284.38	186.60	194.87	183.03	178.37	181.11	178.19	178.39
山　西	93.81	98.90	102.57	89.73	85.41	80.08	71.75	75.52	79.93	79.84
内蒙古	96.00	104.44	113.20	80.87	77.70	78.12	76.30	72.36	64.39	185.10
辽　宁	244.69	252.73	268.83	252.71	289.62	268.63	274.60	281.61	298.99	295.57
吉　林	136.14	144.73	152.24	105.09	110.69	115.06	113.59	113.36	114.09	114.20
黑龙江	179.56	197.83	224.85	209.74	234.98	249.42	266.37	287.84	300.05	301.41

年份 省份	2010	2011	2012	2013	2014	2015	2016	2017	2018	2019
上　海	569.11	616.81	571.36	633.62	665.74	781.43	900.66	1011.05	1108.69	1207.15
江　苏	502.37	556.32	608.47	407.50	422.78	422.23	419.11	425.16	423.56	430.51
浙　江	359.98	371.41	376.97	255.49	253.01	250.65	226.58	218.96	211.50	206.81
安　徽	428.41	482.06	551.89	337.27	368.20	290.24	267.09	239.60	232.04	224.42
福　建	222.61	244.14	261.92	263.31	290.36	297.28	321.92	360.18	391.19	408.03
江　西	172.54	179.52	189.60	169.19	175.26	164.74	165.55	166.74	161.54	155.98
山　东	489.29	509.38	532.84	243.09	245.87	233.12	238.84	246.44	253.74	257.76
河　南	450.34	518.16	554.33	340.49	393.08	354.34	363.79	363.86	357.85	356.49
湖　北	322.42	358.94	401.13	265.33	304.03	332.31	314.35	322.15	319.43	310.71
湖　南	353.64	398.69	430.17	391.65	421.37	429.21	378.55	371.44	368.18	359.67
广　东	1259.45	1449.43	1655.82	1251.76	1498.20	1633.15	1457.20	1567.20	1716.25	1823.98
广　西	274.28	305.54	335.20	171.58	174.54	180.84	176.04	173.53	171.47	166.33
海　南	186.87	206.62	221.95	228.57	257.72	276.67	343.57	387.39	445.81	459.71
重　庆	187.23	236.04	267.86	231.91	256.94	284.67	292.26	315.69	326.26	354.60
四　川	505.05	561.68	616.06	523.04	578.77	634.07	646.44	655.68	689.07	757.34
贵　州	121.51	145.98	176.62	159.37	173.00	177.80	185.02	194.93	203.32	207.04
云　南	183.22	212.62	236.52	192.60	203.36	210.78	206.32	204.53	201.02	209.13
西　藏	9.29	10.27	13.48	20.61	23.58	28.91	31.03	42.25	51.40	54.59
陕　西	227.06	268.26	271.02	214.64	247.47	225.45	214.92	222.76	231.94	259.60
甘　肃	116.98	137.93	148.39	121.37	127.06	135.84	136.99	136.59	134.34	135.45
青　海	28.80	32.64	36.67	32.19	37.12	41.13	42.15	47.41	52.26	54.55
宁　夏	36.25	40.81	45.05	38.89	45.10	48.76	49.73	54.22	52.99	56.66
新　疆	162.41	179.47	206.71	211.54	196.43	188.10	174.73	179.53	186.92	185.69

3.3.2　旅游业住宿二氧化碳排放的区域差异

通过估算的 2000~2019 年各地区旅游业住宿二氧化碳排放量可以看出，全国 31 个省份的旅游业住宿二氧化碳排放量存在着明显的地区差异（见表 3-5）。从表 3-5 中的数据来看，2000~2019 年，全国 31 个省份旅游业住宿的二氧化碳排放量均有不同程度的增长。从各地区 2000~2019 年的旅游业住宿二氧化碳排放量增长速度来看，西藏的增长速度最快，年平均增长率达到了 17.93%，陕西、湖南、河北、河南、青海的年平均增长率也都大于 10%。我国东南沿海地区的经济发展水平较为发达，旅游资源较为丰富，随着旅游业的发展，星级饭店的数量也在不断增加，导致旅游住宿产生的二氧化碳排放量较大，但是增速相对放缓。而在西藏、青海地区，旅游业发展相对落后，星级饭店的数量较少，这些区域旅游住宿二氧化碳排放量较低。但是，随着旅游产业的迅猛发展，出现了越来越多的星级饭店，使这些地区的旅游住宿二氧化碳排放增长速度较快。吉林旅游住宿二氧化碳年平均增长率出现负值，主要原因是所统计的星级饭店数量减少，导致相应的床位数量减少，使其旅游住宿二氧化碳排放量降低。

表 3-5　2000~2019 年全国各省份旅游住宿的二氧化碳排放量

年份 省份	2000	2001	2002	2003	2004	2005	2006	2007	2008	2009
北　京	47.86	69.48	59.46	55.54	69.08	72.45	74.80	78.52	71.32	67.81
天　津	4.44	5.60	11.18	5.28	6.37	8.73	9.04	9.25	8.27	7.99
河　北	7.09	8.11	19.84	22.06	21.28	23.87	27.69	31.19	30.98	38.03
山　西	4.25	10.19	12.25	12.97	15.81	19.76	20.21	21.73	22.64	23.75
内蒙古	3.13	6.21	6.17	5.89	10.22	11.03	12.16	12.49	13.01	14.40
辽　宁	13.41	17.22	19.35	21.09	35.92	36.41	37.15	38.24	40.88	38.86
吉　林	11.83	8.06	7.86	9.67	10.27	10.36	12.49	13.06	14.75	13.23
黑龙江	9.51	6.57	12.13	10.92	13.43	14.77	16.18	15.77	17.05	18.45
上　海	30.43	35.60	38.91	35.02	45.63	39.63	36.25	35.25	31.75	28.44
江　苏	25.44	32.89	36.75	40.30	77.73	78.78	85.82	88.98	57.16	60.19
浙　江	35.58	41.92	48.46	51.49	66.48	69.42	72.83	83.85	88.06	85.08
安　徽	10.39	13.09	17.77	17.14	22.88	22.47	23.11	26.86	31.91	31.94
福　建	10.68	24.13	17.99	17.08	22.40	24.06	28.05	31.21	30.55	35.75
江　西	6.83	7.21	11.81	10.77	17.13	18.45	22.23	23.56	25.87	28.44
山　东	13.34	24.42	27.35	33.19	27.79	45.23	60.35	66.24	68.21	69.26
河　南	5.88	14.63	25.25	24.12	42.03	50.26	49.63	52.85	56.05	54.88
湖　北	12.40	25.08	22.64	25.04	27.65	30.30	31.75	33.37	33.50	35.44
湖　南	5.50	15.48	17.17	16.18	33.91	41.81	42.56	45.13	46.41	50.76
广　东	42.59	44.27	58.77	55.48	85.26	95.79	92.06	92.75	72.37	74.77
广　西	15.18	19.46	21.10	20.91	23.09	26.58	29.16	28.55	30.37	35.66

续表

年份省份	2000	2001	2002	2003	2004	2005	2006	2007	2008	2009
海　南	6.20	11.62	16.96	17.68	18.86	20.34	22.25	23.12	27.42	25.86
重　庆	6.12	4.78	7.57	10.76	12.98	13.69	15.03	16.37	16.08	18.88
四　川	13.47	14.14	18.73	23.48	31.79	34.37	35.69	37.41	28.06	30.48
贵　州	3.23	4.26	6.06	7.19	11.48	12.79	13.94	14.94	15.66	16.44
云　南	9.27	16.15	20.79	23.20	28.01	37.00	52.48	57.05	45.77	45.38
西　藏	0.61	0.69	1.65	1.80	2.43	2.24	2.26	3.01	1.62	3.66
陕　西	5.06	8.37	13.22	16.09	17.46	18.50	19.30	24.81	30.03	33.02
甘　肃	6.04	6.41	9.42	11.08	10.41	12.60	16.24	16.68	14.23	17.88
青　海	1.33	1.47	2.10	2.04	3.20	3.84	4.42	5.16	5.12	5.45
宁　夏	1.22	1.98	1.92	1.99	3.41	3.22	3.55	4.09	3.89	3.79
新　疆	10.24	11.85	11.88	14.07	20.07	20.59	24.81	27.21	24.31	31.82

年份省份	2010	2011	2012	2013	2014	2015	2016	2017	2018	2019
北　京	72.81	69.41	72.76	69.17	56.65	62.02	61.11	90.32	52.84	48.72
天　津	8.12	8.08	8.39	8.09	8.30	7.47	8.24	7.86	6.97	6.03
河　北	14.88	29.17	28.23	27.84	24.09	23.70	23.58	24.12	22.25	22.98
山　西	17.45	21.49	20.45	19.56	16.16	11.32	12.07	13.35	11.97	11.01
内蒙古	13.86	13.79	13.02	13.82	13.49	13.56	10.75	13.86	12.07	11.45
辽　宁	30.11	30.94	34.27	29.83	25.05	32.86	23.53	24.43	21.91	15.99
吉　林	11.65	13.58	10.46	9.30	8.93	8.02	7.78	6.74	5.85	6.53
黑龙江	12.80	20.70	12.67	11.70	10.03	10.00	10.08	9.62	8.57	7.77
上　海	37.74	29.87	31.80	33.16	32.28	33.47	34.30	35.15	32.57	29.48
江　苏	55.25	54.20	53.79	53.29	48.75	46.74	44.74	42.84	42.82	34.12
浙　江	64.79	67.63	93.60	61.84	60.94	62.17	54.91	53.18	52.13	45.11
安　徽	27.60	27.12	27.00	24.91	24.26	22.73	22.49	22.86	22.98	20.41
福　建	30.27	31.52	31.55	32.96	31.83	29.52	28.73	27.95	31.43	27.46
江　西	21.49	24.12	23.30	25.11	22.68	21.56	20.04	19.87	20.45	21.55
山　东	66.71	69.06	61.45	54.98	51.05	51.04	50.83	47.08	43.78	40.70
河　南	32.49	27.03	26.40	26.65	19.60	20.14	29.93	28.62	27.15	27.39
湖　北	28.89	25.30	24.14	23.65	29.19	24.73	26.13	26.92	26.58	29.33
湖　南	38.46	42.40	43.15	37.66	34.84	33.97	33.00	30.31	25.66	23.46

续表

年份 省份	2010	2011	2012	2013	2014	2015	2016	2017	2018	2019
广　东	83.95	78.93	77.00	80.73	69.57	62.07	72.61	62.50	80.43	52.45
广　西	30.73	26.54	27.00	29.82	29.55	27.91	31.28	27.32	26.49	21.46
海　南	19.64	18.30	18.45	16.03	14.59	14.17	15.29	16.03	14.72	12.53
重　庆	17.88	17.70	25.18	16.94	17.12	15.74	16.23	14.91	15.55	11.21
四　川	31.73	33.91	31.39	34.61	29.10	29.89	23.97	26.21	27.21	27.04
贵　州	16.11	15.84	16.08	16.21	15.05	16.21	17.34	15.54	16.53	12.70
云　南	31.39	33.04	28.94	40.37	55.60	38.30	34.77	32.11	30.39	29.14
西　藏	4.61	4.28	6.54	5.95	6.00	2.98	4.20	3.76	5.34	2.83
陕　西	23.93	27.74	24.41	26.48	24.17	38.25	22.18	24.15	24.13	24.27
甘　肃	18.35	17.32	17.73	17.97	16.90	15.44	17.88	16.63	17.90	13.70
青　海	5.00	5.72	4.35	5.36	5.94	6.08	3.91	6.24	7.32	6.15
宁　夏	3.65	4.22	4.73	4.23	4.01	3.92	4.67	5.14	4.93	1.15
新　疆	30.77	32.26	31.17	25.14	21.68	22.63	22.69	20.58	19.30	17.07

3.3.3　旅游活动二氧化碳排放的区域差异

通过估算的 2000~2019 年各地区旅游活动二氧化碳排放量可以看出，全国 31 个省份的旅游活动二氧化碳排放量存在着明显的地区差异（见表 3-6）。从表 3-6 中的数据来看，2000~2019 年，全国 31 个省份旅游活动的二氧化碳排放量均有不同程度的增长。从各地区 2000~2019 年的旅游活动二氧化碳排放量增长速度来看，西藏的增长速度最快，年平均增长率达到了 29.95%，江西、新疆、安徽、甘肃、贵州、内蒙古、重庆和陕西的年平均增长率也均超过了 20%。数据分析表明，游客主要集中在北京、上海、广东、海南及其他东部沿海地区等我国传统的旅游目的地，同时随着近年来各地旅游业的发展，游客有向中西部、东北部扩散的趋势，特别是西藏、甘肃、陕西、湖南、湖北、贵州、辽宁等地区的旅游者数量在不断增多，导致这些区域的旅游活动二氧化碳排放增速较快。以贵州为例，通过努力建设世界名山遗址，促进大型风景名胜区的改造和改善，贵州实现了从旅游大省向旅游强省的优化。2016~2019 年，贵州省接待的外省入黔旅游者人次和旅游总收入年平均增长了 30%，2019 年全年旅游总收入实现 12318 亿元，旅游接待总人数实现 113526 万人，旅游总收入和总人数均排在全国前列（人民网，2023）。

表 3-6　2000~2019 年全国各省份旅游活动的二氧化碳排放量

年份 省份	2000	2001	2002	2003	2004	2005	2006	2007	2008	2009
北　京	6.78	7.48	7.48	8.23	9.31	8.52	8.61	13.64	11.05	11.04
天　津	1.88	2.19	2.38	3.52	3.45	3.37	3.53	5.62	5.29	5.09
河　北	3.17	3.55	3.82	4.17	5.53	5.39	5.78	9.37	7.46	8.11
山　西	1.89	2.34	2.78	3.24	4.26	4.36	4.80	7.97	7.19	7.09
内蒙古	0.50	0.63	0.76	0.96	1.21	1.43	1.63	2.83	2.55	2.66
辽　宁	2.80	3.35	4.05	5.91	6.17	6.62	8.44	15.48	15.24	16.22
吉　林	1.19	1.49	1.57	2.18	1.99	1.91	2.05	3.48	3.46	3.64
黑龙江	1.79	2.03	2.17	3.38	3.09	3.01	3.36	6.17	6.49	7.28
上　海	5.20	5.60	5.72	7.34	6.83	6.35	6.52	10.08	8.84	8.60
江　苏	4.78	5.47	6.47	10.40	11.36	11.67	12.91	21.97	20.24	20.06
浙　江	3.88	4.66	5.21	7.98	8.26	8.68	10.50	18.17	16.28	16.54
安　徽	1.95	2.25	2.49	3.12	3.32	3.14	3.95	7.37	7.64	8.23
福　建	2.01	2.31	2.61	3.58	3.66	3.90	4.44	7.70	6.72	6.64
江　西	1.65	1.93	2.09	3.16	3.13	3.38	3.83	6.50	6.15	6.23
山　东	4.59	5.41	6.12	8.34	9.01	9.44	10.74	19.08	18.45	19.34
河　南	3.40	3.74	4.00	4.70	6.12	6.69	8.32	15.84	15.20	15.53
湖　北	3.58	4.06	4.29	5.30	5.25	5.11	5.42	9.51	8.96	10.07
湖　南	3.04	3.34	3.65	5.53	4.92	4.75	5.82	10.09	9.74	10.64
广　东	8.55	9.57	5.84	8.16	7.88	8.14	8.11	13.55	11.66	12.25
广　西	2.64	3.00	3.18	4.27	4.27	4.40	4.79	8.11	7.54	7.96
海　南	0.65	0.75	0.79	1.14	1.06	1.00	1.02	1.71	1.56	1.49
重　庆	2.01	2.64	2.95	3.97	4.01	3.99	4.34	7.49	7.66	8.15
四　川	3.53	4.23	4.61	7.83	8.75	8.79	10.59	17.37	13.30	14.56
贵　州	1.29	1.40	1.41	1.71	1.90	2.07	3.01	5.80	6.22	6.92
云　南	2.67	3.10	3.32	4.88	4.65	4.77	5.14	8.75	8.17	8.33
西　藏	0.07	0.05	0.05	0.09	0.09	0.12	0.16	0.37	0.17	0.37
陕　西	2.03	2.28	2.42	3.10	3.21	4.03	4.47	7.54	6.97	7.65

续表

省份＼年份	2000	2001	2002	2003	2004	2005	2006	2007	2008	2009
甘　肃	0.49	0.57	0.67	0.81	0.74	0.82	1.02	2.25	1.89	2.25
青　海	0.21	0.25	0.27	0.37	0.39	0.42	0.52	0.93	0.69	0.73
宁　夏	0.16	0.19	0.19	0.25	0.31	0.33	0.38	0.68	0.59	0.60
新　疆	0.51	0.57	0.63	0.95	0.97	0.99	1.07	2.01	1.69	1.41

省份＼年份	2010	2011	2012	2013	2014	2015	2016	2017	2018	2019
北　京	11.65	19.83	17.56	19.12	19.85	25.41	21.66	22.58	23.60	24.43
天　津	5.36	10.01	9.08	10.30	11.82	16.12	14.53	16.03	17.35	18.74
河　北	9.30	17.37	17.56	20.60	23.63	34.47	35.79	43.39	51.75	59.35
山　西	8.31	14.04	14.57	19.14	22.82	33.45	33.45	42.56	53.19	63.07
内蒙古	2.93	4.94	4.59	5.14	5.76	7.92	7.44	8.84	9.90	14.81
辽　宁	18.14	30.55	27.84	31.07	35.06	37.04	34.27	38.41	42.89	48.71
吉　林	4.11	7.08	6.81	7.87	9.22	13.09	12.59	14.61	16.82	18.85
黑龙江	10.05	18.94	19.27	22.13	8.10	12.05	10.99	12.46	13.82	16.45
上　海	14.13	22.14	19.66	20.31	20.96	26.22	23.13	24.84	26.47	28.12
江　苏	22.91	38.67	35.52	39.69	43.50	57.67	51.70	56.67	62.11	67.11
浙　江	19.11	32.22	30.34	33.60	37.07	49.57	44.35	48.64	52.26	55.42
安　徽	9.85	21.13	22.42	25.80	29.15	41.14	39.99	47.94	55.19	62.75
福　建	7.46	12.99	12.68	15.22	17.79	24.75	23.95	29.08	34.95	40.73
江　西	6.85	14.82	15.56	18.99	23.77	35.67	35.75	43.61	52.19	60.18
山　东	22.39	39.03	37.36	41.41	45.45	61.16	53.93	59.52	65.66	71.21
河　南	16.34	28.45	27.56	31.20	34.77	48.00	44.26	50.49	59.65	68.47
湖　北	13.38	25.36	26.19	31.04	35.81	47.27	43.75	48.48	55.50	46.00
湖　南	13.04	23.47	22.94	27.50	31.29	43.83	42.69	51.11	57.21	63.36
广　东	27.03	22.71	20.81	22.89	24.79	78.59	30.15	33.67	37.23	40.36
广　西	9.07	16.27	16.04	18.72	22.00	30.58	31.03	39.71	51.90	66.52
海　南	1.64	2.78	2.52	2.79	3.64	4.94	4.57	5.12	5.79	6.31
重　庆	10.22	20.58	22.04	23.40	26.49	36.32	34.23	41.17	45.34	49.88
四　川	17.23	32.58	33.57	37.36	41.18	54.92	48.06	51.12	53.42	57.25
贵　州	8.18	15.77	16.25	20.32	24.39	33.36	40.32	56.42	73.45	86.18
云　南	9.16	15.81	15.55	19.01	22.09	29.93	33.17	44.08	52.23	61.86

年份 省份	2010	2011	2012	2013	2014	2015	2016	2017	2018	2019
西 藏	0.43	0.81	0.80	0.98	1.18	1.85	1.76	1.94	2.56	3.05
陕 西	9.22	17.02	17.64	21.67	25.18	35.77	34.11	39.69	47.85	53.64
甘 肃	2.72	5.41	5.95	7.65	9.61	14.49	14.50	18.15	22.93	28.10
青 海	0.78	1.31	1.20	1.35	1.52	2.15	2.18	2.64	3.19	3.86
宁 夏	0.65	1.08	1.02	1.38	1.27	1.70	1.64	2.36	2.54	3.04
新 疆	1.99	3.67	3.69	3.95	3.76	5.65	6.15	8.14	11.41	16.17

3.3.4 旅游业总二氧化碳排放的区域差异

在对各地区旅游相关交通、住宿和旅游活动的碳排放量进行加和后，得到各地区2000~2019年的旅游业二氧化碳排放量的估算值（见表3-7）。从表3-7中的数据可以看出，2000~2019年，全国31个省份旅游业的二氧化碳排放量均有不同程度的增长。从各地区2000~2019年的旅游业二氧化碳排放量增长速度来看，西藏的增长速度最快，年平均增长率达到了18.13%，上海、天津、北京、海南、内蒙古和青海的年平均增长率也都高于10%。我国旅游业二氧化碳排放相对较高的地方主要位于北上广深等发达地区，以及中西部等地。随着旅游业的快速发展，这些地区旅游业二氧化碳排放量不断增多。而在西藏、宁夏、青海、内蒙古等我国西部地区，二氧化碳的排放量是最少的。但是随着交通运输等基础设施的改善、旅游接待量的增加、旅游者数量的增多，这些地区旅游业二氧化碳排放量的增长速度较快。总体来看，2000~2019年，各地区旅游业二氧化碳排放量总体上呈现由东部地区向中部地区、西部地区递减的趋势。

表3-7　2000~2019年全国各省份旅游业的二氧化碳排放量

年份 省份	2000	2001	2002	2003	2004	2005	2006	2007	2008	2009
北 京	179.80	216.06	231.66	226.75	408.02	398.05	451.09	517.94	537.14	581.25
天 津	24.38	27.15	34.41	30.89	37.11	42.34	49.88	58.86	85.84	91.88
河 北	195.23	213.59	239.59	207.32	242.14	253.87	273.76	304.58	225.70	243.14
山 西	63.93	75.93	83.92	83.87	96.19	100.83	105.15	117.38	131.69	121.41

续表

年份 省份	2000	2001	2002	2003	2004	2005	2006	2007	2008	2009
内蒙古	54.18	59.79	63.27	59.46	77.98	88.09	98.59	108.68	95.61	104.93
辽　宁	130.43	143.70	150.74	149.72	192.65	192.41	215.49	240.06	266.22	278.45
吉　林	59.01	57.64	60.11	62.51	68.29	70.82	74.99	88.47	128.61	134.03
黑龙江	111.96	111.27	118.85	121.71	139.58	152.40	172.63	197.06	167.89	190.19
上　海	140.42	161.95	186.95	194.92	323.50	348.05	381.67	453.37	439.81	504.33
江　苏	272.96	316.25	336.92	364.48	440.12	478.25	534.93	621.41	481.73	527.01
浙　江	220.62	240.05	263.06	273.35	306.74	327.93	358.21	408.03	435.61	426.69
安　徽	154.60	163.29	185.83	194.41	223.37	242.76	265.98	302.59	381.50	422.05
福　建	121.02	149.35	150.70	149.47	174.26	190.20	210.54	242.52	229.65	251.82
江　西	93.95	97.23	107.92	107.77	125.23	131.75	143.67	153.95	175.57	183.40
山　东	157.96	185.26	202.84	209.13	237.45	280.35	323.41	383.79	508.82	568.77
河　南	176.38	193.45	213.68	199.52	242.74	268.90	293.92	349.52	432.11	471.70
湖　北	158.06	171.82	181.65	183.01	205.25	221.58	234.84	270.50	309.70	320.06
湖　南	165.84	182.14	206.69	209.37	262.85	287.93	307.54	336.77	347.61	371.67
广　东	456.42	502.12	590.38	577.14	689.78	845.08	920.61	1076.31	1022.10	1156.41
广　西	156.13	169.70	175.74	170.80	189.11	204.38	220.99	243.56	261.91	288.00
海　南	68.95	73.06	84.81	83.31	100.96	106.11	140.83	156.14	211.84	200.17
重　庆	85.99	90.24	98.18	97.36	117.47	121.69	119.97	152.05	168.51	187.15
四　川	206.72	222.01	251.22	245.16	301.32	331.23	366.18	411.24	461.46	504.26
贵　州	58.55	63.43	67.42	69.13	80.63	89.11	100.73	111.76	121.18	127.26
云　南	95.89	128.39	125.39	122.84	147.75	161.76	188.69	207.87	197.36	213.31
西　藏	3.71	2.70	3.82	3.92	8.02	9.19	9.63	11.12	11.30	12.83
陕　西	102.51	113.59	123.14	118.76	148.98	166.80	178.14	195.54	222.94	237.68
甘　肃	51.89	55.98	60.59	63.44	70.31	75.11	85.63	93.46	119.25	129.86
青　海	10.08	11.09	12.34	13.08	15.48	17.04	19.54	23.11	28.01	31.69
宁　夏	15.71	16.94	17.68	17.28	21.68	22.85	25.03	28.37	33.25	36.50
新　疆	76.31	85.92	93.19	103.25	126.01	135.43	151.34	169.03	179.30	181.75

年份 省份	2010	2011	2012	2013	2014	2015	2016	2017	2018	2019
北　京	708.56	772.80	804.29	775.04	807.90	887.04	954.68	1069.73	1115.66	1145.80
天　津	99.80	111.14	147.16	137.46	150.95	165.69	178.47	199.34	209.71	222.08

续表

年份 省份	2010	2011	2012	2013	2014	2015	2016	2017	2018	2019
河 北	252.77	309.52	330.17	235.04	242.59	241.21	237.74	248.62	252.19	260.72
山 西	119.58	134.43	137.59	128.43	124.39	124.85	117.27	131.43	145.09	153.92
内蒙古	112.79	123.17	130.81	99.84	96.94	99.59	94.49	95.05	86.36	211.37
辽 宁	292.93	314.23	330.94	313.61	349.73	338.53	332.41	344.45	363.79	360.27
吉 林	151.91	165.39	169.51	122.26	128.84	136.17	133.96	134.71	136.76	139.58
黑龙江	202.41	237.47	256.78	243.58	253.11	271.47	287.44	309.91	322.44	325.62
上 海	620.99	668.82	622.82	687.09	718.98	841.13	958.10	1071.04	1167.73	1264.75
江 苏	580.53	649.20	697.78	500.48	515.02	526.64	515.56	524.68	528.50	531.73
浙 江	443.89	471.26	500.91	350.93	351.02	362.40	325.84	320.78	315.89	307.34
安 徽	465.85	530.31	601.30	387.98	421.61	354.11	329.58	310.40	310.22	307.58
福 建	260.34	288.65	306.15	311.50	339.98	351.55	374.59	417.21	457.57	476.22
江 西	200.88	218.46	228.47	213.28	221.71	221.98	221.34	230.23	234.19	237.71
山 东	578.39	617.46	631.65	339.48	342.38	345.31	343.60	353.04	363.18	369.67
河 南	499.17	573.64	608.29	398.34	447.45	422.48	437.98	442.97	444.66	452.36
湖 北	364.69	409.60	451.45	320.01	369.04	404.31	384.24	397.55	401.51	386.03
湖 南	405.14	464.56	496.27	456.81	487.50	507.00	454.25	452.86	451.06	446.49
广 东	1370.43	1551.07	1753.64	1355.38	1592.57	1773.81	1559.96	1663.36	1833.91	1916.79
广 西	314.07	348.35	378.23	220.11	226.09	239.33	238.35	240.56	249.85	254.31
海 南	208.15	227.70	242.92	247.38	275.95	295.78	363.44	408.54	466.32	478.54
重 庆	215.32	274.32	315.07	272.26	300.55	336.74	342.72	371.77	387.15	415.69
四 川	554.01	628.17	681.02	595.01	649.04	718.89	718.47	733.00	769.69	841.63
贵 州	145.80	177.60	208.95	195.71	212.45	227.37	242.68	266.89	293.30	305.92
云 南	223.77	261.48	281.01	251.97	281.05	279.01	274.27	280.72	283.64	300.13
西 藏	14.33	15.35	20.82	27.54	30.76	33.74	36.98	47.95	59.30	60.47
陕 西	260.21	313.02	313.07	262.79	296.83	299.47	271.21	286.60	303.93	337.52
甘 肃	138.04	160.66	172.06	146.99	153.58	165.77	169.37	171.37	175.16	177.26
青 海	34.58	39.68	42.23	38.91	44.58	49.36	48.25	56.30	62.77	64.56
宁 夏	40.54	46.12	50.80	44.49	50.38	54.39	56.04	61.71	60.46	60.86
新 疆	195.17	215.40	241.57	240.89	221.86	216.37	203.57	208.25	217.62	218.92

以 2019 年为例，全国各地区旅游业二氧化碳排放呈现三个特征：

第一，从旅游业二氧化碳排放总量上看，呈现东部>中部>西部的特征，且省际差异显著。根据旅游业二氧化碳排放量从高到低，可将 31 个省份划分为 5 个不同的等级。其中，旅游业二氧化碳排放量高于 500 万吨的地区集中在上海、北京、四川、广东和江苏等经济发达地区。其中，北京、上海、南京、成都、广州等是国际化都市，拥有现代的城市风貌、国际化的服务设施、频繁的对外贸易及丰富的旅游资源，对旅游者产生了巨大的吸引力。2019 年，这 5 个省市接待国内外旅游者数量占全国旅游者总数的 16.66%。众多的旅游人数导致了其旅游业二氧化碳排放量也处于高水平，这 5 个省市旅游业二氧化碳排放量占全国旅游业二氧化碳排放总量的比重达到了 43.74%。

海南、福建、河南、湖南、重庆等省份的旅游业二氧化碳排放量处于 400 万~500 万吨之间。这些地区不仅历史悠久、文化璀璨、民俗风情多样，而且风景秀丽、空气质量很高，旅游资源十分丰富，旅游业发达。2019 年，这些地区接待国内外旅游者数量占全国接待旅游者总数的 17.54%，游客量众多，导致旅游业二氧化碳排放量在全国位居前列。2019 年，这些地区旅游业二氧化碳排放量占全国旅游业二氧化碳排放总量的比重达到了 17.41%。

湖北、山东、辽宁、安徽、贵州、浙江、陕西、黑龙江、云南是旅游业比较发达的省份。这些地区不仅拥有独一无二的自然风光，而且人文气息非常浓厚，吸引了大量旅客观光游览。2019 年，这些地区接待国内外旅游者数量占全国接待旅游者总数的 38.51%。2019 年，这些地区旅游业二氧化碳排放处于 300 万~400 万吨，占全国旅游业碳排放总量的 23.02%。

我国旅游业二氧化碳排放较少的地区包括河北、新疆、内蒙古、广西、山西、江西、天津、甘肃、吉林等省份。这些地方虽然拥有丰富的旅游资源，但是尚未得到充分开发利用，再加之其知名度相对较低，导致了旅游者数量较少。天津市因为其地域空间狭小，旅游吸引力相对较低。2019 年，这些地区旅游业排放量处于 10 万~300 万吨，占全国旅游业二氧化碳排放总量的比重总和为 14.39%。

青海、宁夏、西藏三个省份旅游业二氧化碳排放量较少，均低于 100 万吨。这三个省份虽然有着独特的旅游资源，但是地理位置非常偏远，且经济尚不发达，自然环境相对于其他地方较为恶劣，致使旅游业发展滞后。而由于旅游活动相对较少，这些地区成为我国旅游业二氧化碳排放的清洁区域，仅占全国旅游业二氧化碳排放总量的 1.43%。

第二，从人均旅游业二氧化碳排放量来看，各省份旅游碳排放情况同样存在显著差异。海南由于地理位置较远，旅游者的交通方式主要以民航为主，导致海南的旅游交通二氧化碳排放量较高，进而使海南的旅游业二氧化碳排放量也居高不下。加之其接待的国内外游客数量相对较少，其人均旅游业二氧化碳排放量较高。宁夏、西藏、黑龙江、青海、四川、内蒙古和新疆人均旅游业二氧化碳排放量较高的主要原因也是地理位置相对偏远，因此旅游运输导致旅游相关产业二氧化碳排放量较高。山西的人均旅游业二氧化碳排放量最低，主要原因是接待国内外游客数量较多，2019 年全省共接待国内游客超 8 亿人次，游客数量居全国前列，而其旅游业二氧化碳排放量相对较低，因此人均旅游业二氧化碳排放量也较低①。

第三，从旅游业二氧化碳排放强度来看，各省份旅游碳排放情况依然存在显著差异。西藏、甘肃、宁夏和海南的旅游业二氧化碳排放强度较高，均在 1 吨/万元以上。虽然其旅游收入和接待国内外游客数量不断增长，但是，由于其地理位置相对偏远，旅游业经济的规模较小，节能和减排的技术水平不高等原因，使旅游收入的增加和旅游业的发展低于能源消耗量的增加，所以以上省份的旅游业仍然严重依赖大量的能源消耗。

3.4 我国旅游业二氧化碳排放与旅游经济的脱钩关系分析

3.4.1 全国旅游业二氧化碳排放与旅游经济的脱钩关系

本书以经过 GDP 指数修正后的旅游总收入作为旅游经济发展指标，旅游业经济增长率（%ΔG）和旅游业二氧化碳排放量增长率（%ΔQ）作为脱钩指标，利用公式（3-6）计算脱钩指数（DI），计算结果见图 3-7 和表 3-8。2000～2019年，按可比价格计算，我国旅游业总收入从 760.2 亿元上升到 3929.2 亿元，年

---

① 这里是从数据的角度解释结果小（人均排放量低）的原因。人均排放量=总排放量/总人数。人数较多（分母大）且总排放量较低（分子小），所以导致结果偏小。

均增长率达到了 9.05%，旅游经济发展取得了显著成效。从图 3-7、表 3-8 中可以看出，除 2008 年受全球金融危机、2012 年受全球经济危机的影响，导致旅游经济增长率起伏波动较大以外，其余年份我国旅游经济变化基本平稳。与此同时，我国旅游业二氧化碳排放增长率起伏较大，除在 2013 年出现了负增长外，其余年份旅游业二氧化碳排放增长率均为正值，在 2003 年、2005 年、2008 年、2012 年出现了明显下降，在 2004 年、2006 年、2010 年出现了快速上升，其余年份的旅游业二氧化碳排放增长率变化相对平稳，年均增长率达到了 6.43%。

从旅游业二氧化碳排放与旅游经济的脱钩指数来看（见图 3-7、表 3-8），2013 年作为唯一到达强脱钩的年份，其脱钩指数为 -2.57。一方面，反映了旅游业规模持续增长；另一方面，反映了旅游业发展中二氧化碳排放量的负增长。在 2003 年、2005~2010 年和 2014~2019 年，旅游业的经济增长高于旅游业二氧化碳排放量的增长，脱钩指数在 0~1。表现为弱脱钩。表明在旅游经济快速发展强度和速度下，旅游经济增长与二氧化碳排放之间相对协调，属于旅游经济发展中二氧化碳排放比较理想的状态。2001~2002 年、2004 年、2011~2012 年的旅游经

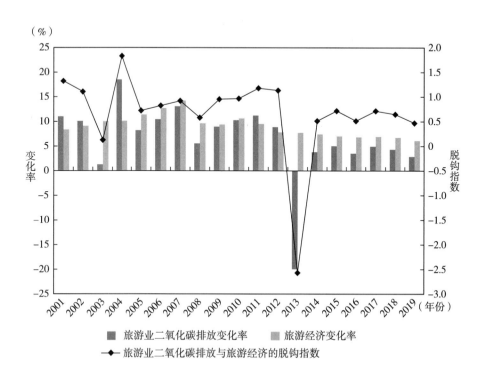

图 3-7　2000~2019 年我国旅游业二氧化碳排放与旅游经济的脱钩关系

表 3-8　2000~2019 年我国旅游业二氧化碳排放与旅游经济的脱钩状态

年份	$\%\Delta Q$（%）	$\%\Delta G$（%）	DI	脱钩状态	年份	$\%\Delta Q$（%）	$\%\Delta G$（%）	DI	脱钩状态
2000	—	—	—	—	2010	10.28	10.64	0.97	弱脱钩
2001	11.03	8.34	1.32	负脱钩	2011	11.23	9.55	1.18	负脱钩
2002	10.09	9.13	1.11	负脱钩	2012	8.88	7.86	1.13	负脱钩
2003	1.28	10.04	0.13	弱脱钩	2013	−19.95	7.77	−2.57	强脱钩
2004	18.52	10.11	1.83	负脱钩	2014	3.81	7.42	0.51	弱脱钩
2005	8.22	11.40	0.72	弱脱钩	2015	5.04	7.04	0.72	弱脱钩
2006	10.47	12.72	0.82	弱脱钩	2016	3.51	6.85	0.51	弱脱钩
2007	13.08	14.23	0.92	弱脱钩	2017	4.96	6.95	0.71	弱脱钩
2008	5.58	9.65	0.58	弱脱钩	2018	4.36	6.75	0.65	弱脱钩
2009	8.96	9.40	0.95	弱脱钩	2019	2.87	6.11	0.47	弱脱钩

注：$\%\Delta Q$ 表示旅游业二氧化碳排放的增长率，$\%\Delta G$ 表示旅游经济的增长率，DI 表示旅游业二氧化碳排放与旅游经济的脱钩指数。

济增长率虽然保持较高的速度，但是在旅游发展中二氧化碳排放增长率远高于旅游经济增长率，其脱钩指数超过 1，表现为负脱钩。表明旅游经济增长是以巨大的能源消耗代价为基础的，出现了旅游经济高增长、旅游业二氧化碳高排放并存的发展方式，属于旅游经济发展中二氧化碳排放的不可取状态。

总体来看，2000~2019 年，我国旅游经济发展和旅游业的二氧化碳排放的脱钩状态表现为波动交替的发展路线（从负脱钩到弱脱钩，再到负脱钩，然后到强脱钩，最后到弱脱钩）。可见，我国旅游业在经济发展过程中二氧化碳排放呈现波动变化的趋势。这种变化特点与我国产业结构调整、旅游产业地位提升、国家相关政策指引、国际政治经济形势等大背景密切相关。我国年均脱钩指数为 0.67，旅游业增长率高于旅游业二氧化碳排放量。这反映了中国旅游业的经济增长是节能型的，旅游业在中国节能减排和低碳发展方面有着巨大的潜力和空间，但是同样隐喻着我国旅游业的二氧化碳排放还会经历非常大的挑战。由于 2013 年交通统计口径发生变化，使旅游交通及旅游业二氧化碳排放量下降，当年的脱钩指数出现 −2.57 的数值；如果按同比口径计算，可能旅游交通及旅游业二氧化碳排放量没有下降或者下降得没有那么多，脱钩指数会高于 −2.57，进而导致全部年份的平均脱钩指数超过 0.67，这就说明了在未来 10~20 年的经济增长周期内，我国旅游业的能源消耗依然会成倍增加，如果不采取有效节能增效措施，在某种程度上将可能会导致旅游业二氧化碳排放以不可思议的速度和数量增长。一些发达国家的研究经验表明，脱钩指数的变化通常要经历强脱钩—弱脱钩—负脱钩—强脱钩的发展过程。导致所有年份的平均脱钩指数都在 0.67 以上。此外，这意味着中国旅游业的能源消耗将在未来 10～20 年的经济周期中呈指数级增长。如果没有有效的节能和增效措施，旅游业产生的二氧化碳排放可能在某种程度上是我们所不能接受的。因此，通过政策、技术与管理等的综合影响，合理控制旅游经济增长速度和旅游扩张规模，以免造成不必要的二氧化碳产生，避免出现高增长、高排放的发展方式，最终实现旅游经济增长与旅游业二氧化碳排放的强脱钩。当然，旅游业低碳发展不能以牺牲旅游经济增长、减少旅游体验为代价而进行盲目的节能减排。为此，在旅游业未来发展过程中，要动态监测旅游经济与旅游业二氧化碳排放之间的脱钩情况，保持合理的旅游经济增长速度，采取有效措施提高旅游业的能效，降低旅游经济增长的能源和环境成本，走旅游资源低能耗高效率、旅游经济发展高速高效型的低碳发展之路。

3.4.2　各地区旅游业二氧化碳排放与旅游经济的脱钩关系

为了分析各地区旅游业旅游经济发展和二氧化碳排放的脱钩关系，使用各地方旅游业二氧化碳排放年平均变化率（$\%\Delta Q$）除以旅游经济的年平均变化率（$\%\Delta G$），得到了各地区 2000～2019 年的旅游业二氧化碳排放与旅游经济发展之间的脱钩指数（DI）（见表 3-9）。

表 3-9　2000～2019 年全国各省份旅游业二氧化碳排放与旅游经济的脱钩状态

地区	$\%\Delta Q$（%）	$\%\Delta G$（%）	DI	脱钩状态	地区	$\%\Delta Q$（%）	$\%\Delta G$（%）	DI	脱钩状态
北　京	26.86	23.08	1.16	负脱钩	湖　北	7.21	29.99	0.24	弱脱钩
天　津	40.54	25.63	1.58	负脱钩	湖　南	8.46	29.90	0.28	弱脱钩
河　北	1.68	18.03	0.09	弱脱钩	广　东	16.00	27.84	0.57	弱脱钩
山　西	7.04	19.18	0.37	弱脱钩	广　西	3.14	23.27	0.14	弱脱钩
内蒙古	14.50	37.67	0.39	弱脱钩	海　南	29.70	24.75	1.20	负脱钩
辽　宁	8.81	17.39	0.51	弱脱钩	重　庆	19.17	37.62	0.51	弱脱钩
吉　林	6.83	17.43	0.39	弱脱钩	四　川	15.36	30.87	0.50	弱脱钩

地区	%ΔQ (%)	%ΔG (%)	DI	脱钩状态	地区	%ΔQ (%)	%ΔG (%)	DI	脱钩状态
黑龙江	9.54	17.89	0.53	弱脱钩	贵州	21.13	33.09	0.64	弱脱钩
上 海	40.04	22.72	1.76	负脱钩	云 南	10.65	26.25	0.41	弱脱钩
江 苏	4.74	30.64	0.15	弱脱钩	西 藏	76.56	34.80	2.20	负脱钩
浙 江	1.97	26.48	0.07	弱脱钩	陕 西	11.46	30.72	0.37	弱脱钩
安 徽	4.95	29.69	0.17	弱脱钩	甘 肃	12.08	24.60	0.49	弱脱钩
福 建	14.67	31.02	0.47	弱脱钩	青 海	27.01	27.78	0.97	弱脱钩
江 西	7.65	31.93	0.24	弱脱钩	宁 夏	14.37	26.25	0.55	弱脱钩
山 东	6.70	23.60	0.28	弱脱钩	新 疆	9.34	23.79	0.39	弱脱钩
河 南	7.82	28.16	0.28	弱脱钩					

从表3-9可以看出，2000~2019年，我国各省份的旅游经济增长率和旅游业二氧化碳排放均呈现正增长的态势，但增长率不尽相同。从旅游经济增长率来看，内蒙古、重庆、西藏、贵州、江西、福建、四川、陕西、江苏等省份保持着较高的旅游经济发展速度；从旅游业二氧化碳排放增长率来看，西藏、天津、上海、海南、青海、北京、贵州等省份的旅游业二氧化碳排放增长较快。其中，西藏、上海、天津、海南、北京等省份旅游业二氧化碳排放增长率明显高于其旅游经济增长率，导致这些省份的旅游业二氧化碳排放大于旅游经济发展，处在负脱钩状态。表明这些省份旅游业在快速发展的同时，产生了巨大的能源消耗和二氧化碳排放，出现了旅游经济高增长、旅游业二氧化碳高排放并存的发展方式，是旅游经济发展中二氧化碳排放的不可取状态。而其他绝大部分省份旅游业二氧化碳排放与旅游经济发展之间的脱钩指数小于1，处于弱脱钩状态，说明这些地区旅游经济增长的速度要超出旅游业二氧化碳排放增长率，是相对理想的旅游业低碳发展状态。

总体来说，2000~2019年，各地区旅游业的二氧化碳排放和旅游经济增长的脱钩关系主要分为弱脱钩和负脱钩两种，其中绝大部分地区落在弱脱钩区域，表明我国大部分省份的旅游经济增长与旅游业二氧化碳排放处于相对协调状态。结合前面我国旅游业二氧化碳排放的区域差异来看，上海、北京、天津作为我国经济发达地区，旅游业发展速度很快，其旅游业二氧化碳排放量也居全国前列，它们的脱钩指数大于1，表明这些地区旅游业以巨大的能源消耗和二氧化碳排放为代价，获得快速发展。西藏、海南、青海等省区，自然旅游资源和民族民俗风情丰富多样，随着西部大开发及海南国际旅游岛建设等政策的推进，这些地区的旅游业也取得了较快发展。这些地区的旅游业二氧化碳排放量虽然较低，但是增长速度较快，超过或接近其旅游经济的增长率，表明这些地区旅游业的快速发展也伴随着大量的能源消耗和二氧化碳排放。其他省份的旅游经济增长与二氧化碳排放处于相对协调状态。

各地区在经济发展、社会文化水平和旅游资源提供方面存在显著差异。因此，各地区应结合自身情况调整城市和农村地区的能源结构，进而降低二氧化碳排放水平。东部发达国家和城市经济技术条件成熟，旅游资源丰富，要进一步促进旅游业的转化和改善，推动节能技术投资和减排，利用科技资源提高旅游业的能效，优化旅游业的能源结构，为我国旅游业节能减排和低碳发展做出主要贡献。中西部省份经济技术条件落后，旅游资源丰富多样，节能减排的重点和目标应以提高旅游业能源利用效率、降低旅游业碳排放强度为主，同时大力发展风电、光电、水电等清洁能源。此外，不同发展水平的省份或地区之间可以开展旅游业或旅游目的地碳补偿、碳中和、碳交易等发展机制或合作项目，旅游公司、游客、当地管理部门等利益相关者要加入其中并起主导作用。只有将旅游业的节能减排及低碳发展的目标与提高区域旅游经济效益、增加旅游企业竞争力、满足旅客的多种旅游需求、提升游客的游览体验、维持当地良好的生态环境等结合起来，才能最终实现旅游业的低碳发展和可持续发展。

3.5　本章小结

随着旅游业的快速发展，交通、餐饮、住宿、旅游活动及相关设备将消耗大量能源并排放非常多的二氧化碳。自下而上法从旅游交通、旅游住宿和旅游活动三个方面计算了旅游业二氧化碳排放的时间和地理变化。就时间变化而言，旅游交通、旅游住宿和旅游活动的二氧化碳排放量正在增加。2000 年旅游业的二氧化碳总排放量为 3795.36 万吨，截至 2019 年，排放量增加到 11777.78 万吨，增长了 3.1 倍，年增长率为 6.8%。就构成比例而言，旅游运输占旅游业二氧化碳排放量的大部分，旅游酒店设施和住宿设备紧随其后，旅游活动所占比重是最低的。旅游住宿的年二氧化碳排放增长率最高，其次是旅游活动。就空间变化而言，中国旅游业二氧化碳排放量最高的地区集中在广东、北京、上海、四川、江苏等经济较为发达的地区。随着旅游业的发展，这些地区旅游业产生的二氧化碳排放量也显著增加。甘肃、宁夏、西藏等经济规模相对欠发达的地区的旅游业碳排放较少。然而，通过对交通的基础设备和设施进行改造、提高游客接待数量，这些地区旅游业的二氧化碳排放量显著增加。

为了实现旅游经济发展背景下的低碳化旅游，必须认识到，旅游业的二氧化碳排放与旅游经济发展之间存在着重要的关系。总的来说，2000~2019年，中国旅游业发展和旅游业的二氧化碳排放的脱钩关系经历了负脱钩—弱脱钩—负脱钩—强脱钩—弱脱钩的交替发展过程，年均脱钩指数为0.67。旅游业的二氧化碳排放量的增长率是低于旅游经济增长率的。旅游业二氧化碳排放与经济增长之间的联系存在两个明显的状态：弱脱钩和负脱钩。其中，西藏、上海、天津、海南和北京的二氧化碳排放量与旅游业发展的脱钩情况并不理想。在其他大多数地区，旅游业二氧化碳排放量与旅游业经济发展情况的脱钩不到1。分析旅游业二氧化碳排放与旅游经济之间的动态脱钩关系，对于旅游业科学监管、节约能源和减少二氧化碳排放都具有重要意义。

旅游业是一个与其他产业密切相关的领域。鉴于旅游业的复杂性和统计数据的局限性，本书的研究是以旅游住宿、旅游交通和旅游活动为基础的，使用相关统计数据和文献的经验参数估算的旅游业二氧化碳排放量的结果是近似和保守的，这是对中国旅游业二氧化碳排放量的一般性理解。要做出更加准确的计算，还需要作进一步改进研究框架和方法，进行更深入的实证调查研究，目的是获取更加符合中国国情和旅游业发展实际的数据。

第4章 碳排放约束下我国旅游产业效率与全要素生产率评价

4.1 研究方法

4.1.1 数据包络分析法概述

数据包络分析（Data Envelopment Analysis，DEA）是数学、数理经济学、系统科学及管理学等多学科的交叉研究领域，侧重于测度研究对象的相对效率，常用于投入产出要素较多的条件下，是自然科学与社会科学融合发展的创新产物。该方法最早出现在 Charnes、Cooper 和 Rhodes 三位著名的运筹学家于 1978 年发表的学术成果中，是以 Farrell 关于效率测度的理论为基础提出的一种对决策单元（Decision Making Unit，DMU）的相对绩效进行测度和评价的非参数方法。决策单元是对组织或管理进行绩效评价的基本单位（Lewin and Minton，1986）。与此同时，三位学者进一步提出了著名的 CCR 模型（以 Charnes、Cooper 和 Rhodes 三位学者姓氏首字母命名），也叫 CRS 径向 DEA 模型。该模型测算得出的技术效率考虑到了将规模效率（Scale Efficiency，SE）作为构成部分，所以通常被称为综合效率或综合技术效率（Technical Efficiency，TE）。此后，Banker 等（1984）提出改变 CCR 模型中规模收益不变这一假定，并给出了基于规模报酬变动的 BCC 模型，也叫 VRS 径向 DEA 模型。使用该方法得出的技术效率排除了规模的影响，所以通常被称为纯技术效率（Pure Technical Efficiency，PTE）。当产业存在规模报酬可变的情况时，讨论规模效率的问题才有意义。规模效率是利用纯技术效率从综合效率中分离得到的，这三者之间的逻辑关系式为：$OE = TE \times SE$。在此之后，Andersen 和 Petersen（1993）两位学者基于标准效率模型提出超效率 DEA 模型，被评价的有效 DMU 的超效率值一般会大于 1，从而当多个 DMU 被评价为有效时，可以对有效 DMU 的有效程度进行区分。经过不断发展，DEA 方法现如今被广泛应用于产品及政策创新、技术及企业管理效率、单位或部门经济效益、预警系统及项目评价等领域。

从生产函数的角度来看，DEA 方法对于研究含有多个输入变量，尤其是在含有多个输入变量的同时含有多个输出变量的生产部门如何既达到规模有效又达到技术有效的问题，是一种非常合适的方法。即该模型作为评价同类部门或单位间相对有效性的一种多目标决策方法，对包含多个输入变量和多个输出变量的系统进行评价尤为合适，能同时对决策单元的规模有效性和技术有效性进行评价和分析。DEA 方法的思想在于将数学中线性规划的技术运用到效率的测算中，通过对不同决策单元的投入产出数量进行加权，构造出最佳的生产前沿面，并根据各个生产单元和所构造出的最佳前沿面之间距离的远近来确定其效率值，落在生产前沿面上的点即最优研究对象（陶卓民等，2010）。DEA 方法的优势在于没有具体的函数表达式和没有主观地确定各变量所占权重的情况下，依然可以测度具有相对意义的效率值。此外，DEA 方法不限制决策单元的样本数量。对于面板数据而言，DEA 方法不仅可以帮助研究对象进行横向比较，发现其在同类中的优势和不足；还可以探索自身随时间演化的规律。DEA 方法可以测度诸多复杂生产单位的效率值，应用范围广泛，是解决计算机行业、教育业、金融业等复杂系统效率问题的不二之选。旅游业作为一个复杂的系统，采用 DEA 方法测度其效率是可行的。本书所研究的碳排放约束背景下我国旅游产业效率具有多投入多产出的特点且处于复杂的系统中，DEA 方法具有极大的适用性。

4.1.2 DEA 模型的计算步骤

使用 DEA 模型对目标进行效率评价的过程如下：

1）确定评价目的。DEA 模型测度的是研究对象的相对效率，需要根据研究目的及研究对象的不同特点选择最适合的模型及具体导向，采用 DEA 法测度效率首先要确定评价目的。本书主要研究碳排放约束下我国旅游产业效率发展特征及变化规律，通过纯技术效率和规模效率分析综合效率的变化原因，运用全要素生产率计算结果探究我国各省份低碳旅游效率的时序发展特征。

2）选择决策单元（DMU）。DMU 是指能够把若干输入转化成为相应产出的实体，DEA 方法要求各个决策单元要所属同一类型，并满足目标相同、所处环境相同、投入和产出相同三个条件。本书所选 DMU 为我国 2000~2019 年 31 个省份的旅游业，各个地区所处环境和目标基本相同，投入和产出指标体系也是一样的。

3）建立合理的指标体系。DEA 方法认为投入和产出变量的变化趋势应趋于一致，当投入要素增加时，产出应该同时增加。既要考虑指标覆盖内容的全面性，使指标应全面呈现决策单元特征，又要避免出现反映同一特征的不同指标，要对相似指标做出取舍。在选取指标时，按照科学性、可行性、同向性等原则进行。

4）选择 DEA 模型。在 CCR 模型的基础上，经过优化创新，DEA 方法又衍生出多种适用于不同研究的模型，学者们常用的包括 BCC 模型、Malmquist 指数模型、三阶段模型、SBM 模型等。在实际运用中，通常需要根据评价目的及决策单元的特征选取具体的模型。本部分选取的模型为 BCC 模型、CCR 模型及 Malmquist 指数模型。

5）综合评价结果。利用 DEA 模型得出计算结果，对测度数据进行直观分析或对经过统计后的数据做比较分析，经过全面分析与解释，得出评价结果。

通常，DEA 评价方法遵循以上的算法步骤（见图 4-1），在实际操作中，可能需要根据对多个模型进行评价分析，得出最终结论。

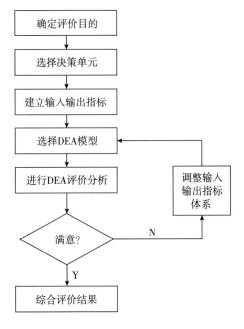

图 4-1　DEA 方法的计算步骤

4.1.3　DEA 模型的选取

根据实际研究，本部分选择以投入为导向的 CCR 模型、BCC 模型及 DEA-Malmquist 指数模型。运用基于规模报酬不变（CRS）的 CCR 模型测度碳排放约束下我国旅游产业综合效率，促使资源得到更有效的利用。运用 DEA-BCC 模型计算碳排放约束下我国旅游产业综合效率及其分解，探究规模报酬所处状态，并将所得综合效率值与 CCR 模型所得结果进行比较。CCR 模型和 BCC 模型对 31 个省份所做分析属于横向比较的静态分析。Malmquist 指数模型是分析 31 个省份低碳旅游效率 2000~2019 年随时间变化表现出来的特征，属于纵向比较的动态分析。下面介绍这三种模型的原理。

1）CCR 模型。当研究对象有 n 个，且每个研究对象都包含 m 个投入变量和 n 个产出变量时，设 h_j 为第 j 个研究对象的效率，则该研究对象的第 i 个投入变量为 x_i，所占权重为 v_i，第 j 个研究对象的第 s 个产出变量为 y_s，且所占权重为 u_s，则每个决策单元 DMU_j 的效率评价指标均可做如下表示：

$$h_j = \frac{\sum_{s=1}^{k} u_s y_{sj}}{\sum_{i=1}^{m} v_i x_{ij}}, \quad x_{ij} > 0, \quad y_{sj} > 0, \quad v_i、u_s \geqslant 0 \tag{4-1}$$

设效率指标为 h_0，在 $h_j \leqslant 1$（$1 \leqslant j \leqslant n$）的约束下，选择一组最优的权重向量 v_i、u_r 使 h_0 最大，构造最优化模型的矩阵形式如下：

$$\begin{cases} \max h_0 \\ \text{s. t. } h_j = \dfrac{U^T y_j}{V^T x_j} \leqslant 1 \ (j=1,\ 2,\ \cdots,\ n) \\ V \geqslant 0 \\ U \geqslant 0 \end{cases} \tag{4-2}$$

对式 4-2 做 Charnes-Cooper 线性规划方程变换，令 $t = \dfrac{1}{V^T x_0} > 0$，$\omega = tv$，$\mu = tu$，

则有：
$$\begin{cases} \max \mu^T y_0 = h_0 \\ \text{s. t. } \omega^T x_j - \mu^T y_j \geqslant 0,\ (j=1,\ 2,\ \cdots,\ n) \\ \omega^T x_0 = 1 \\ \omega \geqslant 0,\ \mu \geqslant 0 \end{cases} \tag{4-3}$$

上面的方程为规模报酬不变时的 DEA-CCR 模型，用于对决策单元的综合效率进行测算和分析，h_0 表示研究对象的综合效率值，当 $h_0 = 1$ 时，实现最优化，DEA 达到有效。

2）BCC 模型。BCC 模型是对 CCR 模型进行改进和完善后得到的模型，取 CCR 模型的对偶方程，并引入松弛变量 s^+ 及剩余变量 s^-，见式（4-4）：

$$
\begin{cases}
\min \theta_{j_0} \\
s.\,t. \quad \sum\limits_{j=1}^{n} \lambda_j y_{sj} - s^+ = y_{sj_0} \\
\qquad \sum\limits_{j=1}^{n} \lambda_j x_{ij} + s^- = \theta_{j_0} x_{ij_0} \\
\qquad \sum\limits_{j=1}^{n} \lambda_j = 1, \ \lambda_j \geqslant 0
\end{cases}
\tag{4-4}
$$

其中，$i = 1, 2, \cdots, m$；$s = 1, 2, \cdots, k$；$j = 1, 2, \cdots, n$；$s^+ \geqslant 0$，$s^- \geqslant 0$，λ 为各单元的组合系数，θ 值满足 $0 \leqslant \theta \leqslant 1$，同样，若实现最优解 $\theta_{j0} = 1$，则表示研究对象 j_0 的效率实现最优化，当 $\theta_{j0} < 1$ 时，表示研究对象 j_0 的效率仍有提升的空间。用 CCR 模型所测得的是研究对象的综合效率（OE），记为 θ_{oe}，也叫技术效率，而用 BCC 模型可以得出纯技术效率（TE）和规模效率（SE），分别记为 θ_{te}、θ_{se}，且均满足 $0 < \theta_{oe}$、θ_{te}、$\theta_{se} \leqslant 1$，纯技术效率和规模效率的变化会引起综合效率的变化，在数值上表现为如下关系：

$$
\theta_{oe} = \theta_{te} \times \theta_{se}, \ 0 < \theta_{oe} < \theta_{te} \leqslant 1
\tag{4-5}
$$

根据数据包络分析模型，本书中我国 31 个省份低碳旅游综合效率体现的是各地旅游要素的配置现状、资源利用程度和生产规模聚集程度等，纯技术效率体现了旅游目的地管理和技术促进区域旅游发展的程度，规模效率体现的是旅游目的地投入要素规模聚集水平（朱磊等，2017）。本书从综合效率及其分解效率两方面进行效率评价。

3）Malmquist 指数模型。Malmquist 指数是 1953 年由瑞典的经济学家 Malmquist 教授提出的概念。当被评价决策单元的数据是由一系列不同时间点的观测值组成的面板数据时，该方法就能够对生产率的变动情况，以及技术效率和技术进步分别会对生产变动造成什么样的影响做出解释，即 Malmquist 全要素生产率指数（Malmquist Index，MI）。如果只是使用 DEA 模型测算出的效率值进行评价，那么将会出现不能从各时间截面比较的情况，把 Malmquist 指数与 DEA 结合起来则能够解决这个问题，实现对效率动态变化的描述。

各年度的生产技术水平存在差异，为进一步研究各省市区低碳旅游效率跨时期的变化特征，本书引入 Malmquist 指数模型（以下简称 MI 模型）来分析 31 个省份历年低碳旅游效率的变化规律。MI 模型可以对当年到下一年生产率变化进行计算，得出 Malmquist 全要素生产率指数，进而对低碳旅游效率做出动态分析。全要素生产率（TFP）可以理解为生产力，指技术进步、管理创新和生产创新等各要素的综合生产率（左冰和保继刚，2008）。全要素生产率增长率的含义和概念是指产出侧的增长率与投入侧的增长率相比多出来的部分，在数值上等于全要素生产率加 1。(x^t, y^t)、(x^{t+1}, y^{t+1}) 各自指代 t、$t+1$ 期的投入值和产出值，$D^t(x^{t+1}, y^{t+1})$ 是指 $t+1$ 期与最佳生产前沿面 t 期的间距，MI 模型可做如下表示：

$$\text{MI}_{t+1} = \left[\frac{D^t(x^{t+1}, y^{t+1}) \, D^{t+1}(x^{t+1}, y^{t+1})}{D^t(x^t, y^t) \quad D^{t+1}(x^t, y^t)} \right]^{\frac{1}{2}} \tag{4-6}$$

其中，若 MI>1，则说明低碳旅游效率与上期相比有所提高，得到了提升改进；若 MI<1，说明低碳旅游效率比上期低，出现倒退；若 MI＝1，则表示低碳旅游效率与上期持平，没有变化。当规模报酬可变时，可以将 MI 指数分解成纯技术效率指数（PEch）、规模效率指数（SEch）和技术进步指数（TECHch）三部分，即在数值上 MI 指数是三者之积，可表示为：MI＝PEch×SEch×TECHch。MI 模型通过对当年到下一年的生产率变化做出计算得出 Malmquist 全要素生产率指数，进而对生产率做出动态分析。以往对 MI 的分解有分歧，Ray 和 Desli（1997）的分解方法逐渐被认可（Färe，1994；Färe et al.，1997；章祥苏和贵斌威，2008），其分解公式如下：

$$\text{MI}(x^t, y^t, x^{t+1}, y^{t+1}) = \frac{D_V^{t+1}(x^{t+1}, y^{t+1})}{D_V^t(x^t, y^t)} \times \left[\frac{D_V^t(x^t, y^t)}{D_V^{t+1}(x^t, y^t)} \frac{D_V^t(x^{t+1}, y^{t+1})}{D_V^{t+1}(x^{t+1}, y^{t+1})} \right]^{\frac{1}{2}} \times$$

$$= \left[\frac{D_C^t(x^{t+1}, y^{t+1}) / D_V^t(x^{t+1}, y^{t+1})}{D_C^t(x^t, y^t) / D_V^t(x^t, y^t)} \times \right.$$

$$\left. \frac{D_C^{t+1}(x^{t+1}, y^{t+1}) / D_V^{t+1}(x^{t+1}, y^{t+1})}{D_C^{t+1}(x^t, y^t) / D_V^{t+1}(x^t, y^t)} \right]^{\frac{1}{2}}$$

$$= \text{PEch} \times \text{TECHch} \times \text{SEch} \tag{4-7}$$

式中，$D_C^t(x^t, y^t)$、$D_C^t(x^{t+1}, y^{t+1})$ 分别指以 t 期数据为参考，基于规模报酬不可变（CRS）的 t 期和 $t+1$ 期决策单元的距离函数，$D_V^t(x^t, y^t)$、$D_V^t(x^{t+1},$

y^{t+1})分别指以 t 期数据为参考,基于规模报酬可变(VRS)的 t 期和 $t+1$ 期决策单元的距离函数,$D_C^{t+1}(x^t, y^t)$、$D_V^{t+1}(x^t, y^t)$ 等式子的含义同理。PEch、TECHch 和 SEch 分别表示纯技术效率变化、技术进步变化和规模效率变化,PEch>1 意味着管理的改善使效率发生了改进,TECHch>1 表示技术进步,SEch>1 表示决策单元 DMU 向最优规模靠近。

本书以每一个省份为决策单元,构造每一年低碳旅游效率的最佳生产前沿面,通过各省份区低碳旅游效率与最佳生产前沿面之间距离的比较,分析决策单元在不同时期的效率变化特征。

4.2　评价指标体系与数据来源

4.2.1　评价指标体系构建

(1) 指标选取的原则

1) 科学性原则。在选取指标时,要注意指标间的关系,DEA 方法要求投入产出指标间具有同向性联系,要保证所选投入指标的数值大小应与产出指标数值大小呈同向变化。此外,投入指标和产出指标的选取要能够客观反映低碳旅游效率的特征,并与实际情况相符,还要满足 DEA 方法对指标数量的要求。对所有决策单元来说,选取的投入指标与产出指标应保持完全一致。

2) 可行性原则。所选取的指标必须是可获得数据的指标。通过官方统计获得的指标数据具有一定的准确性,对同类的研究对象有着相同的统计口径,在操作中可避免因数据统计问题而产生的错误。所选指标可量化,这样才能通过适合的模型计算出来并加以解释,指标既要在理论上满足要求,也要在实际中可以获取。

3) 代表性原则。所选指标最好是经过官方或学术界认可的,有着明确定义并在数值上有着清晰界限的,不能凭空选择,要有依据并具备一定的专业性和代表性,如统计年鉴中的专业术语、学术界已有的专业构念等。

4) 综合性原则。投入指标应依据 DEA 方法要求,包括影响低碳旅游效率的各项投入。在低碳旅游效率投入指标的选取中会涉及一些关联投入。产出指标应根据投入指标和实际情况加以选择,尽量包含所有投入要素带来的产出,同时要考虑低碳旅游实际产出要素。此外,也要保证指标的单一性,表征同一种投入和产出的指标不能重复出现。

（2）指标的确定

选取恰当的投入和产出指标是合理评价各地区低碳旅游效率的关键。在应用DEA模型解决效率问题时，通常涉及投入和产出指标。DEA方法对于投入指标和产出指标的选取在数量上和相关性上都有一定要求。首先，在指标数量上，数据包络分析法应用的前提条件是投入变量、产出变量总数量的2倍要小于等于研究对象的个数；其次，投入指标和产出指标间要有同向性但不能有较强的线性关系（胡永宏和路芳，2017）。国内外学者在选择DEA模型指标时，通常选取的投入变量包括土地、劳动力和资本等，选取的产出变量包括经济、社会和环境效益等。作为综合性产业，旅游产业的生产能力并不受到土地面积的制约，所以土地要素在本书中不作为投入变量。固定资产投资能较好地反映一个行业的资本投入情况，本研究选取第三产业中与旅游业相关的固定资产投资作为资本要素指标。鉴于中国旅游业所涉及行业过多，且无专门的旅游从业人员统计资料，所以本书选择了第三产业中旅游产业所涉及的全部从业人员数量作为旅游业劳动力要素的投入。选取旅游业能源消耗总量作为能源要素的投入，以此更全面地反映旅游产业相关要素投入的水平。在产出指标的选取上，本书以旅游总收入作为期望产出。在测算碳排放约束下的旅游产业效率时，将旅游产业的碳排放总量这一非期望产出指标加入到测算模型中参与计算。具体见表4-1。

表4-1　旅游产业低碳效率评价指标体系

指标	变量名称	变量定义	单位
投入指标	资本投入	旅游业固定资产投资	亿元
	劳动力投入	旅游业从业人数	万人
	能源投入	旅游业能源消耗量	10^{15}焦耳
产出指标	期望产出	旅游业总收入	亿元
	非期望产出	旅游业二氧化碳排放量	万吨

4.2.2　数据来源与处理

旅游业能源消耗量和旅游业二氧化碳排放量数据来自第3章的计算结果。各省份旅游业固定资产投资和旅游业从业人数，指和旅游业相关的交通、批发零售和住宿餐饮的固定资产投资和从业人数，以及旅游业总收入等数据，主要来源于各省份的统计年鉴及国民经济和社会发展公报，对于某些年份旅游业从业人数和旅游业固定资产投资缺失的数据，则采用插值法补齐。

4.3　不考虑碳排放情况下旅游产业效率的测算与分析

4.3.1　不考虑碳排放情况下旅游产业效率的测算

以旅游收入为产出指标，旅游业固定资产投资、旅游业从业人数和旅游业能源投入为投入指标，在不考虑碳排放的情况下对旅游业的产业效率进行测算。借助数据包络分析软件 DEAP2.1，运用 CCR 模型和 BCC 模型测算 2000~2019 年我国 31 个省份的旅游综合效率。通过 CCR 模型和 BCC 模型这两种方式测得的旅游产业综合效率结果相同，旅游纯技术效率及旅游规模效率由 BCC 模型得出。表 4-2、表 4-4 和表 4-5 分别为旅游综合效率、旅游纯技术效率和旅游规模效率的测度结果。

4.3.2　不考虑碳排放情况下旅游综合效率测度结果的时序变化与空间差异特征分析

不考虑碳排放情况下旅游综合效率测算结果见表 4-2，从时序变化的角度来看，2000~2019 年全国旅游综合效率整体呈上升趋势，由 2000 年的 26.36% 增长至 2019 年的 52.52%，平均值达到 53.29%。以变化趋势为依据划分（见图 4-2），2000~2013 年为增长阶段，2013 年综合效率达到 67.69%，为 2000~2019 年的最大值；2014~2019 年为下降阶段，旅游综合效率共下降了 22.45%，以平均每年 3.74% 的幅度下降。

表 4-2　2000~2019 年全国各省份旅游综合效率测算值（不考虑碳排放）

年份 省份	2000	2001	2002	2003	2004	2005	2006	2007	2008	2009
北　京	1.000	1.000	1.000	0.916	1.000	1.000	1.000	1.000	1.000	1.000
天　津	1.000	1.000	1.000	1.000	1.000	1.000	1.000	1.000	1.000	1.000

年份 省份	2000	2001	2002	2003	2004	2005	2006	2007	2008	2009
河　北	0.123	0.131	0.147	0.184	0.275	0.288	0.282	0.292	0.260	0.287
山　西	0.144	0.138	0.163	0.156	0.218	0.331	0.508	0.738	0.783	0.713
内蒙古	0.076	0.108	0.118	0.199	0.266	0.326	0.392	0.479	0.542	0.592
辽　宁	0.222	0.227	0.325	0.460	0.475	0.552	0.599	0.728	0.784	0.857
吉　林	0.098	0.144	0.184	0.267	0.273	0.327	0.351	0.425	0.426	0.474
黑龙江	0.146	0.176	0.197	0.293	0.280	0.297	0.323	0.384	0.435	0.385
上　海	1.000	0.948	1.000	1.000	1.000	0.722	0.944	0.846	0.862	0.925
江　苏	0.334	0.312	0.351	0.745	0.910	1.000	1.000	1.000	1.000	1.000
浙　江	0.255	0.303	0.343	0.874	0.973	1.000	1.000	1.000	0.888	0.921
安　徽	0.152	0.146	0.163	0.254	0.305	0.348	0.400	0.415	0.520	0.526
福　建	0.346	0.317	0.356	0.704	0.821	0.868	0.805	0.811	0.670	0.620
江　西	0.195	0.180	0.171	0.343	0.371	0.414	0.425	0.446	0.486	0.477
山　东	0.263	0.320	0.348	0.388	0.517	0.537	0.593	0.654	0.578	0.579
河　南	0.220	0.209	0.205	0.197	0.332	0.380	0.437	0.619	0.660	0.732
湖　北	0.225	0.256	0.273	0.269	0.302	0.356	0.338	0.373	0.358	0.399
湖　南	0.108	0.133	0.142	0.326	0.357	0.437	0.526	0.512	0.457	0.434
广　东	0.384	0.357	0.361	0.710	0.733	0.764	0.731	0.757	0.692	0.246
广　西	0.179	0.171	0.188	0.309	0.330	0.381	0.416	0.399	0.396	0.412
海　南	0.248	0.214	0.271	0.519	0.501	0.585	0.511	0.469	0.458	0.417
重　庆	0.293	0.273	0.282	0.417	0.460	0.462	0.462	0.491	0.475	0.488
四　川	0.150	0.168	0.187	0.493	0.569	0.677	0.782	0.821	0.570	0.575
贵　州	0.124	0.129	0.153	0.271	0.344	0.475	0.658	0.826	0.868	0.838
云　南	0.264	0.265	0.295	0.501	0.573	0.568	0.556	0.506	0.556	0.542
西　藏	0.131	0.178	0.473	0.348	0.382	0.441	0.521	0.782	0.089	0.654
陕　西	0.162	0.154	0.158	0.193	0.320	0.345	0.339	0.367	0.374	0.420
甘　肃	0.042	0.042	0.049	0.055	0.114	0.120	0.153	0.253	0.291	0.349
青　海	0.106	0.108	0.108	0.157	0.137	0.135	0.246	0.280	0.226	0.226
宁　夏	0.061	0.066	0.061	0.088	0.121	0.124	0.163	0.209	0.206	0.237
新　疆	0.122	0.127	0.133	0.236	0.243	0.240	0.268	0.347	0.289	0.214
（全　国）	**0.264**	**0.268**	**0.297**	**0.415**	**0.468**	**0.500**	**0.540**	**0.588**	**0.555**	**0.566**

续表

省份 ＼ 年份	2010	2011	2012	2013	2014	2015	2016	2017	2018	2019
北　京	0.952	1.000	0.786	1.000	1.000	1.000	1.000	0.451	0.357	0.419
天　津	1.000	1.000	1.000	0.907	0.919	0.878	0.707	0.622	0.529	0.451
河　北	0.308	0.343	0.389	0.453	0.488	0.555	0.580	0.650	0.622	0.601
山　西	0.754	0.770	1.000	1.000	1.000	1.000	1.000	1.000	1.000	1.000
内蒙古	0.597	0.627	0.741	0.765	0.822	0.841	0.790	0.871	0.963	0.595
辽　宁	0.886	0.923	1.000	0.919	0.882	0.653	1.000	0.601	0.725	1.000
吉　林	0.491	0.542	0.614	0.678	0.744	0.773	0.752	0.718	0.718	0.694
黑龙江	0.418	0.483	0.511	0.407	0.293	0.326	0.285	0.222	0.238	0.247
上　海	1.000	1.000	1.000	1.000	1.000	0.759	0.699	0.435	0.357	0.416
江　苏	1.000	1.000	1.000	0.904	0.882	0.862	0.766	0.644	0.598	0.528
浙　江	0.973	1.000	1.000	1.000	1.000	0.996	0.878	0.779	0.705	0.653
安　徽	0.548	0.805	0.891	0.839	0.765	0.783	0.694	0.669	0.586	0.531
福　建	0.600	0.570	0.596	0.541	0.529	0.501	0.492	0.417	0.418	0.430
江　西	0.499	0.490	0.514	0.646	0.740	0.835	0.898	0.886	0.941	0.809
山　东	0.615	0.630	0.695	0.843	0.807	0.759	0.677	0.630	0.610	0.556
河　南	0.597	0.659	0.680	0.640	0.607	0.574	0.520	0.404	0.431	0.415
湖　北	0.447	0.483	0.557	0.563	0.569	0.571	0.478	0.392	0.376	0.359
湖　南	0.465	0.485	0.509	0.619	0.598	0.610	0.591	0.663	0.625	0.525
广　东	0.590	0.655	0.882	0.799	0.812	0.814	0.700	0.383	0.329	0.293
广　西	0.421	0.485	0.536	0.710	0.779	0.775	0.745	0.758	0.815	0.871
海　南	0.365	0.422	0.353	0.313	0.380	0.390	0.344	0.277	0.260	0.271
重　庆	0.520	0.554	0.603	0.512	0.487	0.487	0.454	0.364	0.383	0.374
四　川	0.624	0.710	0.763	0.609	0.623	0.741	0.680	0.551	0.466	0.383
贵　州	0.823	0.861	0.897	1.000	1.000	1.000	1.000	1.000	1.000	1.000
云　南	0.526	0.540	0.632	0.614	0.664	0.679	0.745	0.846	0.899	0.930
西　藏	0.689	0.934	1.000	0.931	0.848	0.830	0.746	0.644	0.571	0.248
陕　西	0.430	0.439	0.523	0.517	0.516	0.544	0.538	0.476	0.483	0.456
甘　肃	0.272	0.298	0.346	0.366	0.337	0.349	0.299	0.357	0.390	0.373
青　海	0.221	0.239	0.272	0.285	0.312	0.289	0.268	0.230	0.219	0.211
宁　夏	0.213	0.220	0.226	0.252	0.236	0.243	0.206	0.218	0.194	0.208
新　疆	0.244	0.296	0.379	0.353	0.294	0.379	0.463	0.302	0.410	0.435
（全　国）	**0.583**	**0.628**	**0.674**	**0.677**	**0.675**	**0.671**	**0.645**	**0.563**	**0.555**	**0.525**

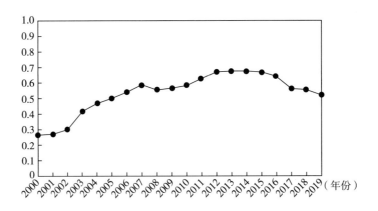

图 4-2　2000~2019 年全国旅游综合效率（不考虑碳排放）

从空间差异的角度来看（见表 4-3），共 16 个省份 2000~2019 年的平均旅游综合效率高于全国 53.29% 的水平，其余地区的综合效率则低于这一数值。其中，天津的平均旅游综合效率较高，达到了 90.07%，北京、上海和浙江的平均旅游综合效率也超过了 80%。整体来看，旅游综合效率的空间均衡性较差，且与区域经济发展的水平之前有一定程度的关联。经济发展水平相对较高的地区，旅游产业综合效率普遍较高；经济发展水平相对较低的地区，其旅游产业的综合效率也相应的比较低。从时序变化与空间差异结合的角度来看，各省份旅游综合效率的时序变化趋势与全国趋势基本一致。其中比较值得注意的是，山西、广西、贵州和云南等省份的增长态势表现良好，旅游综合效率 2000~2019 年持续上升且有明显提高。

表 4-3　2000~2019 年全国各省份平均旅游综合效率测算值（不考虑碳排放）

省份	北 京	天 津	河 北	山 西	内蒙古	辽 宁	吉 林	黑龙江	上 海	江 苏	浙 江
测算值	0.8941	0.9007	0.3629	0.6708	0.5355	0.6909	0.4847	0.3173	0.8457	0.7918	0.8271

省份	安 徽	福 建	江 西	山 东	河 南	湖 北	湖 南	广 东	广 西	海 南	重 庆
测算值	0.5170	0.5706	0.5383	0.5800	0.4759	0.3972	0.4561	0.5996	0.5038	0.3784	0.4421

省份	四 川	贵 州	云 南	西 藏	陕 西	甘 肃	青 海	宁 夏	新 疆	（全国）	
测算值	0.5571	0.7134	0.5851	0.5720	0.3877	0.2428	0.2138	0.1776	0.2887	**0.5329**	

4.3.3　不考虑碳排放情况下旅游纯技术效率测度结果的时序变化与空间差异特征分析

旅游纯技术效率主要被用于评价各被测算单位能否有效利用与旅游产业相关的生产技术，使旅游业的产出最大化。从表4-4的测算结果来看，全国旅游纯技术效率平均值为66.27%，说明我国在旅游产业的发展中，技术应用的质量并不高。从时序变化的角度来看，旅游纯技术效率呈现与旅游综合效率同样的先升高后降低的变化趋势，但峰值为2016年的77.26%[①]，比旅游综合效率峰值的出现时间晚了两年。从空间差异的角度来看，共14个省份的平均旅游纯技术效率超过全国平均水平，其中，北京、天津、西藏和宁夏的平均旅游纯技术效率均超过90%，达到了比较高的水平。对比数据之后可以发现，在空间分布的均衡性方面，旅游纯技术效率整体上显著优于旅游综合效率。从时序变化与空间差异结合的角度来看，北京、天津和上海在2015年以前的旅游纯技术效率普遍较高，但2015年之后均出现了较大幅度的下降。山西、辽宁、江苏、贵州和云南在实现了旅游纯技术效率大幅提升的同时能维持在较高水平。此外还有值得注意的一点是，西藏在2000~2019年一直处于全国旅游效率技术的前沿面，明显优于其综合旅游效率的表现。

表4-4　2000~2019年全国各省份旅游纯技术效率测算值

年份 省份	2000	2001	2002	2003	2004	2005	2006	2007	2008	2009
北　京	1.000	1.000	1.000	0.992	1.000	1.000	1.000	1.000	1.000	1.000
天　津	1.000	1.000	1.000	1.000	1.000	1.000	1.000	1.000	1.000	1.000
河　北	0.165	0.159	0.250	0.359	0.305	0.312	0.296	0.298	0.288	0.295
山　西	0.350	0.225	0.330	0.419	0.363	0.447	0.600	0.809	0.836	0.720
内蒙古	0.300	0.298	0.315	0.270	0.304	0.355	0.417	0.490	0.590	0.608
辽　宁	0.281	0.253	0.368	0.616	0.485	0.557	0.600	0.743	0.785	0.880
吉　林	0.320	0.336	0.433	0.602	0.511	0.440	0.447	0.497	0.484	0.491
黑龙江	0.245	0.231	0.304	0.545	0.455	0.442	0.433	0.463	0.496	0.425
上　海	1.000	1.000	1.000	1.000	1.000	0.740	0.960	0.847	0.880	0.942

---

①　表4-4中的0.773为四舍五入的结果。

续表

年份 省份	2000	2001	2002	2003	2004	2005	2006	2007	2008	2009
江　苏	0.337	0.351	0.385	0.748	0.910	1.000	1.000	1.000	1.000	1.000
浙　江	0.273	0.339	0.359	0.885	0.981	1.000	1.000	1.000	0.901	0.926
安　徽	0.271	0.235	0.310	0.418	0.364	0.393	0.461	0.487	0.606	0.585
福　建	0.398	0.345	0.390	0.736	0.847	0.905	0.847	0.818	0.699	0.630
江　西	0.444	0.357	0.284	0.381	0.407	0.462	0.483	0.537	0.596	0.517
山　东	0.275	0.323	0.350	0.462	0.517	0.676	0.720	0.763	0.583	0.583
河　南	0.238	0.221	0.226	0.262	0.335	0.383	0.484	0.622	0.682	0.751
湖　北	0.268	0.279	0.313	0.335	0.322	0.379	0.357	0.409	0.403	0.428
湖　南	0.190	0.177	0.257	0.373	0.423	0.464	0.548	0.578	0.512	0.443
广　东	1.000	1.000	1.000	1.000	1.000	1.000	0.789	0.758	0.694	0.265
广　西	0.306	0.250	0.333	0.531	0.433	0.449	0.491	0.496	0.486	0.476
海　南	0.579	0.515	0.601	0.931	1.000	1.000	0.898	0.804	0.803	0.668
重　庆	0.569	0.416	0.395	0.573	0.514	0.519	0.528	0.563	0.574	0.542
四　川	0.173	0.184	0.214	0.513	0.586	0.683	0.786	0.867	0.616	0.582
贵　州	0.463	0.299	0.351	0.503	0.483	0.604	0.757	0.953	1.000	0.928
云　南	0.285	0.288	0.363	0.532	0.605	0.603	0.581	0.537	0.633	0.589
西　藏	1.000	1.000	1.000	1.000	1.000	1.000	1.000	1.000	1.000	1.000
陕　西	0.257	0.206	0.242	0.322	0.377	0.386	0.379	0.417	0.442	0.478
甘　肃	0.331	0.314	0.433	0.440	0.417	0.361	0.418	0.535	0.625	0.613
青　海	0.581	0.539	0.711	0.928	1.000	0.943	0.899	0.760	0.804	0.734
宁　夏	0.701	0.669	0.945	1.000	1.000	1.000	1.000	1.000	1.000	0.980
新　疆	0.293	0.351	0.326	0.391	0.372	0.358	0.442	0.549	0.486	0.363
（全　国）	**0.448**	**0.425**	**0.477**	**0.615**	**0.623**	**0.641**	**0.665**	**0.697**	**0.694**	**0.659**

年份 省份	2010	2011	2012	2013	2014	2015	2016	2017	2018	2019
北　京	0.962	1.000	0.786	1.000	1.000	1.000	1.000	0.501	0.384	0.419
天　津	1.000	1.000	1.000	0.958	0.944	0.897	0.758	0.678	0.597	0.523
河　北	0.315	0.347	0.394	0.460	0.495	0.555	0.580	0.656	0.629	0.608
山　西	0.761	0.775	1.000	1.000	1.000	1.000	1.000	1.000	1.000	1.000
内蒙古	0.612	0.634	0.759	0.808	0.852	0.865	0.864	0.995	1.000	0.678
辽　宁	0.892	0.985	1.000	0.957	0.984	0.653	1.000	0.654	0.827	1.000

续表

年份省份	2010	2011	2012	2013	2014	2015	2016	2017	2018	2019
吉　林	0.506	0.580	0.637	0.748	0.774	0.792	0.783	0.776	0.798	0.800
黑龙江	0.459	0.554	0.568	0.468	0.372	0.387	0.378	0.286	0.324	0.337
上　海	1.000	1.000	1.000	1.000	1.000	0.794	0.757	0.495	0.426	0.442
江　苏	1.000	1.000	1.000	1.000	1.000	1.000	1.000	1.000	1.000	1.000
浙　江	0.982	1.000	1.000	1.000	1.000	1.000	1.000	1.000	0.966	0.766
安　徽	0.607	0.872	0.940	0.845	0.767	0.784	0.703	0.669	0.594	0.543
福　建	0.607	0.573	0.604	0.548	0.536	0.506	0.507	0.431	0.431	0.447
江　西	0.516	0.542	0.553	0.674	0.758	0.835	0.915	0.951	0.982	0.815
山　东	0.617	0.666	0.704	0.907	0.946	0.977	0.906	0.869	0.903	0.656
河　南	0.613	0.681	0.698	0.652	0.621	0.577	0.571	0.445	0.441	0.420
湖　北	0.478	0.504	0.577	0.570	0.576	0.572	0.488	0.396	0.387	0.379
湖　南	0.478	0.486	0.545	0.621	0.599	0.611	0.594	0.711	0.627	0.532
广　东	0.592	0.693	1.000	1.000	1.000	1.000	1.000	1.000	1.000	1.000
广　西	0.454	0.556	0.550	0.721	0.789	0.777	0.753	0.772	0.825	0.873
海　南	0.637	0.746	0.566	0.508	0.598	0.690	0.738	0.634	0.648	0.688
重　庆	0.591	0.626	0.654	0.570	0.538	0.511	0.507	0.404	0.428	0.413
四　川	0.631	0.711	0.771	0.664	0.748	0.877	0.938	0.815	0.568	0.384
贵　州	0.917	0.949	0.930	1.000	1.000	1.000	1.000	1.000	1.000	1.000
云　南	0.535	0.543	0.649	0.626	0.675	0.681	0.752	0.915	1.000	0.959
西　藏	1.000	1.000	1.000	1.000	1.000	1.000	1.000	1.000	1.000	1.000
陕　西	0.485	0.488	0.564	0.555	0.549	0.551	0.553	0.489	0.501	0.481
甘　肃	0.578	0.509	0.512	0.481	0.402	0.433	0.442	0.492	0.551	0.514
青　海	0.849	0.998	0.672	0.652	0.593	0.753	0.811	0.774	0.845	0.916
宁　夏	0.906	1.000	1.000	0.994	0.909	1.000	1.000	1.000	1.000	1.000
新　疆	0.400	0.476	0.524	0.473	0.405	0.464	0.652	0.386	0.528	0.536
（全　国）	**0.677**	**0.726**	**0.747**	**0.757**	**0.756**	**0.759**	**0.773**	**0.716**	**0.716**	**0.682**

4.3.4　不考虑碳排放情况下旅游规模效率测度结果的时序变化与空间差异特征分析

旅游规模效率用于评价各被测算单位每年的产出与投入的比例是否合适，表4-5 为 2000~2019 年全国各省份每年旅游规模效率的测算值。从时序变化的角度来看，全国 2000~2019 年旅游规模效率的峰值出现在 2012 年，达到 89.81%，高于旅游纯技术效率的峰值，但仍有一定提升空间。旅游规模效率在后期虽然也有下降，但下降速度较慢，2019 年仍达到 80.90% 的水平。这些数据说明目前我国旅游规模效率处于较高水平，但也与旅游纯技术效率同样面临着持续下降的风险。从空间差异的角度来看，共有 22 个省份的旅游规模效率超过了全国旅游规模效率 80.27% 这一平均水平。在旅游规模效率低于全国平均水平的 9 个区域中仅三个省份的旅游规模效率低于 50%。说明旅游规模效率在空间分布上相对比较均匀，仅有个别地区出现比较极端的情况。

表 4-5　2000~2019 年全国各省份旅游规模效率测算值

年份 省份	2000	2001	2002	2003	2004	2005	2006	2007	2008	2009
北　京	1.000	1.000	1.000	0.923	1.000	1.000	1.000	1.000	1.000	1.000
天　津	1.000	1.000	1.000	1.000	1.000	1.000	1.000	1.000	1.000	1.000
河　北	0.743	0.825	0.587	0.513	0.904	0.924	0.950	0.980	0.903	0.973
山　西	0.412	0.611	0.495	0.372	0.600	0.741	0.848	0.913	0.937	0.990
内蒙古	0.254	0.363	0.376	0.737	0.875	0.919	0.938	0.977	0.919	0.974
辽　宁	0.789	0.895	0.884	0.747	0.979	0.992	0.999	0.979	0.999	0.974
吉　林	0.307	0.429	0.425	0.443	0.535	0.744	0.786	0.856	0.881	0.966
黑龙江	0.595	0.763	0.646	0.537	0.615	0.673	0.746	0.829	0.878	0.906
上　海	1.000	0.948	1.000	1.000	1.000	0.975	0.983	0.999	0.980	0.982
江　苏	0.990	0.889	0.912	0.997	1.000	1.000	1.000	1.000	1.000	1.000
浙　江	0.932	0.893	0.956	0.987	0.991	1.000	1.000	1.000	0.985	0.994
安　徽	0.563	0.620	0.526	0.607	0.838	0.886	0.868	0.852	0.858	0.898
福　建	0.870	0.918	0.913	0.956	0.969	0.958	0.951	0.991	0.958	0.984
江　西	0.438	0.505	0.604	0.902	0.911	0.896	0.881	0.831	0.815	0.923
山　东	0.958	0.991	0.995	0.840	0.999	0.793	0.824	0.857	0.992	0.994
河　南	0.925	0.942	0.907	0.750	0.992	0.990	0.903	0.995	0.967	0.974
湖　北	0.840	0.917	0.873	0.804	0.937	0.940	0.947	0.913	0.887	0.932
湖　南	0.565	0.751	0.552	0.874	0.845	0.943	0.961	0.886	0.892	0.979
广　东	0.384	0.357	0.361	0.710	0.733	0.764	0.926	0.999	0.996	0.928
广　西	0.584	0.685	0.565	0.582	0.763	0.847	0.847	0.805	0.814	0.865
海　南	0.427	0.416	0.451	0.557	0.501	0.585	0.569	0.584	0.570	0.625

续表

年份 省份	2000	2001	2002	2003	2004	2005	2006	2007	2008	2009
重 庆	0.515	0.655	0.712	0.727	0.896	0.890	0.875	0.873	0.827	0.900
四 川	0.866	0.913	0.874	0.961	0.970	0.992	0.994	0.947	0.925	0.987
贵 州	0.268	0.433	0.436	0.539	0.712	0.787	0.869	0.867	0.868	0.903
云 南	0.927	0.922	0.813	0.941	0.946	0.942	0.957	0.942	0.878	0.919
西 藏	0.131	0.178	0.473	0.348	0.382	0.441	0.521	0.782	0.089	0.654
陕 西	0.630	0.749	0.653	0.601	0.849	0.894	0.895	0.881	0.845	0.877
甘 肃	0.126	0.134	0.112	0.126	0.273	0.333	0.366	0.473	0.466	0.570
青 海	0.182	0.201	0.152	0.169	0.137	0.143	0.273	0.369	0.281	0.307
宁 夏	0.087	0.099	0.065	0.088	0.121	0.124	0.163	0.209	0.206	0.242
新 疆	0.416	0.361	0.407	0.604	0.654	0.671	0.606	0.632	0.595	0.591
（全 国）	**0.604**	**0.657**	**0.636**	**0.676**	**0.772**	**0.800**	**0.821**	**0.846**	**0.813**	**0.865**

年份 省份	2010	2011	2012	2013	2014	2015	2016	2017	2018	2019
北 京	0.989	1.000	1.000	1.000	1.000	1.000	1.000	0.899	0.930	1.000
天 津	1.000	1.000	1.000	0.947	0.973	0.979	0.933	0.917	0.885	0.862
河 北	0.977	0.990	0.988	0.983	0.985	0.999	1.000	0.991	0.988	0.990
山 西	0.991	0.994	1.000	1.000	1.000	1.000	1.000	1.000	1.000	1.000
内蒙古	0.976	0.989	0.976	0.947	0.965	0.972	0.915	0.875	0.963	0.878
辽 宁	0.993	0.937	1.000	0.961	0.896	0.999	1.000	0.919	0.877	1.000
吉 林	0.969	0.935	0.964	0.907	0.961	0.976	0.960	0.925	0.900	0.867
黑龙江	0.911	0.872	0.899	0.869	0.788	0.843	0.754	0.776	0.734	0.732
上 海	1.000	1.000	1.000	1.000	1.000	0.956	0.923	0.878	0.837	0.940
江 苏	1.000	1.000	1.000	0.904	0.882	0.862	0.766	0.644	0.598	0.528
浙 江	0.991	1.000	1.000	1.000	1.000	1.000	0.996	0.878	0.779	0.730	0.853
安 徽	0.903	0.923	0.948	0.994	0.998	0.999	0.987	1.000	0.987	0.977
福 建	0.987	0.995	0.986	0.988	0.986	0.990	0.971	0.968	0.970	0.962
江 西	0.966	0.905	0.930	0.959	0.976	1.000	0.981	0.932	0.958	0.992
山 东	0.997	0.947	0.988	0.929	0.852	0.776	0.748	0.725	0.675	0.847
河 南	0.975	0.968	0.973	0.981	0.978	0.994	0.911	0.908	0.977	0.988
湖 北	0.934	0.958	0.965	0.988	0.988	0.998	0.980	0.989	0.973	0.947
湖 南	0.973	0.997	0.933	0.998	0.997	1.000	0.996	0.933	0.996	0.987

年份 省份	2010	2011	2012	2013	2014	2015	2016	2017	2018	2019
广　东	0.995	0.946	0.882	0.799	0.812	0.814	0.700	0.383	0.329	0.293
广　西	0.928	0.872	0.976	0.986	0.988	0.996	0.990	0.982	0.987	0.998
海　南	0.573	0.565	0.624	0.617	0.637	0.565	0.466	0.437	0.401	0.394
重　庆	0.880	0.886	0.923	0.900	0.904	0.952	0.896	0.900	0.895	0.904
四　川	0.989	0.998	0.989	0.918	0.833	0.845	0.725	0.676	0.820	0.998
贵　州	0.897	0.907	0.965	1.000	1.000	1.000	1.000	1.000	1.000	1.000
云　南	0.982	0.993	0.975	0.980	0.984	0.997	0.991	0.925	0.899	0.970
西　藏	0.689	0.934	1.000	0.931	0.848	0.830	0.746	0.644	0.571	0.248
陕　西	0.885	0.899	0.927	0.932	0.940	0.986	0.973	0.975	0.965	0.949
甘　肃	0.471	0.587	0.676	0.761	0.839	0.806	0.676	0.726	0.708	0.726
青　海	0.260	0.240	0.404	0.437	0.527	0.384	0.331	0.298	0.259	0.231
宁　夏	0.236	0.220	0.226	0.254	0.260	0.243	0.206	0.218	0.194	0.208
新　疆	0.610	0.622	0.724	0.747	0.726	0.817	0.710	0.782	0.776	0.811
（全　国）	**0.869**	**0.874**	**0.898**	**0.891**	**0.888**	**0.889**	**0.842**	**0.807**	**0.799**	**0.809**

表 4-6 为 2000~2019 年全国各省份旅游规模效率测算结果的基本统计特征。结合表 4-6 从时序变化与空间差异相结合的角度来看，2003 年以后旅游规模效率一直呈现中值大于均值的偏态分布，说明个别地区的旅游规模效率明显偏低。从离散程度来看，各地区 2000~2014 年的旅游规模效率变异程度越来越小，说明地区间旅游规模效率的差距在逐渐减小。但在 2015 年以后，变异系数开始逐渐增大，表现为各地区间旅游规模效率的差距在逐渐增大。其中，北京、天津、上海、福建、湖北和云南的旅游规模效率一直处于 80% 以上的高水平；河北、山西、内蒙古、安徽、江西、湖南、广西、重庆、贵州和新疆等地的旅游规模效率也从较低水平提升并保持在较高的水平（见表 4-5）。

表 4-6　2000~2019 年全国各省份旅游规模效率统计特征

年份 特征	2000	2001	2002	2003	2004	2005	2006	2007	2008	2009
均值	0.604	0.657	0.636	0.676	0.772	0.800	0.821	0.846	0.813	0.865
中值	0.584	0.749	0.604	0.727	0.875	0.894	0.895	0.886	0.887	0.932

续表

年份 特征	2000	2001	2002	2003	2004	2005	2006	2007	2008	2009
最小值	0.087	0.099	0.065	0.088	0.121	0.124	0.163	0.209	0.089	0.242
最大值	1.000	1.000	1.000	1.000	1.000	1.000	1.000	1.000	1.000	1.000
极差	0.913	0.901	0.935	0.912	0.879	0.876	0.837	0.791	0.911	0.758
变异系数	0.499	0.438	0.434	0.393	0.338	0.304	0.272	0.233	0.300	0.231

年份 特征	2010	2011	2012	2013	2014	2015	2016	2017	2018	2019
均值	0.869	0.874	0.898	0.891	0.888	0.889	0.842	0.807	0.799	0.809
中值	0.973	0.946	0.973	0.947	0.965	0.979	0.923	0.900	0.895	0.940
最小值	0.236	0.220	0.226	0.254	0.260	0.243	0.206	0.218	0.194	0.208
最大值	1.000	1.000	1.000	1.000	1.000	1.000	1.000	1.000	1.000	1.000
极差	0.764	0.780	0.774	0.746	0.740	0.757	0.794	0.782	0.806	0.792
变异系数	0.247	0.238	0.204	0.193	0.185	0.208	0.242	0.267	0.291	0.323

4.4　碳排放约束下旅游产业效率的测算与分析

4.4.1　碳排放约束下旅游效率的测算

在考虑碳排放时，对旅游产业效率的测算以旅游收入作为期望产出指标，以旅游业二氧化碳排放量作为效率测算的非期望产出指标，以旅游业从业人数、旅游业固定资产投资和旅游业能源投入作为效率测算的投入指标，在此基础上测算碳排放约束下旅游业的产业效率。其中，旅游收入、旅游业固定资产投资、旅游业从业人数及旅游业能源投入等几个指标与不考虑碳排放时进行测算的指标保持一致。借助数据包络分析软件 DEAP2.1 运用 CCR 模型和 BCC 模型测算 2000～2019 年我国 31 个省份在考虑碳排放情况下的旅游效率。CCR 模型与 BCC 模型两种方法测算出的碳约束下旅游综合效率的结果相同。

在测算碳排放约束下的旅游产业效率时，需要对碳排放量这一非期望产出数据进行处理，主要有作为投入、向量转移和转换倒数等若干种方法（覃道爱和李兴发，2009；吴琦和武春友，2009）。本书选取第二种方法，通过将每个非期望产出乘以"-1"，然后找到一个合适的平移向量 M（本书中 M 取值为 2000），使其转为正向指标（Zhu，2002）。设决策单元 DMU 数量为 n，每个 DMU 的资源投入 x_j、产出 y_j 和非期望产出 z_j 的种类数分别为 m、u 和 k，$z'_j = -z_j + M$，则 DEA—BCC 模型公式如下：

$$
\begin{cases}
\min\theta_0 \\
\sum\limits_{j=1}^{n} \omega_j x_{ij} + S_i^- = \theta_0 x_{i0}, \quad i = 1, 2, \cdots, m \\
\sum\limits_{j=1}^{n} \omega_j y_{tj} - S_t^+ = y_{t0}, \quad t = 1, 2, \cdots, u \\
\sum\limits_{j=1}^{n} \omega_j z'_{vj} - S_V^+ = z'_{v0}, \quad v = 1, 2, \cdots, k \\
\sum\limits_{j=1}^{n} \omega_j = 1 \\
\omega_j, \ S_i^-, \ S_t^+, \ S_V^+ \geqslant 0
\end{cases}
\tag{4-8}
$$

其中，θ_0 为决策单元DMU_{j0} 的有效值，ω_j 为相对于DMU_{j0} 重新构造的有效决策单元组合的系数，S_i^-，S_t^+，S_V^+ 为松弛变量。

该方法虽然可以将非期望产出纳入效率测算中，但处理过程中会因为期望产出偏大而导致效率值偏高，进而导致后续无法直接对比效率值大小分析碳排放对旅游效率的影响。为避开该方法的局限性，本书后续关于碳排放对旅游产业效率影响的分析将从考虑碳排放前后旅游效率变动的程度大小进行。表 4-7 为 2000~2019 年全国各省份碳排放约束下旅游综合效率的测算结果，表 4-8 为 2000~2019 年全国各省份碳排放约束下旅游纯技术效率和规模效率的测算结果。

表 4-7　2000~2019 年全国各省份碳排放约束下旅游综合效率测算值

年份 省份	2000	2001	2002	2003	2004	2005	2006	2007	2008	2009
北　京	1.000	1.000	1.000	0.981	1.000	1.000	1.000	1.000	1.000	1.000
天　津	1.000	1.000	1.000	1.000	1.000	1.000	1.000	1.000	1.000	1.000
河　北	0.159	0.155	0.229	0.342	0.298	0.308	0.293	0.297	0.283	0.294
山　西	0.343	0.222	0.321	0.411	0.355	0.441	0.595	0.807	0.834	0.719

续表

年份 省份	2000	2001	2002	2003	2004	2005	2006	2007	2008	2009
内蒙古	0.294	0.291	0.309	0.266	0.302	0.354	0.416	0.490	0.589	0.608
辽　宁	0.276	0.250	0.364	0.608	0.484	0.555	0.599	0.728	0.784	0.857
吉　林	0.313	0.330	0.428	0.597	0.506	0.436	0.444	0.495	0.480	0.490
黑龙江	0.239	0.228	0.293	0.534	0.446	0.433	0.425	0.457	0.491	0.421
上　海	1.000	0.948	1.000	1.000	1.000	0.722	0.944	0.846	0.877	0.938
江　苏	0.335	0.312	0.351	0.746	0.910	1.000	1.000	1.000	1.000	1.000
浙　江	0.255	0.303	0.343	0.883	0.980	1.000	1.000	1.000	0.900	0.926
安　徽	0.257	0.220	0.291	0.399	0.354	0.386	0.453	0.479	0.591	0.574
福　建	0.392	0.341	0.384	0.734	0.846	0.903	0.844	0.818	0.697	0.629
江　西	0.432	0.345	0.275	0.379	0.405	0.460	0.480	0.535	0.591	0.513
山　东	0.263	0.320	0.348	0.453	0.517	0.537	0.593	0.654	0.581	0.580
河　南	0.232	0.218	0.221	0.254	0.334	0.380	0.437	0.620	0.679	0.748
湖　北	0.261	0.276	0.307	0.325	0.317	0.373	0.353	0.404	0.397	0.424
湖　南	0.180	0.165	0.239	0.361	0.411	0.457	0.539	0.571	0.504	0.442
广　东	0.384	0.357	0.361	0.710	0.733	0.764	0.731	0.757	0.692	0.251
广　西	0.291	0.234	0.314	0.511	0.420	0.440	0.475	0.488	0.476	0.469
海　南	0.566	0.501	0.583	0.913	1.000	1.000	0.870	0.786	0.773	0.647
重　庆	0.557	0.405	0.390	0.565	0.508	0.515	0.524	0.559	0.569	0.539
四　川	0.168	0.180	0.207	0.510	0.584	0.677	0.782	0.862	0.604	0.581
贵　州	0.454	0.292	0.345	0.496	0.477	0.600	0.749	0.954	1.000	0.929
云　南	0.284	0.284	0.357	0.531	0.604	0.601	0.579	0.532	0.627	0.585
西　藏	1.000	1.000	1.000	1.000	1.000	1.000	1.000	1.000	1.000	1.000
陕　西	0.252	0.203	0.233	0.314	0.369	0.379	0.375	0.413	0.436	0.474
甘　肃	0.324	0.306	0.428	0.430	0.412	0.355	0.410	0.528	0.612	0.597
青　海	0.580	0.537	0.710	0.928	1.000	0.943	0.899	0.759	0.803	0.729
宁　夏	0.697	0.665	0.946	1.000	1.000	1.000	1.000	1.000	1.000	0.968
新　疆	0.285	0.339	0.316	0.380	0.362	0.349	0.427	0.538	0.472	0.351
（全　国）	**0.422**	**0.394**	**0.448**	**0.599**	**0.611**	**0.625**	**0.653**	**0.690**	**0.688**	**0.654**

年份 省份	2010	2011	2012	2013	2014	2015	2016	2017	2018	2019
北 京	0.952	1.000	0.786	1.000	1.000	1.000	1.000	0.451	0.357	0.419
天 津	1.000	1.000	1.000	0.958	0.944	0.895	0.752	0.673	0.590	0.513
河 北	0.314	0.346	0.393	0.459	0.494	0.555	0.580	0.655	0.628	0.605
山 西	0.760	0.774	1.000	1.000	1.000	1.000	1.000	1.000	1.000	1.000
内蒙古	0.611	0.634	0.759	0.807	0.851	0.864	0.863	0.996	1.000	0.670
辽 宁	0.886	0.923	1.000	0.919	0.882	0.653	1.000	0.601	0.766	1.000
吉 林	0.506	0.576	0.636	0.747	0.773	0.792	0.782	0.774	0.796	0.798
黑龙江	0.455	0.550	0.564	0.463	0.364	0.374	0.361	0.275	0.307	0.323
上 海	1.000	1.000	1.000	1.000	1.000	0.779	0.704	0.435	0.357	0.416
江 苏	1.000	1.000	1.000	0.904	0.882	0.862	0.766	0.644	0.598	0.528
浙 江	0.982	1.000	1.000	1.000	1.000	0.996	0.878	0.779	0.705	0.653
安 徽	0.595	0.858	0.927	0.841	0.765	0.783	0.694	0.669	0.589	0.537
福 建	0.607	0.573	0.603	0.546	0.534	0.501	0.496	0.423	0.422	0.437
江 西	0.515	0.538	0.551	0.671	0.757	0.835	0.898	0.886	0.941	0.814
山 东	0.615	0.630	0.695	0.843	0.807	0.759	0.677	0.630	0.610	0.556
河 南	0.609	0.676	0.694	0.650	0.617	0.574	0.520	0.404	0.431	0.415
湖 北	0.474	0.499	0.573	0.568	0.574	0.571	0.478	0.392	0.379	0.369
湖 南	0.473	0.486	0.538	0.619	0.598	0.610	0.591	0.663	0.625	0.525
广 东	0.590	0.655	0.882	0.799	0.812	0.814	0.700	0.383	0.329	0.293
广 西	0.447	0.547	0.542	0.720	0.788	0.776	0.751	0.770	0.823	0.871
海 南	0.603	0.710	0.546	0.490	0.571	0.648	0.663	0.529	0.529	0.591
重 庆	0.587	0.621	0.650	0.564	0.532	0.503	0.492	0.393	0.416	0.401
四 川	0.629	0.711	0.763	0.609	0.623	0.741	0.680	0.551	0.466	0.383
贵 州	0.917	0.949	0.930	1.000	1.000	1.000	1.000	1.000	1.000	1.000
云 南	0.534	0.543	0.647	0.625	0.673	0.679	0.745	0.846	0.899	0.930
西 藏	1.000	1.000	1.000	1.000	1.000	1.000	1.000	1.000	1.000	1.000
陕 西	0.481	0.482	0.560	0.551	0.544	0.546	0.545	0.484	0.495	0.471
甘 肃	0.560	0.498	0.502	0.474	0.398	0.426	0.432	0.482	0.539	0.506
青 海	0.840	0.998	0.669	0.648	0.588	0.750	0.810	0.771	0.844	0.915
宁 夏	0.894	1.000	1.000	0.985	0.900	1.000	1.000	1.000	1.000	1.000
新 疆	0.382	0.459	0.511	0.460	0.394	0.454	0.633	0.379	0.517	0.527
（全 国）	**0.672**	**0.717**	**0.739**	**0.739**	**0.731**	**0.734**	**0.726**	**0.643**	**0.644**	**0.628**

表 4-8　2000~2019 年碳排放约束下全国各省份旅游纯
技术效率（TE）和规模效率（SE）测算值

省份	年份	2000	2001	2002	2003	2004	2005	2006	2007	2008	2009
北京	TE	1.000	1.000	1.000	0.992	1.000	1.000	1.000	1.000	1.000	1.000
	SE	1.000	1.000	1.000	0.989	1.000	1.000	1.000	1.000	1.000	1.000
天津	TE	1.000	1.000	1.000	1.000	1.000	1.000	1.000	1.000	1.000	1.000
	SE	1.000	1.000	1.000	1.000	1.000	1.000	1.000	1.000	1.000	1.000
河北	TE	0.165	0.159	0.250	0.359	0.305	0.312	0.296	0.298	0.288	0.295
	SE	0.962	0.975	0.915	0.952	0.978	0.989	0.989	0.997	0.983	0.997
山西	TE	0.350	0.225	0.330	0.419	0.363	0.447	0.600	0.809	0.836	0.720
	SE	0.980	0.986	0.974	0.980	0.979	0.987	0.992	0.998	0.997	0.999
内蒙古	TE	0.300	0.298	0.315	0.270	0.304	0.355	0.417	0.490	0.590	0.608
	SE	0.980	0.977	0.980	0.986	0.996	0.997	0.998	0.999	0.998	0.999
辽宁	TE	0.281	0.253	0.368	0.616	0.485	0.557	0.600	0.743	0.785	1.000
	SE	0.982	0.988	0.988	0.986	0.998	0.997	0.999	0.979	0.999	0.857
吉林	TE	0.320	0.336	0.433	0.602	0.511	0.440	0.447	0.497	0.484	0.491
	SE	0.980	0.980	0.987	0.991	0.991	0.991	0.992	0.995	0.991	0.998
黑龙江	TE	0.245	0.231	0.304	0.545	0.455	0.442	0.433	0.463	0.496	0.425
	SE	0.976	0.985	0.962	0.979	0.979	0.982	0.982	0.988	0.990	0.992
上海	TE	1.000	1.000	1.000	1.000	1.000	0.740	0.960	0.847	0.880	0.942
	SE	1.000	0.948	1.000	1.000	1.000	0.975	0.983	0.999	0.997	0.996
江苏	TE	0.337	0.351	0.385	0.748	0.910	1.000	1.000	1.000	1.000	1.000
	SE	0.994	0.889	0.912	0.998	1.000	1.000	1.000	1.000	1.000	1.000
浙江	TE	0.273	0.339	0.359	0.885	0.981	1.000	1.000	1.000	0.901	0.926
	SE	0.932	0.893	0.956	0.997	0.999	1.000	1.000	1.000	0.998	0.999
安徽	TE	0.271	0.235	0.310	0.418	0.364	0.393	0.461	0.487	0.606	0.585
	SE	0.949	0.938	0.939	0.955	0.971	0.982	0.982	0.984	0.976	0.981
福建	TE	0.398	0.345	0.390	0.736	0.847	0.905	0.847	0.818	0.699	0.630
	SE	0.985	0.988	0.986	0.997	0.999	0.998	0.997	1.000	0.998	0.999
江西	TE	0.444	0.357	0.284	0.381	0.407	0.462	0.483	0.537	0.596	0.517
	SE	0.973	0.968	0.968	0.996	0.996	0.996	0.993	0.995	0.992	0.993
山东	TE	0.275	0.323	0.350	0.462	0.517	0.676	0.720	0.763	0.583	0.583
	SE	0.958	0.991	0.995	0.981	0.999	0.793	0.824	0.857	0.996	0.995

续表

省份	年份	2000	2001	2002	2003	2004	2005	2006	2007	2008	2009
河南	TE	0.238	0.221	0.226	0.262	0.335	0.383	0.484	0.622	0.682	0.751
	SE	0.977	0.985	0.976	0.969	0.997	0.990	0.903	0.996	0.995	0.996
湖北	TE	0.268	0.279	0.313	0.335	0.322	0.379	0.357	0.409	0.403	0.428
	SE	0.976	0.986	0.981	0.973	0.984	0.984	0.988	0.988	0.985	0.991
湖南	TE	0.190	0.177	0.257	0.373	0.423	0.464	0.548	0.578	0.512	0.443
	SE	0.942	0.937	0.930	0.968	0.973	0.986	0.984	0.988	0.983	0.997
广东	TE	1.000	1.000	1.000	1.000	1.000	1.000	0.789	0.758	0.694	0.265
	SE	0.384	0.357	0.361	0.710	0.733	0.764	0.926	0.999	0.996	0.947
广西	TE	0.306	0.250	0.333	0.531	0.433	0.449	0.491	0.496	0.486	0.476
	SE	0.950	0.936	0.942	0.964	0.971	0.978	0.967	0.985	0.980	0.985
海南	TE	0.579	0.515	0.601	0.931	1.000	1.000	0.898	0.804	0.803	0.668
	SE	0.978	0.973	0.971	0.980	1.000	1.000	0.968	0.978	0.962	0.969
重庆	TE	0.569	0.416	0.395	0.573	0.514	0.519	0.528	0.563	0.574	0.542
	SE	0.979	0.973	0.987	0.986	0.989	0.993	0.991	0.993	0.991	0.994
四川	TE	0.173	0.184	0.214	0.513	0.586	0.683	0.786	0.867	0.616	0.582
	SE	0.971	0.977	0.967	0.995	0.996	0.992	0.994	0.994	0.981	0.997
贵州	TE	0.463	0.299	0.351	0.503	0.483	0.604	0.757	0.970	1.000	0.937
	SE	0.980	0.977	0.981	0.987	0.988	0.994	0.990	0.983	1.000	0.992
云南	TE	0.285	0.288	0.363	0.532	0.605	0.603	0.581	0.537	0.633	0.589
	SE	0.995	0.986	0.984	0.997	0.998	0.997	0.997	0.990	0.990	0.994
西藏	TE	1.000	1.000	1.000	1.000	1.000	1.000	1.000	1.000	1.000	1.000
	SE	1.000	1.000	1.000	1.000	1.000	1.000	1.000	1.000	1.000	1.000
陕西	TE	0.257	0.206	0.242	0.322	0.377	0.386	0.379	0.417	0.442	0.478
	SE	0.980	0.984	0.965	0.974	0.980	0.984	0.989	0.990	0.987	0.991
甘肃	TE	0.331	0.314	0.433	0.440	0.417	0.361	0.418	0.535	0.625	0.613
	SE	0.979	0.975	0.988	0.979	0.986	0.984	0.982	0.986	0.980	0.974
青海	TE	0.581	0.539	0.711	0.928	1.000	0.943	0.899	0.760	0.804	0.734
	SE	0.998	0.997	0.999	1.000	1.000	1.000	0.999	0.999	0.998	0.992
宁夏	TE	0.701	0.669	0.947	1.000	1.000	1.000	1.000	1.000	1.000	0.980
	SE	0.995	0.994	0.998	1.000	1.000	1.000	1.000	1.000	1.000	0.988

续表

省份	年份	2000	2001	2002	2003	2004	2005	2006	2007	2008	2009
新疆	TE	0.293	0.351	0.326	0.391	0.372	0.358	0.442	0.549	0.486	0.363
	SE	0.973	0.966	0.969	0.972	0.974	0.975	0.966	0.979	0.972	0.969
（全国）	**TE**	**0.448**	**0.425**	**0.477**	**0.615**	**0.623**	**0.641**	**0.665**	**0.697**	**0.694**	**0.664**
	SE	**0.958**	**0.952**	**0.954**	**0.976**	**0.982**	**0.978**	**0.980**	**0.988**	**0.991**	**0.986**

省份	年份	2010	2011	2012	2013	2014	2015	2016	2017	2018	2019
北京	TE	0.962	1.000	0.786	1.000	1.000	1.000	1.000	0.501	0.384	0.419
	SE	0.989	1.000	1.000	1.000	1.000	1.000	1.000	0.899	0.930	1.000
天津	TE	1.000	1.000	1.000	1.000	0.944	0.897	0.758	0.678	0.597	0.523
	SE	1.000	1.000	1.000	0.958	1.000	0.998	0.993	0.992	0.987	0.981
河北	TE	0.315	0.347	0.394	0.460	0.495	0.555	0.580	0.656	0.629	0.608
	SE	0.997	0.999	0.998	0.998	0.998	0.999	1.000	0.998	0.997	0.995
山西	TE	0.761	0.775	1.000	1.000	1.000	1.000	1.000	1.000	1.000	1.000
	SE	0.999	0.999	1.000	1.000	1.000	1.000	1.000	1.000	1.000	1.000
内蒙古	TE	0.612	0.634	0.759	0.808	0.852	0.865	0.864	1.000	1.000	0.678
	SE	0.999	1.000	0.999	0.999	0.999	0.999	0.999	0.996	1.000	0.989
辽宁	TE	1.000	1.000	1.000	0.957	0.984	0.653	1.000	0.654	0.827	1.000
	SE	0.886	0.923	1.000	0.961	0.896	0.999	1.000	0.919	0.926	1.000
吉林	TE	0.506	0.580	0.637	0.748	0.774	0.792	0.783	0.776	0.798	0.800
	SE	0.999	0.994	0.999	0.999	0.999	0.999	0.999	0.998	0.998	0.997
黑龙江	TE	0.459	0.554	0.568	0.468	0.372	0.387	0.378	0.286	0.324	0.337
	SE	0.991	0.991	0.994	0.988	0.980	0.966	0.955	0.962	0.948	0.957
上海	TE	1.000	1.000	1.000	1.000	1.000	0.794	0.757	0.495	0.426	0.442
	SE	1.000	1.000	1.000	1.000	1.000	0.981	0.930	0.878	0.837	0.940
江苏	TE	1.000	1.000	1.000	1.000	1.000	1.000	1.000	1.000	1.000	1.000
	SE	1.000	1.000	1.000	0.904	0.882	0.862	0.766	0.644	0.598	0.528
浙江	TE	0.982	1.000	1.000	1.000	1.000	1.000	1.000	1.000	1.000	0.766
	SE	1.000	1.000	1.000	1.000	1.000	0.996	0.878	0.779	0.705	0.853
安徽	TE	0.607	0.872	0.940	0.845	0.767	0.784	0.703	0.669	0.594	0.543
	SE	0.980	0.983	0.986	0.995	0.998	0.999	0.987	1.000	0.991	0.988

续表

省份 \ 年份		2010	2011	2012	2013	2014	2015	2016	2017	2018	2019
福建	TE	0.607	0.573	0.604	0.548	0.536	0.506	0.507	0.431	0.431	0.447
	SE	0.999	0.999	0.998	0.998	0.996	0.991	0.979	0.981	0.978	0.977
江西	TE	0.516	0.542	0.553	0.674	0.758	0.835	0.915	0.951	0.982	0.815
	SE	0.998	0.992	0.996	0.997	0.998	1.000	0.981	0.932	0.958	0.999
山东	TE	0.617	0.666	0.704	0.907	1.000	1.000	0.906	0.869	0.904	0.656
	SE	0.997	0.947	0.988	0.929	0.807	0.759	0.748	0.725	0.675	0.847
河南	TE	0.613	0.681	0.698	0.652	0.621	0.577	0.571	0.445	0.441	0.420
	SE	0.995	0.993	0.993	0.997	0.994	0.994	0.911	0.908	0.977	0.988
湖北	TE	0.478	0.504	0.577	0.570	0.576	0.572	0.488	0.396	0.387	0.379
	SE	0.991	0.990	0.994	0.997	0.996	0.998	0.980	0.989	0.980	0.973
湖南	TE	0.478	0.486	0.545	0.621	0.599	0.611	0.594	0.711	0.627	0.532
	SE	0.988	1.000	0.987	0.998	0.997	1.000	0.996	0.933	0.996	0.987
广东	TE	0.592	0.693	1.000	1.000	1.000	1.000	1.000	1.000	1.000	1.000
	SE	0.995	0.946	0.882	0.799	0.812	0.814	0.700	0.383	0.329	0.293
广西	TE	0.454	0.556	0.550	0.721	0.789	0.777	0.753	0.772	0.825	0.873
	SE	0.986	0.984	0.987	0.999	0.999	0.999	0.998	0.997	0.998	0.998
海南	TE	0.637	0.746	0.566	0.508	0.598	0.690	0.738	0.634	0.648	0.688
	SE	0.947	0.952	0.963	0.964	0.956	0.939	0.899	0.835	0.816	0.859
重庆	TE	0.591	0.626	0.654	0.570	0.538	0.511	0.507	0.404	0.428	0.413
	SE	0.993	0.992	0.994	0.991	0.987	0.983	0.971	0.972	0.970	0.971
四川	TE	0.631	0.711	0.771	0.664	0.748	0.877	0.938	0.815	0.568	0.384
	SE	0.997	1.000	0.989	0.918	0.833	0.845	0.725	0.676	0.820	0.998
贵州	TE	0.917	0.954	0.930	1.000	1.000	1.000	1.000	1.000	1.000	1.000
	SE	1.000	0.995	1.000	1.000	1.000	1.000	1.000	1.000	1.000	1.000
云南	TE	0.535	0.543	0.649	0.626	0.675	0.681	0.752	0.915	1.000	0.959
	SE	0.998	0.999	0.998	0.998	0.997	0.997	0.991	0.925	0.899	0.970
西藏	TE	1.000	1.000	1.000	1.000	1.000	1.000	1.000	1.000	1.000	1.000
	SE	1.000	1.000	1.000	1.000	1.000	1.000	1.000	1.000	1.000	1.000
陕西	TE	0.485	0.488	0.564	0.555	0.549	0.551	0.553	0.489	0.501	0.481
	SE	0.991	0.989	0.994	0.993	0.991	0.991	0.986	0.990	0.987	0.980

续表

	年份 省份	2010	2011	2012	2013	2014	2015	2016	2017	2018	2019
甘肃	TE	0.578	0.509	0.512	0.481	0.402	0.433	0.442	0.492	0.551	0.514
	SE	0.969	0.978	0.982	0.986	0.990	0.986	0.977	0.980	0.979	0.985
青海	TE	0.849	1.000	0.672	0.652	0.593	0.753	0.811	0.774	0.845	0.916
	SE	0.990	0.998	0.995	0.994	0.993	0.997	0.998	0.997	0.998	0.999
宁夏	TE	0.906	1.000	1.000	0.994	0.909	1.000	1.000	1.000	1.000	1.000
	SE	0.987	1.000	1.000	0.991	0.990	1.000	1.000	1.000	1.000	1.000
新疆	TE	0.400	0.476	0.524	0.473	0.405	0.464	0.652	0.386	0.528	0.536
	SE	0.955	0.966	0.976	0.974	0.972	0.979	0.970	0.981	0.978	0.984
（全国）	**TE**	**0.680**	**0.726**	**0.747**	**0.758**	**0.758**	**0.760**	**0.773**	**0.716**	**0.718**	**0.682**
	SE	**0.988**	**0.987**	**0.990**	**0.978**	**0.970**	**0.970**	**0.946**	**0.912**	**0.911**	**0.937**

4.4.2 碳排放约束下旅游效率的时序变化与空间差异特征分析

从时序变化的角度看，考虑碳排放的旅游综合效率除2003年出现较大幅度的增长外，其他年份只有较小幅度的波动。从2003年的59.87%增长至2019年的62.79%，在综合效率仍有很大提升空间的情况下，总增幅仅有4.88%（见图4-3）。从空间差异的角度来看（见表4-9），共12个地区考虑碳排放的旅游综合效率超过全国平均水平，其中，西藏、宁夏、天津、北京和上海的旅游综合效

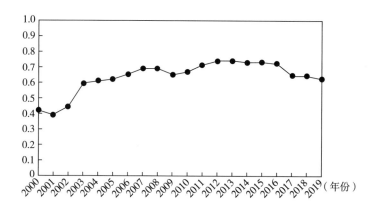

图4-3 2000~2019年全国各省份旅游综合效率（考虑碳排放）

率较高。从时序变化与空间差异结合的角度来看，尽管河北考虑碳排放的旅游综合效率均值自 2010 年得到改善，2015~2019 年均保持在 50% 以上。此外，山西、内蒙古、辽宁、吉林、江西、广西和云南等考虑碳排放的旅游综合效率均值表现并不突出的地区，也在不断的发展中取得了明显的改善。

表 4-9 2000~2019 年全国各省份平均旅游综合效率测算值（考虑碳排放）

省份	北京	天津	河北	山西	内蒙古	辽宁	吉林	黑龙江	上海	江苏	浙江
测算值	0.8973	0.9163	0.3844	0.7291	0.5987	0.7068	0.5850	0.4002	0.8483	0.7919	0.8292
省份	安徽	福建	江西	山东	河南	湖北	湖南	广东	广西	海南	重庆
测算值	0.5631	0.5865	0.5911	0.5834	0.4857	0.4157	0.4799	0.5999	0.5577	0.6760	0.5145
省份	四川	贵州	云南	西藏	陕西	甘肃	青海	宁夏	新疆	（全国）	
测算值	0.5656	0.8046	0.6053	1.0000	0.4304	0.4610	0.7861	0.9528	0.4268	**0.6378**	

碳排放约束下旅游纯技术效率和规模效率的时序变化与空间差异特征在这部分不再单独分析，将与不考虑碳排放情况下的旅游效率进行对比分析并给出相应的结论。

4.5 碳排放约束对旅游效率测度结果的影响与分析

通过对比考虑碳排放与不考虑碳排放情况下旅游效率测算结果的变动情况，可以进一步分析碳排放约束对旅游综合效率的影响。碳排放指标通过处理被转换为正向的产出指标后，考虑碳排放测算出的旅游产业综合效率会高于不考虑碳排放所测算出的旅游产业综合效率，这与碳排放原本非期望产出的性质不符。为了尽可能规避数据处理导致的偏误，本部分主要基于两种情况下同类型旅游效率测算结果差异的大小来讨论碳排放约束对旅游效率的影响程度。

4.5.1 碳排放约束对旅游综合效率的影响与分析

表 4-10 为 2000~2019 年全国各省份考虑碳排放前后旅游综合效率的变化值。从时序变化的角度来看，碳排放约束对旅游综合效率的影响程度在 2000~2014 年逐渐减小（见图 4-4）。2000 年旅游综合效率变动了 0.158，以不考虑碳

排放的旅游综合效率为参照，变动率为 59.85%，2014 年变动了 0.056，变动率为 8.30%。2014 年之后碳排放约束对旅游综合效率的影响程度逐渐增加，2019 年旅游综合效率变动了 0.103，变动率为 19.62%。

表 4-10　2000~2019 年全国各省份旅游综合效率变动值

年份 省份	2000	2001	2002	2003	2004	2005	2006	2007	2008	2009
北　京	0.000	0.000	0.000	0.065	0.000	0.000	0.000	0.000	0.000	0.000
天　津	0.000	0.000	0.000	0.000	0.000	0.000	0.000	0.000	0.000	0.000
河　北	0.036	0.024	0.082	0.158	0.023	0.020	0.011	0.005	0.023	0.007
山　西	0.199	0.084	0.158	0.255	0.137	0.110	0.087	0.069	0.051	0.006
内蒙古	0.218	0.183	0.191	0.067	0.036	0.028	0.024	0.011	0.047	0.016
辽　宁	0.054	0.023	0.039	0.148	0.009	0.003	0.000	0.000	0.000	0.000
吉　林	0.215	0.186	0.244	0.330	0.233	0.109	0.093	0.070	0.054	0.016
黑龙江	0.093	0.052	0.096	0.241	0.166	0.136	0.102	0.073	0.056	0.036
上　海	0.000	0.000	0.000	0.000	0.000	0.000	0.000	0.000	0.015	0.013
江　苏	0.001	0.000	0.000	0.001	0.000	0.000	0.000	0.000	0.000	0.000
浙　江	0.000	0.000	0.000	0.009	0.007	0.000	0.000	0.000	0.012	0.005
安　徽	0.105	0.074	0.128	0.145	0.049	0.038	0.053	0.064	0.071	0.048
福　建	0.046	0.024	0.028	0.030	0.025	0.035	0.039	0.007	0.027	0.009
江　西	0.237	0.165	0.104	0.036	0.034	0.046	0.055	0.089	0.105	0.036
山　东	0.000	0.000	0.000	0.065	0.000	0.000	0.000	0.000	0.003	0.001
河　南	0.012	0.009	0.016	0.057	0.002	0.000	0.000	0.001	0.019	0.016
湖　北	0.036	0.020	0.034	0.056	0.015	0.017	0.015	0.031	0.039	0.025
湖　南	0.072	0.032	0.097	0.035	0.054	0.020	0.013	0.059	0.047	0.008
广　东	0.000	0.000	0.000	0.000	0.000	0.000	0.000	0.000	0.000	0.005
广　西	0.112	0.063	0.126	0.202	0.090	0.059	0.059	0.089	0.080	0.057
海　南	0.318	0.287	0.312	0.394	0.499	0.415	0.359	0.317	0.315	0.230
重　庆	0.264	0.132	0.108	0.148	0.048	0.053	0.062	0.068	0.094	0.051
四　川	0.018	0.012	0.020	0.017	0.015	0.000	0.000	0.041	0.034	0.006
贵　州	0.330	0.163	0.192	0.225	0.133	0.125	0.091	0.128	0.132	0.091
云　南	0.020	0.019	0.062	0.030	0.031	0.033	0.023	0.026	0.071	0.043
西　藏	0.869	0.822	0.527	0.652	0.618	0.559	0.479	0.218	0.911	0.346

续表

年份\省份	2000	2001	2002	2003	2004	2005	2006	2007	2008	2009
陕　西	0.090	0.049	0.075	0.121	0.049	0.034	0.036	0.046	0.062	0.054
甘　肃	0.282	0.264	0.379	0.375	0.298	0.235	0.257	0.275	0.321	0.248
青　海	0.474	0.429	0.602	0.771	0.863	0.808	0.653	0.479	0.577	0.503
宁　夏	0.636	0.599	0.885	0.912	0.879	0.876	0.837	0.791	0.794	0.731
新　疆	0.163	0.212	0.183	0.144	0.119	0.109	0.159	0.191	0.183	0.137
（全　国）	**0.158**	**0.126**	**0.151**	**0.184**	**0.143**	**0.125**	**0.113**	**0.102**	**0.133**	**0.088**

年份\省份	2010	2011	2012	2013	2014	2015	2016	2017	2018	2019
北　京	0.000	0.000	0.000	0.000	0.000	0.000	0.000	0.000	0.000	0.000
天　津	0.000	0.000	0.000	0.051	0.025	0.017	0.045	0.051	0.061	0.062
河　北	0.006	0.003	0.004	0.006	0.006	0.000	0.000	0.005	0.006	0.004
山　西	0.006	0.004	0.000	0.000	0.000	0.000	0.000	0.000	0.000	0.000
内蒙古	0.014	0.007	0.018	0.042	0.029	0.023	0.073	0.125	0.037	0.075
辽　宁	0.000	0.000	0.000	0.000	0.000	0.000	0.000	0.000	0.041	0.000
吉　林	0.015	0.034	0.022	0.069	0.029	0.019	0.030	0.056	0.078	0.104
黑龙江	0.037	0.067	0.053	0.056	0.071	0.048	0.076	0.053	0.069	0.076
上　海	0.000	0.000	0.000	0.000	0.000	0.020	0.005	0.000	0.000	0.000
江　苏	0.000	0.000	0.000	0.000	0.000	0.000	0.000	0.000	0.000	0.000
浙　江	0.009	0.000	0.000	0.000	0.000	0.000	0.000	0.000	0.000	0.000
安　徽	0.047	0.053	0.036	0.002	0.000	0.000	0.000	0.000	0.003	0.006
福　建	0.007	0.003	0.007	0.005	0.005	0.000	0.004	0.006	0.004	0.007
江　西	0.016	0.048	0.037	0.025	0.017	0.000	0.000	0.000	0.000	0.005
山　东	0.000	0.000	0.000	0.000	0.000	0.000	0.000	0.000	0.000	0.000
河　南	0.012	0.017	0.014	0.010	0.010	0.000	0.000	0.000	0.000	0.000
湖　北	0.027	0.016	0.016	0.005	0.005	0.000	0.000	0.000	0.003	0.010
湖　南	0.008	0.001	0.029	0.000	0.000	0.000	0.000	0.000	0.000	0.000
广　东	0.000	0.000	0.000	0.000	0.000	0.000	0.000	0.000	0.000	0.000
广　西	0.026	0.062	0.006	0.010	0.009	0.001	0.006	0.012	0.008	0.000
海　南	0.238	0.288	0.193	0.177	0.191	0.258	0.319	0.252	0.269	0.320
重　庆	0.067	0.067	0.047	0.052	0.045	0.016	0.038	0.029	0.033	0.027
四　川	0.005	0.001	0.000	0.000	0.000	0.000	0.000	0.000	0.000	0.000

续表

年份 省份	2010	2011	2012	2013	2014	2015	2016	2017	2018	2019
贵　州	0.094	0.088	0.033	0.000	0.000	0.000	0.000	0.000	0.000	0.000
云　南	0.008	0.003	0.015	0.011	0.009	0.000	0.000	0.000	0.000	0.000
西　藏	0.311	0.066	0.000	0.069	0.152	0.170	0.254	0.356	0.429	0.752
陕　西	0.051	0.043	0.037	0.034	0.028	0.002	0.007	0.008	0.012	0.015
甘　肃	0.288	0.200	0.156	0.108	0.061	0.077	0.133	0.125	0.149	0.133
青　海	0.619	0.759	0.397	0.363	0.276	0.461	0.542	0.541	0.625	0.704
宁　夏	0.681	0.780	0.774	0.733	0.664	0.757	0.794	0.782	0.806	0.792
新　疆	0.138	0.163	0.132	0.107	0.100	0.075	0.170	0.077	0.107	0.092
（全　国）	**0.089**	**0.089**	**0.065**	**0.062**	**0.056**	**0.063**	**0.081**	**0.080**	**0.089**	**0.103**

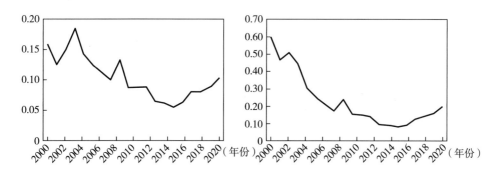

图4-4　2000~2019年全国旅游综合效率变动值（左）和变动率（右）

用各地区每年的综合效率变动值比上不考虑碳排放情况下的旅游综合效率，可得到各地区每年的旅游综合效率变动率，然后将各年份变动率累加求和得到各地区2000~2019年旅游综合效率的累计变动率，见表4-11。从空间差异的角度来看，宁夏、青海、甘肃、西藏和海南的旅游综合效率累计变动率较高，说明这些地区的旅游综合效率受碳排放约束的影响非常显著。从表4-12两种情况下的数据对比可以看出，是否考虑碳排放对宁夏和青海旅游产业综合效率的影响极为重要，前后相差3~5倍。甘肃、西藏和海南的数据变化也在一倍左右。从原始数据分析，这主要得益于这些省份碳排放这一非期望产出的水平非常低。此外，从表4-11可以看出，是否考虑碳排放对不同地区的旅游综合效率测算结果的影响差别很大，通过测算可得到变异系数达到2.09。

表 4-11　2000~2019 年全国各省份旅游综合效率累计变动率

省份	北京	天津	河北	山西	内蒙古	辽宁	吉林	黑龙江	上海	江苏	浙江
变动率	0.07	0.50	2.30	5.91	7.51	0.87	8.50	5.98	0.06	0.00	0.05
省份	安徽	福建	江西	山东	河南	湖北	湖南	广东	广西	海南	重庆
变动率	3.55	0.61	3.94	0.17	0.62	1.14	2.23	0.02	3.71	16.52	3.79
省份	四川	贵州	云南	西藏	陕西	甘肃	青海	宁夏	新疆	（全国）	
变动率	0.49	7.47	0.91	34.74	3.25	41.12	62.11	108.97	11.75	**4.64**	

表 4-12　部分省份是否考虑碳排放时 2000~2019 年的旅游综合效率均值

省份	宁夏	青海	甘肃	西藏	海南
不考虑	0.1776	0.2138	0.2428	0.5720	0.3784
考虑	0.9528	0.7861	0.4610	1.0000	0.6760

4.5.2　碳排放约束对旅游纯技术效率和规模效率的影响与分析

表 4-4、表 4-5 和表 4-8 分别给出了 31 个省份考虑碳排放与不考虑碳排放两种情况下旅游纯技术效率和规模效率的测算值。对比之后发现，碳排放约束对旅游纯技术效率的测算结果几乎没有影响，但对旅游规模效率的影响较大（见表 4-13）。所以本部分不再分析讨论碳排放约束对旅游纯技术效率的影响，将主要内容和分析的重点放在碳排放约束对旅游规模效率的影响上。

表 4-13　考虑碳排放前后技术效率与规模效率对比

是否考虑碳排放 年份		2000	2001	2002	2003	2004	2005	2006	2007	2008	2009	2010
TE	Y	0.448	0.425	0.477	0.615	0.623	0.641	0.665	0.697	0.694	0.664	0.680
	N	0.448	0.425	0.477	0.615	0.623	0.641	0.665	0.697	0.694	0.659	0.677
SE	Y	0.958	0.952	0.954	0.976	0.982	0.978	0.980	0.988	0.991	0.986	0.988
	N	0.604	0.657	0.636	0.676	0.772	0.800	0.821	0.846	0.813	0.865	0.869

续表

年份 是否考虑碳排放		2011	2012	2013	2014	2015	2016	2017	2018	2019	（均值）	
TE	Y	0.726	0.747	0.758	0.758	0.760	0.773	0.716	0.718	0.682	0.663	
	N	0.726	0.747	0.757	0.756	0.759	0.773	0.716	0.716	0.682	0.663	
SE	Y	0.987	0.990	0.978	0.970	0.970	0.946	0.912	0.911	0.937	0.967	
	N	0.874	0.898	0.891	0.888	0.889	0.842	0.807	0.799	0.809	0.803	

注：TE 代表纯技术效率，SE 代表规模效率，Y 代表考虑碳排放，N 代表不考虑碳排放。

对比考虑与不考虑碳排放时旅游规模效率的测算值可以发现，碳排放约束下的旅游规模效率要高于不考虑碳排放时的旅游规模效率，并且两种情况下旅游规模效率的时序特征也发生了变化（见图 4-5）。考虑到碳排放约束下的旅游规模效率要高于无碳排放约束下的旅游规模效率是由（非期望产出）数据处理方法使期望产出偏大导致的，所以不再进一步讨论。从时序特征的角度来看，碳排放约束下，旅游产业规模效率整体上一直处于较高水平，波动较小。结合非期望产出数据处理方法的特点并与不考虑碳排放时的旅游规模效率进行对比可以发现，2000~2009 年碳排放约束下旅游规模效率波动相对较小的主要原因是随着旅游规

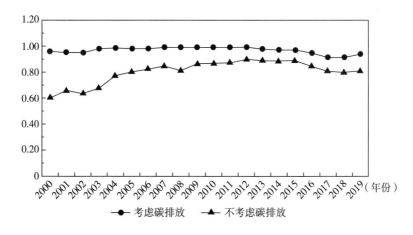

图 4-5　2000~2019 年碳排放约束下旅游产业效率的动态变化

模效率的增长，碳排放量也在持续增加。在旅游业前期的发展中，产出与投入的比例不能实现很高的规模效率，但在这个阶段中旅游业碳排放这一非期望产出也较少，将这部分考虑进去之后自然会使旅游规模效率提高。换个角度讲，随着旅游业的发展，产出与投入的比例逐渐改良，但随之而来的是碳排放这一非期望产出的增加，两个因素共同牵制着旅游规模的变动幅度。

表4-14为全国各省份2000~2019年旅游规模效率在考虑碳排放前后的差值，差值大小的变动可以反映出碳排放约束对特定地区旅游规模效率影响程度的时序变化特征，在此基础上对比不同地区的结果，可以得出碳排放约束对旅游规模效率影响的空间特征。碳排放约束对不同地区旅游规模效率的影响程度有较大差异。受碳排放约束影响较大的地区主要是不考虑碳排放时旅游规模效率较低且碳排放量相对比较少的地区，如西藏自治区、甘肃省、青海省和宁夏回族自治区等；受碳排放约束影响较小的地区主要是不考虑碳排放时旅游规模效率同样较高的地区，如北京、天津、上海、江苏和浙江等地区。

表4-14　2000~2019年全国各省份旅游规模效率在考虑碳排放前后的差值

年份 省份	2000	2001	2002	2003	2004	2005	2006	2007	2008	2009
北　京	0.000	0.000	0.000	0.066	0.000	0.000	0.000	0.000	0.000	0.000
天　津	0.000	0.000	0.000	0.000	0.000	0.000	0.000	0.000	0.000	0.000
河　北	0.219	0.150	0.328	0.439	0.074	0.065	0.039	0.017	0.080	0.024
山　西	0.568	0.375	0.479	0.608	0.379	0.246	0.144	0.085	0.060	0.009
内蒙古	0.726	0.614	0.604	0.249	0.121	0.078	0.060	0.022	0.079	0.025
辽　宁	0.193	0.093	0.104	0.239	0.019	0.005	0.000	0.000	0.000	-0.117
吉　林	0.673	0.551	0.562	0.548	0.456	0.247	0.206	0.139	0.110	0.032
黑龙江	0.381	0.222	0.316	0.442	0.364	0.309	0.236	0.159	0.112	0.086
上　海	0.000	0.000	0.000	0.000	0.000	0.000	0.000	0.000	0.017	0.014
江　苏	0.004	0.000	0.000	0.001	0.000	0.000	0.000	0.000	0.000	0.000
浙　江	0.000	0.000	0.000	0.010	0.008	0.000	0.000	0.000	0.013	0.005
安　徽	0.386	0.318	0.413	0.348	0.133	0.096	0.114	0.132	0.118	0.083
福　建	0.115	0.070	0.073	0.041	0.030	0.040	0.046	0.009	0.040	0.015
江　西	0.535	0.463	0.364	0.094	0.085	0.100	0.112	0.164	0.177	0.070
山　东	0.000	0.000	0.000	0.141	0.000	0.000	0.000	0.000	0.004	0.001

续表

年份 省份	2000	2001	2002	2003	2004	2005	2006	2007	2008	2009
河　南	0.052	0.043	0.069	0.219	0.005	0.000	0.000	0.001	0.028	0.022
湖　北	0.136	0.069	0.108	0.169	0.047	0.044	0.041	0.075	0.098	0.059
湖　南	0.377	0.186	0.378	0.094	0.128	0.043	0.023	0.102	0.091	0.018
广　东	0.000	0.000	0.000	0.000	0.000	0.000	0.000	0.000	0.000	0.019
广　西	0.366	0.251	0.377	0.382	0.208	0.131	0.120	0.180	0.166	0.120
海　南	0.551	0.557	0.520	0.423	0.499	0.415	0.399	0.394	0.392	0.344
重　庆	0.464	0.318	0.275	0.259	0.093	0.103	0.116	0.120	0.164	0.094
四　川	0.105	0.064	0.093	0.034	0.026	0.000	0.000	0.047	0.056	0.010
贵　州	0.712	0.544	0.545	0.448	0.276	0.207	0.121	0.116	0.132	0.089
云　南	0.068	0.064	0.171	0.056	0.052	0.055	0.040	0.048	0.112	0.075
西　藏	0.869	0.822	0.527	0.652	0.618	0.559	0.479	0.218	0.911	0.346
陕　西	0.350	0.235	0.312	0.373	0.131	0.090	0.094	0.109	0.142	0.114
甘　肃	0.853	0.841	0.876	0.853	0.713	0.651	0.616	0.513	0.514	0.404
青　海	0.816	0.796	0.847	0.831	0.863	0.857	0.726	0.630	0.717	0.685
宁　夏	0.908	0.895	0.933	0.912	0.879	0.876	0.837	0.791	0.794	0.746
新　疆	0.557	0.605	0.562	0.368	0.320	0.304	0.360	0.347	0.377	0.378

年份 省份	2010	2011	2012	2013	2014	2015	2016	2017	2018	2019
北　京	0.000	0.000	0.000	0.000	0.000	0.000	0.000	0.000	0.000	0.000
天　津	0.000	0.000	0.000	0.011	0.027	0.019	0.060	0.075	0.102	0.119
河　北	0.020	0.009	0.010	0.015	0.013	0.000	0.000	0.007	0.009	0.005
山　西	0.008	0.005	0.000	0.000	0.000	0.000	0.000	0.000	0.000	0.000
内蒙古	0.023	0.011	0.023	0.052	0.034	0.027	0.084	0.121	0.037	0.111
辽　宁	−0.107	−0.014	0.000	0.000	0.000	0.000	0.000	0.000	0.049	0.000
吉　林	0.030	0.059	0.035	0.092	0.038	0.023	0.039	0.073	0.098	0.130
黑龙江	0.080	0.119	0.095	0.119	0.192	0.123	0.201	0.186	0.214	0.225
上　海	0.000	0.000	0.000	0.000	0.000	0.025	0.007	0.000	0.000	0.000
江　苏	0.000	0.000	0.000	0.000	0.000	0.000	0.000	0.000	0.000	0.000
浙　江	0.009	0.000	0.000	0.000	0.000	0.000	0.000	0.000	−0.025	0.000
安　徽	0.077	0.060	0.038	0.001	0.000	0.000	0.000	0.000	0.004	0.011
福　建	0.012	0.004	0.012	0.010	0.010	0.001	0.008	0.013	0.008	0.015

续表

年份 省份	2010	2011	2012	2013	2014	2015	2016	2017	2018	2019
江　西	0.032	0.087	0.066	0.038	0.022	0.000	0.000	0.000	0.000	0.007
山　东	0.000	0.000	0.000	0.000	-0.045	-0.017	0.000	0.000	0.000	0.000
河　南	0.020	0.025	0.020	0.016	0.016	0.000	0.000	0.000	0.000	0.000
湖　北	0.057	0.032	0.029	0.009	0.008	0.000	0.000	0.000	0.007	0.026
湖　南	0.015	0.003	0.054	0.000	0.000	0.000	0.000	0.000	0.000	0.000
广　东	0.000	0.000	0.000	0.000	0.000	0.000	0.000	0.000	0.000	0.000
广　西	0.058	0.112	0.011	0.013	0.011	0.003	0.008	0.015	0.011	0.000
海　南	0.374	0.387	0.339	0.347	0.319	0.374	0.433	0.398	0.415	0.465
重　庆	0.113	0.106	0.071	0.091	0.083	0.031	0.075	0.072	0.075	0.067
四　川	0.008	0.002	0.000	0.000	0.000	0.000	0.000	0.000	0.000	0.000
贵　州	0.103	0.088	0.035	0.000	0.000	0.000	0.000	0.000	0.000	0.000
云　南	0.016	0.006	0.023	0.018	0.013	0.000	0.000	0.000	0.000	0.000
西　藏	0.311	0.066	0.000	0.069	0.152	0.170	0.254	0.356	0.429	0.752
陕　西	0.106	0.090	0.067	0.061	0.051	0.005	0.013	0.015	0.022	0.031
甘　肃	0.498	0.391	0.306	0.225	0.151	0.180	0.301	0.254	0.271	0.259
青　海	0.730	0.758	0.591	0.557	0.466	0.613	0.667	0.699	0.739	0.768
宁　夏	0.751	0.780	0.774	0.737	0.730	0.757	0.794	0.782	0.806	0.792
新　疆	0.345	0.344	0.252	0.227	0.246	0.162	0.260	0.199	0.202	0.173

4.6　碳排放约束下旅游产业全要素生产率的时空演化特征

4.6.1　旅游产业全要素生产率的测算

　　运用 DEAP2.1 软件的 CCR 模型和 BCC 模型对旅游产业效率的测算和分析为静态的、间断状态下的比较分析，难以反映出旅游效率随着时间发展表现出来的连续性变化特征。因此，本部分将借助 MI 模型这一产业效率跨时期动态评价方法对旅游产业全要素生产率的时序变化特征进行分析（章祥苏和贵斌威，2008）。

本部分运用 DEAP2.1 软件实现旅游产业 MI 的测算和分解，模型的数据来源与碳排放约束下旅游综合效率测算模型的数据保持一致。2000~2019 年旅游产业效率的 MI 和各省份旅游产业效率的 MI 分解结果分别见表 4-15 和表 4-16。

4.6.2 旅游产业 Malmquist 指数的时序变化特征分析

从表 4-15 中可以发现，2000~2019 年碳排放约束下的旅游产业全要素生产率变动指数 MI 大多数超过了 1.0，少数小于 1.0 的 MI 也保持在 0.9 以上。MI 的均值为 1.075，说明 2000~2019 年碳排放约束下的旅游产业全要素生产率以平均每年 7.5% 的速度增长。

表 4-15　碳排放约束下 2000~2019 年我国旅游产业全要素生产率的 Malmquist 指数分解

年份	TEch	TECHch	PEch	SEch	Malmquist 指数
2000~2001	0.930	1.009	0.937	0.992	0.938
2001~2002	1.165	0.837	1.163	1.002	0.975
2002~2003	1.392	1.122	1.346	1.034	1.561
2003~2004	1.012	0.924	1.005	1.007	0.935
2004~2005	1.037	1.021	1.042	0.995	1.059
2005~2006	1.059	1.005	1.055	1.003	1.064
2006~2007	1.074	1.004	1.064	1.009	1.078
2007~2008	1.002	0.971	0.999	1.003	0.973
2008~2009	0.935	1.014	0.940	0.995	0.948
2009~2010	1.042	1.057	1.041	1.001	1.101
2010~2011	1.073	1.082	1.074	1.000	1.161
2011~2012	1.040	1.028	1.037	1.003	1.069
2012~2013	0.999	1.031	1.012	0.987	1.031
2013~2014	0.984	1.048	0.993	0.990	1.031
2014~2015	1.009	1.046	1.009	1.000	1.056
2015~2016	0.989	1.152	1.018	0.972	1.139
2016~2017	0.865	1.334	0.906	0.954	1.153
2017~2018	0.996	1.180	1.000	0.996	1.175
2018~2019	0.973	1.146	0.949	1.026	1.116
均　值	1.025	1.048	1.027	0.998	1.075

如图 4-6 对碳排放约束下旅游产业效率分解成分的动态变化进行比较，技术进步的变化（TECHch）与纯技术效率的变化（PEch）整体表现较好，多数时间段的指数大于 1.0，均值分别为 1.048 和 1.027。规模效率变化（SEch）表现最为平稳，指数的值始终保持在 0.95~1.05，但整体均值为 0.998，小于 1.0。说明碳排放约束下旅游产业全要素生产率的提高，技术进步发挥的作用最大，纯技术效率也起到正向促进作用，而规模效率变化虽然不太明显，但总体上限制了旅游产业全要素生产率的进一步提高。

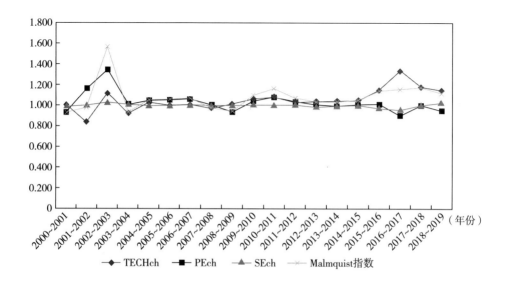

图 4-6　碳排放约束下 2000~2019 年我国旅游产业效率的动态变化

4.6.3　旅游产业 Malmquist 指数的空间差异特征分析

表 4-16 是对全国各省份碳排放约束下旅游产业效率 Malmquist 指数的分解结果及变异系数。Malmquist 指数大于 1.0 的地区共有 24 个，说明大部分地区碳排放约束下的旅游产业全要素生产率在增长。其中，辽宁、浙江、云南、河北、江苏、四川、山东、福建、湖南、内蒙古、江西、广西和河南 13 个地区的 Malmquist 指数均在 1.10 以上，说明这些区域的碳排放约束下的旅游全要素生产率每年的增长速度超过了 10%。从各地区 Malmquist 指数分解后各部分的变异系数结果来看，导致各地区全要素生产率变动大小的主要因素是技术进步的变化，

这也与旅游产业 Malmquist 指数的时序变化特征分析得到的结论一致。因此，应该注重改善旅游产业全要素生产率增长状况不佳地区的技术能力以促进不同区域旅游业的均衡发展。

表 4-16 碳排放约束下全国各省份旅游产业效率的 Malmquist 指数分解

省份	TEch	TECHch	PEch	SEch	Malmquist 指数
北　京	0.955	1.023	0.955	1.000	0.977
天　津	0.966	1.073	0.966	0.999	1.036
河　北	1.073	1.092	1.071	1.002	1.171
山　西	1.058	1.018	1.057	1.001	1.077
内蒙古	1.044	1.088	1.044	1.000	1.136
辽　宁	1.070	1.125	1.069	1.001	1.203
吉　林	1.050	1.009	1.049	1.001	1.060
黑龙江	1.016	0.983	1.017	0.999	0.999
上　海	0.955	1.075	0.958	0.997	1.027
江　苏	1.024	1.139	1.059	0.967	1.166
浙　江	1.051	1.134	1.056	0.995	1.191
安　徽	1.040	1.056	1.037	1.002	1.097
福　建	1.006	1.135	1.006	1.000	1.141
江　西	1.034	1.092	1.032	1.001	1.129
山　东	1.040	1.118	1.047	0.994	1.162
河　南	1.031	1.071	1.030	1.001	1.104
湖　北	1.018	1.060	1.018	1.000	1.079
湖　南	1.058	1.074	1.056	1.002	1.137
广　东	0.986	1.101	1.000	0.986	1.085
广　西	1.059	1.046	1.057	1.003	1.108
海　南	1.002	0.984	1.009	0.993	0.987
重　庆	0.983	1.059	0.983	1.000	1.041
四　川	1.044	1.114	1.043	1.001	1.163
贵　州	1.042	1.041	1.041	1.001	1.085
云　南	1.064	1.111	1.066	0.999	1.182
西　藏	1.000	0.973	1.000	1.000	0.973
陕　西	1.034	1.044	1.034	1.000	1.079

省份	TEch	TECHch	PEch	SEch	Malmquist 指数
甘　肃	1.024	0.957	1.023	1.000	0.980
青　海	1.024	0.881	1.024	1.000	0.902
宁　夏	1.019	0.899	1.019	1.000	0.917
新　疆	1.033	0.993	1.032	1.001	1.025
变异系数	**0.031**	**0.063**	**0.031**	**0.007**	**0.075**

4.7　本章小结

　　碳排放约束下旅游效率评估是反映我国旅游业发展效率与质量的重要依据。借助数据包络分析软件 DEAP2.1 对考虑碳排放前后两种情况下的旅游效率进行测算后，通过对比分析讨论了碳排放约束对我国旅游效率的影响，并进一步运用 Malmquist 指数法分析旅游产业的全要素生产率。结果表明：我国旅游产业综合效率的空间均衡性较差，且面临着因旅游纯技术效率与旅游规模效率同时下降的风险。技术进步、纯技术效率和规模效率对碳排放约束下旅游产业全要素生产率提高的贡献程度依次减小。由于本部分对非期望产出的处理方法会使碳排放约束下旅游效率的测算值高于真实值，这使相关讨论被限制在了对比分析的基础上，无法对单一样本的数据进行评价，有待在未来的研究中进一步深化。

第5章 我国低碳旅游产业效率的
影响因素分析

5.1 研究方法与影响因素选择

5.1.1 Tobit 模型构建

Tobit 模型是由美国经济学家 Tobin 在 1958 年提出的，主要用于解释截尾型且非负的因变量与自变量的相互联系。因为用 DEA 模型测算出的旅游产业综合效率、纯技术效率及规模效率的数值离散分布在 0~1，所以在此基础上进行的影响因素分析属于因变量受限的回归分析模型，应通过极大似然估计的方式以更好地规避普通最小二乘法有可能引起的参数估计有偏或不一致（李根等，2019）。因此本部分通过极大似然估计的 Tobit 模型对旅游效率影响因素进行分析，分别构建旅游综合效率（OE）、旅游纯技术效率（TE）和旅游规模效率（SE）关于 CYJG（x_1）、JTBLCD（x_2）、JJFZSP（x_3）、DWKFCD（x_4）和 KJFZSP（x_5）五个影响因素的 Tobit 回归模型。对 x_2、x_3 和 x_4 采取对数处理的办法以消除异方差的影响，具体模型如下：

$$y_{OE} = Z_1 + \beta_{OE1}x_1 + \beta_{OE2}\ln x_2 + \beta_{OE3}\ln x_3 + \beta_{OE4}\ln x_4 + \beta_{OE5}x_5 + \mu_{OEi} \tag{5-1}$$

$$y_{TE} = Z_2 + \beta_{TE1}x_1 + \beta_{TE2}\ln x_2 + \beta_{TE3}\ln x_3 + \beta_{TE4}\ln x_4 + \beta_{TE5}x_5 + \mu_{TEi} \tag{5-2}$$

$$y_{SE} = Z_3 + \beta_{SE1}x_1 + \beta_{SE2}\ln x_2 + \beta_{SE3}\ln x_3 + \beta_{SE4}\ln x_4 + \beta_{SE5}x_5 + \mu_{SEi} \tag{5-3}$$

其中，y 是因变量，y_{OE}、y_{TE} 和 y_{SE} 分别代表旅游产业的综合效率、纯技术效率和规模效率；z 是回归方程的常数项；β 为各变量对应效率下的回归系数；i 是决策单元数；μ_i 是残差。

5.1.2 影响因素的选取

国内对旅游效率影响因素的研究近几年逐渐增多，本部分通过文献梳理得到部分指标选取比较具有代表性的文献，见表5-1。刘雨婧和唐健雄（2022）研究发现经济水平、产业结构、政府规制、教育水平和旅游资源禀赋等因素与旅游业的绿色发展效率之间存在显著正向关系，且各因素对旅游业绿色发展效率的影响程度、作用机理和条件有较强的空间差异。何俊阳等（2016）用包含突发事件、产业结构（或旅游业比重）、区位与交通条件、服务设施及接待条件、旅游资源禀赋和经济开放水平六个影响因素的面板数据进行实证分析后发现，旅游业占当地GDP的比重、交通条件、旅游相关服务设施配套情况、旅游资源禀赋及经济开放的水平等因素均对入境旅游业的发展效率产生不同程度的正向影响，而突发事件则会对入境旅游的发展产生显著的消极作用。龚艳等（2016）从经济发展水平、科技发展水平、旅游产业结构、对外开放程度和交通便利程度五个方面研究长江经济带旅游业综合效率的影响因素，结果发现经济发展的水平和旅游业自身产业结构两个因素对旅游业的综合效率起着非常明显的正向促进作用，科技发展水平则对旅游业的综合效率产生了负面影响，而交通便利程度与对外开放程度两个因素在不同省份出现了不同影响。何俊阳等（2015）通过对湖南省旅游业运营效率的影响因素进行实证研究发现，旅游资源丰度对旅游业技术效率的影响最为显著，区域经济发展水平与区位条件两个因素的影响程度次之，人力资本和技术创新的影响程度相对最小。曹芳东等（2014）分析了经济发展水平、市场化程度等多因素作用下的旅游效率空间格局的演化，认为经济发展水平、旅游资源禀赋、交通发展情况、旅游业的产业结构、信息技术及制度供给等是影响旅游效率重心发生偏移的重要因素。

表5-1 部分文献对旅游效率影响因素的选择

文献	研究对象	影响因素	具体指标
刘雨婧和唐健雄（2022）	31个省份	经济发展水平、产业结构、技术创新程度、政府规制、对外开放程度、教育水平、旅游资源禀赋	人均GDP、第三产业占GDP比例、每万人拥有国内专利授权数、环境污染治理额占固定资产投资的比例、地区进出口贸易总额占GDP的比例、每百万人高等院校在校学生数，以及用世界遗产、国家级风景名胜区、国家自然保护区、国家地质公园、国家级非物质文化遗产、3A级以上景区等高质量旅游资源（通过赋值法表征旅游资源优势度）

续表

文献	研究对象	影响因素	具体指标
何俊阳等（2016）	包含内陆九省和港澳两个地区的泛珠三角区域	突发事件、产业结构（或旅游业比重）、区位与交通条件、服务设施及接待条件、旅游资源禀赋、经济开放水平	突发事件虚拟变量 D（相关年份发生突发事件，其值取 1，否则取 0）、旅游业产值在地区 GDP 中的比重、国际机场数、三星级以上饭店和国际旅行社的数量、2A 级以上景区数量、国家级风景名胜区数量、世界遗产数量、外贸依存度＝进出口总额/国内生产总值
龚艳等（2016）	长江经济带11个省份	经济发展水平、交通便利程度、旅游产业结构、对外开放程度、科技发展水平	GDP/总人口、（公路里程＋铁路里程）/土地面积、旅游总收入/GDP、进出口商品总值/GDP、专利申请批准量/专业技术人员数
何俊阳等（2015）	湖南省	地区经济发展水平、技术创新、人力资本、区位条件、服务接待能力、旅游资源丰度	用省内各地区的人均 GDP、与旅游产业相关的三种类型专利的申请总量、各地区大中专院校旅游专业的毕业生数量、相关地区内的高速公路里程数、星级饭店和旅行社的数量、旅游资源丰度
曹芳东等（2014）	国家级风景名胜区	经济发展水平、市场化程度、交通条件、科技信息水平、资源禀赋、产业结构、制度供给等	人均 GDP、入境旅游收入占第三产业比重、景区平均通达性、各省邮电业务总量占全国邮电业务总量比重以及不同省份的国家级风景名胜区、国家级重点文物保护单位、国家级森林公园、国家级自然保护区、历史文化名城五项指标通过熵值法得到的综合得分、旅游产业占地区生产总值的比重、工业总产值中的非国有企业所占的比重

　　通过对以上学者研究成果的分析，以及充分考虑到相关指标对应数据可获得性的情况下，本部分从产业结构、交通便利程度、经济发展水平、对外开放程度和科技发展水平五个方面对旅游业效率的影响因素进行分析（见表 5-2）。

表 5-2　低碳旅游效率影响因素的选取

影响因素	具体指标	符号
产业结构	第三产业 GDP 占比	CYJG
交通便利程度	公路网密度	JTBLCD
经济发展水平	人均生产总值	JJFZSP
对外开放程度	外商投资额	DWKFCD
科技发展水平	每亿元旅游收入能耗量	KJFZSP

（1）产业结构

从产业结构的层面来讲，产业所占比重是直接体现一项产业对当地经济重要发展程度的指标。产值规模大或者产值占比不断增加的产业往往能够获得政府的重视，取得更多政策上甚至资金上的支持，有助于进一步提高产业效率。本部分采用第三产业 GDP 占比来体现产业结构，以此验证产业结构对旅游产业综合效率的影响。

（2）交通便利程度

交通是否便利直接影响着游客的出游体验，良好的交通条件能够在降低游客时间成本的同时，为旅游目的地吸引到更多的游客，在合理的范围内对旅游业的规模和效率都有可能产生较大影响，因此是本部分要研究的影响旅游业产业效率的重要因素之一。本部分采用公路网密度反映交通的便利程度，探究交通便利程度对旅游产业效率的影响。

（3）经济发展水平

旅游业的发展既需要消费者有足够的消费能力，又需要开发者有充足的资金进行目的地开发，还要求旅游目的地所在地区有足够的财政支持投入服务设施的建设，而同时与这三点相关联的因素是当地的经济发展水平。因此，经济发展水平也是旅游产业效率影响因素分析的重要组成部分。本部分采用人均生产总值作为反映经济发展水平的具体指标。

（4）对外开放程度

增加对外开放程度一方面能够通过吸引更多的游客增加旅游业的规模和收入，另一方面能够吸引到更多外来资金投入本地旅游业的建设中，并在引进外来资金的同时引进外来先进的技术和管理。因此，对外开放程度也是旅游产业效率影响因素分析的一个重要方面，本部分采用外商投资额体现对外开放程度。

（5）科技发展水平

改进技术是提高产业效率的基本方式之一，所以科技发展水平的高低也会影响旅游业的发展。旅游业作为一个综合性很强的产业，当科技水平的提高带动部分与旅游相关产业效率提高的同时，旅游产业的效率会随之提高。在碳排放约束下，节能技术是目前各行业提高能源效率的关键，本部分采用每亿元旅游收入能耗量作为衡量科技发展水平的具体指标，以此分析其对旅游产业效率的影响。

5.1.3 数据来源

低碳旅游效率数据来自第 4 章的计算结果，第三产业 GDP 占比、公路网密度、人均生产总值、外商投资额等数据主要来源于历年《中国统计年鉴》及各省份统计年鉴；每亿元旅游收入能耗量中，能耗量数据来源于第 3 章的计算结果，旅游收入数据来源与第 3 章相同。

5.2　碳排放约束下旅游产业效率的 Tobit 回归

5.2.1　数据的单位根检验和协整性检验

本部分使用 Stata16.0 软件进行 Tobit 回归分析。为了避免数据处理的过程中出现伪回归的情况，在进行回归分析之前先对数据进行单位根检验以验证数据的平稳性，然后进行协整检验以验证变量间是否具有协整关系。使用 Stata16.0 软件对各变量进行 LLC 和 Fisher-ADF 两种单位根检验，结果见表 5-3。各变量均通过了两种单位根检验，说明各变量都具有一定的平稳性。然后对各变量做 Kao检验、Pedroni 检验和 Westerlund 检验，结果见表 5-4。除了公式（5-3）的Kao 检验未通过以外，其余检验结果均表现良好，因此认为旅游产业的综合效率、纯技术效率和规模效率与各影响因素之间都具有协整关系，可以进一步进行回归分析。

表 5-3　旅游效率及影响因素分析数据的单位根检验

	y_{OE}	y_{TE}	y_{SE}	x_1	$\ln x_2$	$\ln x_3$	$\ln x_4$	x_5
LLC	−4.5733	−4.0806	−1.7228	−2.4523	−2.3879	−3.2008	−4.1399	−9.2729
	0.0000	0.0000	0.0425	0.0071	0.0085	0.0007	0.0000	0.0000
Fisher-ADF	134.4528	156.4660	121.3231	206.7533	207.6458	120.4428	161.3447	325.0150
	0.0000	0.0000	0.0000	0.0000	0.0000	0.0000	0.0000	0.0000
结论	平稳	平稳	平稳	平稳	平稳	平稳	平稳	平稳

表 5-4　旅游综合效率及分解效率与影响因素的协整性检验

公式	Kao 检验		Pedroni 检验		Westerlund 检验		结论
公式 (5-1)	−1.0726	0.1417	5.6066	0.0000	21.0245	0.0000	存在协整 关系
	−1.2237	0.1105	−4.6346	0.0000			
	−1.7433	0.0406	−4.3772	0.0000			
	−2.3262	0.0100					
	−1.9632	0.0248					
公式 (5-2)	−1.3994	0.0809	5.3555	0.0000	20.7252	0.0000	存在协整 关系
	−1.6938	0.0451	−5.4024	0.0000			
	−2.316	0.0103	−5.0227	0.0000			
	−2.4013	0.0082					
	−2.2609	0.0119					
公式 (5-3)	0.1863	0.4261	5.3592	0.0000	19.5464	0.0000	存在协整 关系
	0.6284	0.2649	−11.1409	0.0000			
	−2.2922	0.0109	−11.0724	0.0000			
	−0.5997	0.2743					
	0.0533	0.4787					

5.2.2　低碳旅游产业综合效率 Tobit 回归结果

使用 Stata16.0 软件对旅游产业综合效率及各影响因素的数据进行 Tobit 回归，得到的结果见表 5-5。由回归结果可知除对外开放程度通过了 10% 的显著水平外，其余影响因素均通过了 1% 显著水平的检验。其中，x_1、$\ln x_4$、x_5 对 y_{OE} 的回归系数为负，$\ln x_2$ 和 x_3 的回归系数为正。考虑到 x_5（每亿元旅游收入能耗量）与科技发展水平负相关，所以产业结构和对外开放水平对旅游综合效率表现为负面影响，交通便利程度、经济发展水平和科技发展水平对旅游综合效率表现为正向影响。从影响程度上看，科技发展水平只需提高 0.1 个百分点就可以使旅游产业综合效率实现 8.79% 的提高，其对旅游产业综合效率影响程度远大于其余影响因素；经济发展水平对旅游综合效率的影响程度大小位居第二，经济发展水平每提高 1 个百分点，可以使旅游产业综合效率提升 10.86%；交通便利程度对旅游产业综合效率的影响程度排在第三位，交通便利程度每提高 1 个百分点，可以带动旅游产业综合效率 9.0% 的提升。对外开放水平对旅游产业综合效率的影响程度在五个影响因素中位居第四，且是负面影响作用，即对外开放水平每提高 1 个百分点会使旅游产业综合效率下降 4.26%；对旅游产业综合效率影响程度最小的因素是产业结构，是负面影响作用，每当第三产业 GDP 占比上升 1 个百分点，旅游产业综合效率仅下降 0.83%。

表 5-5　综合效率 Tobit 回归结果（y_{OE}）

自变量	回归系数	标准误差	Z 值	P 值
x_1	−0.0083	0.0017	−4.7500	0.0000
$\ln x_2$	0.0900	0.0306	2.9500	0.0030
$\ln x_3$	0.1086	0.0292	3.7200	0.0000
$\ln x_4$	−0.0426	0.0228	−1.8700	0.0610
x_5	−0.8786	0.2444	−3.6000	0.0000

5.2.3　低碳旅游产业纯技术效率 Tobit 回归结果

使用 Stata16.0 对旅游产业纯技术效率及各影响因素的数据进行 Tobit 回归，得到的结果见表 5-6。由表 5-6 回归结果可知除了对外开放程度的结果显著性不足以外，其余影响因素均通过了 5% 显著水平的检验。其中，x_1、x_5 对 y_{TE} 的回归系数为负，$\ln x_2$ 和 $\ln x_3$ 的回归系数为正。考虑到 x_5（每亿元旅游收入能耗量）与科技发展水平负相关，所以产业结构对旅游纯技术效率的影响表现为负面影响，而交通便利程度、经济发展水平和科技发展水平对旅游纯技术效率表现出正向影响，对外开放程度因显著性不足，所以在这部分不予考虑。从影响程度上来看，对旅游纯技术效率影响最大的是科技发展水平，科技发展水平每提高 0.1 个百分点，旅游产业的纯技术效率会相应地提高 8.24%；影响程度位于第二的因素是经济发展水平，当经济发展水平上升 1 个百分点时，会使旅游产业的纯技术效率提高 11.08%；排在第三位的是交通便利程度，每当交通便利程度提高 1 个百分点，旅游产业的纯技术效率就会随之提高 6.38%；排在最末的是产业结构，第三产业 GDP 占比每上升 1 个百分点会导致旅游产业纯技术效率出现 0.62% 的下降。从回归结果来看，各影响因素对旅游产业纯技术效率的影响整体上与对综合效率的影响结果相似，主要差别体现在对外开放水平对综合效率有显著影响，但对纯技术效率的影响并不显著。

表 5-6　纯技术效率 Tobit 回归结果（y_{TE}）

自变量	回归系数	标准误差	Z 值	P 值
x_1	−0.0062	0.0018	−3.3700	0.0010
$\ln x_2$	0.0638	0.0322	1.9800	0.0470
$\ln x_3$	0.1108	0.0304	3.6500	0.0000
$\ln x_4$	−0.0176	0.0235	−0.7500	0.4540
x_5	−0.8245	0.2602	−3.1700	0.0020

5.2.4　低碳旅游产业规模效率 Tobit 回归结果

同样使用 Stata16 对旅游产业规模效率及各影响因素的数据进行 Tobit 回归，得到的结果见表 5-7。由表 5-7 的数据可知，科技发展水平对旅游产业规模效率的影响不显著，经济发展水平因素在 10% 的水平内显著，其余影响因素均通过了 5% 显著水平的检验。科技发展水平的显著性不足，所以其对旅游产业规模效率的影响不予考虑。其他四项指标对应的变量中，x_1 和 $\ln x_4$ 的回归系数是负值，$\ln x_2$ 和 x_3 的回归系数是正值，所以产业结构和对外开放程度两个影响因素对旅游规模效率的影响表现为负面影响，交通便利程度和经济发展水平对旅游规模效率的影响表现为正面影响。从影响程度的角度看，对外开放程度对旅游产业规模效率的影响程度最大且为负面影响，即每当对外开放程度提高 1 个百分点，会导致旅游产业的规模效率下降 3.77%；交通便利程度对旅游产业规模效率的影响程度次之，每当交通便利程度提高 1 个百分点，便会带动旅游产业规模效率提高 2.47%；经济发展水平对旅游产业规模效率的影响程度位居第三，即每当经济发展水平提高 1 个百分点，旅游产业的规模效率便会提高 1.89%；对旅游产业规模效率影响程度最小的是产业结构，每当第三产业 GDP 占比提高 1 个百分点，就会导致旅游产业规模效率下降 0.19%。对比表 5-5 和表 5-6 的回归结果，表 5-7 所展示的各影响因素对旅游产业规模效率的影响与各影响因素对旅游产业综合效率和纯技术效率的影响差异较大。

表 5-7　规模效率 Tobit 回归结果（y_{SE}）

自变量	回归系数	标准误差	Z 值	P 值
x_1	−0.0019	0.0007	−2.6600	0.0080
$\ln x_2$	0.0247	0.0108	2.2900	0.0220
$\ln x_3$	0.0189	0.0100	1.8900	0.0590
$\ln x_4$	−0.0377	0.0079	−4.7700	0.0000
x_5	−0.1486	0.1018	−1.4600	0.1450

5.3　回归结果分析

将各因素对旅游产业综合效率、纯技术效率和规模效率的回归系数和影响方向归纳整理得到表 5-8。对比之后发现，产业结构和对外开放程度对旅游产业纯技术效率及旅游产业规模效率的影响均表现为负向影响，所以反映到综合效率中负向影响程度进一步增强。与此同时，需要注意的是，产业结构和对外开放程度对旅游效率的影响程度在五个因素中是最小的。虽然对外开放程度对规模效率的影响程度要大于交通便利程度和经济发展水平对规模效率的影响程度，但反映在综合效率中时，对外开放程度（0.0426）的负向影响程度不及交通便利程度（0.0900）和经济发展水平（0.1086）正向影响程度的一半，更无法和科技发展水平（0.8786）相提并论。因此，尽管第三产业 GDP 占比和对外开放程度两个因素会对旅游效率起到一定的负向影响，但考虑到其直接影响程度非常小；第三产业 GDP 占比增加和对外开放程度增大可能还会带动交通便利程度、经济发展水平和科技发展水平等对旅游效率有明显正向促进作用因素的发展，所以不能直接简单地认为通过降低第三产业 GDP 占比和减小对外开放程度就能够提高旅游产业效率。

表 5-8　各因素对旅游产业效率的影响程度及影响方向

	产业结构	交通便利程度	经济发展水平	对外开放程度	科技发展水平
OE	0.0083（负）	0.0900（正）	0.1086（正）	0.0426（负）	0.8786（正）

	产业结构	交通便利程度	经济发展水平	对外开放程度	科技发展水平
TE	0.0062（负）	0.0638（正）	0.1108（正）	／（／）	0.8245（正）
SE	0.0019（负）	0.0247（正）	0.0189（正）	0.0377（负）	／（／）

交通便利程度、经济发展水平和科技发展水平对旅游产业效率有比较明显的正向促进作用。其中，科技发展水平对旅游产业效率的促进作用最为明显，每当科技发展水平提高 1 个百分点就能够带动旅游产业纯技术效率实现 82.45% 的增长。但科技发展水平对旅游产业规模效率的影响并不显著，所以其主要是通过影响旅游产业纯技术效率进而影响旅游产业综合效率。考虑到本部分科技发展水平选取的指标是每亿元旅游收入能耗量（拍焦/亿元），所以想通过科技发展水平的提高增加旅游产业效率并不容易。经济发展水平对旅游效率的影响程度仅次于科技发展水平对旅游效率的影响程度。经济发展水平每提高 1 个百分点能够带动旅游产业纯技术效率和旅游产业规模效率分别实现 11.08% 和 1.89% 的增长，但反映到综合效率中的增长率为 10.86%，低于纯技术效率的增长，具体原因有待进一步研究。经济发展水平对旅游效率有正向显著促进作用，说明优质的旅游消费者不仅是旅游市场发展的基本动力来源，还是促进旅游效率提高的关键。充足的旅游消费可以在提高旅游市场规模的同时，通过提高旅游资源的利用效率带动旅游产业整体效率的进一步提高。交通便利程度对旅游产业纯技术效率和规模效率都有比较明显的促进作用，每当交通便利程度上升 1 个百分点，相应地就会使旅游产业的纯技术效率和规模效率分别提高 6.38% 和 2.47%，作用到综合效率上会使综合效率实现 9.00% 的增长。本部分反映交通便利程度的指标是公路网密度，在强调交通基础服务设施对旅游业规模有重要作用的基础上，根据分析结果证明：可以通过增强交通便利程度进而改善基础服务设施，最终提高旅游效率。

5.4　本章小结

本章从产业结构、交通便利程度、经济发展水平、对外开放程度和科技发展水平五个角度选取相关的指标作为研究的解释变量，以旅游综合效率、旅游纯技术效率及旅游规模效率作为被解释变量，使用 Tobit 回归模型对我国旅游效率的影响因素进行了分析。结果表明，除对外开放程度对纯技术效率无显著影响，及科技发展水平对旅游产业规模效率无显著影响以外，各因素对旅游效率均有不同程度的影响。影响旅游产业低碳效率的因素较为复杂，受到数据可获得性的限制，各因素的具体指标数量较少，相关结论有待后续研究者利用更丰富数据进行验证和修正。

第6章 我国旅游产业低碳发展实践：现状与案例分析

6.1 我国旅游产业低碳发展实践现状

6.1.1 政策措施

我国坚持走生态优先、绿色低碳的发展道路，将生态文明建设写入了《中华人民共和国宪法》。近年来，国家相关部门制定并实施了一系列政策和行动措施推动经济社会的低碳发展。例如 2021 年 10 月，国务院印发的《2030 年前碳达峰行动方案》明确了能源绿色低碳转型行动、节能降碳增效行动、工业领域碳达峰行动、城乡建设碳达峰行动、交通运输绿色低碳行动、循环经济助力降碳行动、绿色低碳科技创新行动、碳汇能力巩固提升行动、绿色低碳全民行动和各地区梯次有序碳达峰行动十项"碳达峰"重点任务，主要涉及能源利用、工农生产、交通运输等碳排放主要来源领域。旅游业的综合性较强，产业链复杂，目前与其低碳发展相关的政策文件主要对交通、住宿和餐饮等旅游业相关要素提出了发展要求，缺少对旅游业低碳发展的整体规划。与我国旅游业低碳发展相关的部分政策文件见表 6-1。

表 6-1 与我国旅游业低碳发展相关的政策文件

发布时间	政策文件名称	发布机构	相关内容
2017 年 1 月	《"十三五"节能减排综合工作方案》	国务院	推动零售、批发、餐饮、住宿、物流等企业建设能源管理体系，建立绿色节能低碳运营管理流程和机制；完善绿色饭店标准体系，推进绿色饭店建设，等等

续表

发布时间	政策文件名称	发布机构	相关内容
2020 年 11 月	《关于深化"互联网+旅游"推动旅游业高质量发展的意见》	文化和旅游部、国家发展改革委、教育部等十部门	加快推动绿色低碳发展
2021 年 2 月	《关于加快建立健全绿色低碳循环发展经济体系的指导意见》	国务院	倡导酒店、餐饮等行业不主动提供一次性用品，提升交通系统智能化水平，积极引导绿色出行等
2021 年 10 月	《关于完整准确全面贯彻新发展理念做好碳达峰碳中和工作的意见》	中共中央、国务院	加快推进低碳交通运输体系建设等
2021 年 10 月	《2030 年前碳达峰行动方案》	国务院	重点实施包括交通运输绿色低碳行动在内的"碳达峰十大行动"
2021 年 12 月	《"十四五"旅游业发展规划》	国务院	合理利用自然资源，加快推动绿色低碳发展等
2022 年 2 月	《关于完善能源绿色低碳转型体制机制和政策措施的意见》	国家发展改革委、国家能源局	完善交通运输领域能源清洁替代政策等
2022 年 7 月	《关于促进乡村民宿高质量发展的指导意见》	文化和旅游部、公安部、自然资源部、生态环境部等十部门	引导村民和乡村民宿经营主体共同参与农村人居环境建设和管护，倡导低碳环保经营理念
2022 年 11 月	《关于推动露营旅游休闲健康有序发展的指导意见》	文化和旅游部、中央文明办、国家发展改革委等十四部门	增强人民群众文明露营意识，推广"无痕露营"；坚持绿色发展理念，倡导低碳环保、生态自然等绿色旅游发展模式

资料来源：整理自相关政府部门网站公开信息。

6.1.2　发展成效

在国家大力推动和地方的积极响应下，我国旅游业低碳发展初见成效。低碳景区、低碳交通和低碳酒店，以及国家公园发展建设是各地旅游业低碳转型的重点。

（1）低碳旅游景区

各地政府为推进低碳旅游景区建设进行了积极探索。早在 2014 年，四川省广元市政府便将剑门关—翠云廊景区、唐家河景区、曾家山景区确定为广元市第一批低碳旅游试点景区，对广元市旅游景区的低碳发展起到引领作用。2017 年，《广元市低碳旅游景区标准》经四川省质量技术监督局审核，批准为四川省区域性地方标准，并于当年 11 月 1 日起开始执行。江苏省镇江市也在低碳旅游景区建设方面进行了积极尝试，并取得了较为丰硕的成果。2019 年，镇江市出台了《镇江市低碳景区评价细则（试行）》，从低碳管理、低碳环境、低碳技术、低碳设施和低碳文化五个方面评估景区的低碳发展水平。2019 年 12 月，镇江市确定了首批共六个低碳旅游区试点单位，分别是茅山景区（三星级）、宝华山景区（二星级）、世业洲旅游度假区（二星级）、米芾书法公园（一星级）、扬中园博园（一星级）和江苏茶博园（一星级）。2022 年 9 月 10 日，镇江市市场监督管理局批准发布《低碳景区评价体系》（标准号：DB3211/T 1045-2022），以地方标准的形式规定了低碳景区的等级划分标准和评价指标体系。

（2）低碳旅游交通

国家统计局公布的 2022 年旅客周转量数据显示，铁路、民用航空和公路是旅游交通的主要方式，分别达到 6577.53 亿人公里、3913.75 亿人公里和 2407.54 亿人公里。化石燃料的使用是旅游交通直接碳排放的主要来源，提高化石燃料利用效率和使用替代化石燃料的能源是旅游低碳发展的关键。据公安部统计，2022 年全国新注册登记的汽车中，新能源汽车的数量为 535 万辆（占比 23.05%），较 2021 年增加了 240 万辆，增长率达 81.48%。新能源汽车的快速普及将极大程度降低碳排放。

轨道交通、公交和民用航空的低碳发展也取得了显著成效。根据国家铁路局公布的信息，2012~2021 年铁路电气化率从 52.3% 上升至 73.3%。《宁波轨道交通绿色城轨发展行动方案》评审发布、全球首条轨道交通零碳运营线路——宜宾智轨 T1 线建成等，这些消息都体现出地方轨道交通系统的低碳转型。

公交车是除出租车外旅游道路交通的主要工具。2019 年 5 月，财政部、交通运输部、工业和信息化部、国家发展改革委联合发布《关于支持新能源公交车推广应用的通知》，有效推动了全国各地道路公交系统的低碳发展。国务院 2021 年 12 月印发的《"十四五"现代综合交通运输体系发展规划》显示，2020 年我国城市新能源公交车辆占比已达 66.2%，预计在 2025 年达到 72.0%。一些城市新能源公交车占比已达 100%，部分清洁能源和新能源公交车占比高的城市见表 6-2。

表 6-2　部分清洁能源和新能源公交车占比高的城市

地区	数据年份	占比（%）
深圳	2018	100
杭州	2019	99
长沙	2019	97
西安	2020	100
海口	2021	100
郑州	2021	100
济南	2022	100
沈阳	2023	100

注：杭州、济南分别为主城区和中心城区数据。

资料来源：整理自各地政府网站公开信息。

　　我国民用航空局发布的《2022 中国民航绿色发展政策与行动》（以下简称《行动计划》）显示，我国 2019 年机场每客二氧化碳排放比 2013～2015 年的均值下降 22.1%，民用航空低碳发展取得了显著成果。此外，《行动计划》确定了我国民用航空绿色低碳发展的十大重点行动和到 2035 年机场碳排放逐步进入峰值平台期的目标。

　　值得注意的是，2023 年 1 月，国家能源局发布的 2022 年全国电力工业统计数据显示，2022 年全国发电装机容量累计 256405 万千瓦，其中火电占比超过半数，为 133239 万千瓦。因此，电力能源交通工具的推广虽然能使旅游交通的直接碳排放显著降低，但却有可能使间接碳排放增加。

　　（3）低碳酒店

　　虽然我国目前并没有统一的酒店住宿业的碳排放核算标准，难以通过数据反映酒店的低碳发展成效，但低碳酒店项目数量的日益增多，表明我国酒店住宿业的低碳发展正在向好发展。以海南省三亚市低碳能源综合利用示范区为例，该项目 2021 年 9 月正式投产，向整个海棠湾区域包括酒店在内的公共建筑提供集中供冷服务，海棠湾区域已使用该项目服务的酒店每年可降低"碳足迹"2690 吨（三亚日报数字报，2022）。此外，还有获得北京绿色交易所"低碳酒店"认证的宁波市中林南苑云上清溪酒店，取得中国质量认证中心、上海环境能源交易所碳中和认证的上海艾迪逊酒店及由中国质量认证中心签发"碳中和"证书的丽水市蔷薇城堡酒店等。

2018 年，文化和旅游部发布的《关于提升假日及高峰期旅游供给品质的指导意见》要求加大旅游新业态建设，并明确了文化体验游、乡村民宿游、休闲度假游、生态和谐游、城市购物游、工业遗产游、研学知识游、红色教育游、康养体育游、邮轮游艇游、自驾车房车游共计 11 个重点开发的旅游新业态。其中，民宿游、康养旅游和自驾游与低碳旅游景区、低碳旅游交通和低碳酒店的发展关系密切，且在近几年实现了较快的产业规模增长。因此，我国低碳旅游的发展应对民宿、康养旅游和自驾游给予重点关注。由于自驾游的普及和其他相关因素，我国掀起了"露营热"。2022 年 9 月 29 日，国务院办公厅转发财政部、国家林草局（国家公园局）《关于推进国家公园建设若干财政政策意见》，提出建立国家公园体制是生态文明和美丽中国建设的重大制度创新，支持生态系统保护修复、国家公园创建和运行管理、国家公园协调发展、保护科研和科普多项举措，推动构建以国家公园为主体的自然保护地体系。此外，我国自 1985 年成为《保护世界文化和自然遗产公约》的缔约国以来，不断在世界遗产旅游方面取得进步。低碳发展对于保护世界遗产的原貌和生态环境同样发挥着至关重要的作用。因此，本书选择对露营旅游、康养旅游、民宿旅游、国家公园旅游和世界遗产旅游的低碳发展案例进行分析。

6.2 我国旅游产业低碳发展实践及案例

6.2.1 露营旅游低碳发展实践及案例

（1）背景介绍

为落实《"十四五"旅游业发展规划》《国民旅游休闲发展纲要（2022—2030 年）》的有关要求，丰富旅游休闲产品供给，有序引导露营旅游休闲发展，不断满足人民群众对美好生活的需要，2022 年 11 月 21 日，文化和旅游部等 14 部门印发了《关于推动露营旅游休闲健康有序发展的指导意见》，提出：发展露营旅游要以文明旅游、绿色发展为基本原则，增强人民群众文明露营意识，推广"无痕露营"；坚持绿色发展理念，倡导低碳环保、生态自然等绿色旅游发展模式，引导人民群众亲近自然，保护生态环境。2022 年 11 月初，国家体育总局等 8 部门联合制定的《户外运动产业发展规划（2022—2025 年）》中，共有 14 处提及"露营"。一个月内国家部委连续发布两大文件关注露营产业，足见其对露营的重视程度，露营旅游逐步走向大众视野。关于露营旅游的定义，2016 年，《休闲露营地建设与服务规范》（以下简称《规范》）中将露营定义为"使用自备或租赁设备，以在野外临时住宿和休闲生活为主要目的的生活方式"。根据不同的分类标准，《规范》对露营进行了明确划分，具体见图 6-1。

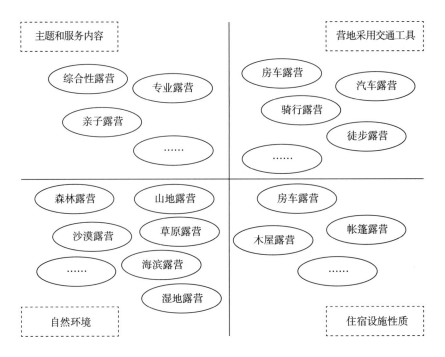

图 6-1　不同分类标准下露营划分

作为从小众走向大众的一项户外休闲活动，露营旅游已经成为人们旅游休闲度假的"新宠"。《中国户外运动营地产业发展报告 2023》显示，2023 年我国户外运动营地核心市场规模将达到 2060 亿元，预计 2025 年我国户外运动营地核心市场规模将超过 2900 亿元[①]。户外运动营地产业进入提质增效的新阶段，从占地、圈地的粗放投资发展阶段进入了内容创新和营运能力高质量发展阶段。因

---

① 数据截至 2023 年 11 月。

此，合理规划营地建设、积极倡导露营者绿色文明露营，能够为实现露营旅游的绿色低碳发展提供有益借鉴（中国旅游报，2023）。

（2）发展现状

通过阅读露营旅游低碳发展文本材料，本部分梳理国内露营旅游研究现状，结合当前国家宏观可持续发展战略，分析露营旅游低碳发展趋势，总结并归纳国内露营旅游低碳发展的相关研究内容。

我国露营旅游的发展历程主要经历了三个发展关键年：第一，2002 年——萌芽始发年。随着社会和经济水平的稳步提升，人们改变原有的生活方式和生活节奏，将旅游休闲作为提升人民群众获得感、幸福感、安全感的主要来源，人们萌发了对露营旅游的基本渴求。第二，2015 年——露营地建设元年。国家、地方政府和其他部门意识到露营旅游对于人民群众的影响，制定了相关政策和制度规范露营旅游行业发展，为露营者提供了安全保障和法律依托。第三，2016 年——露营旅游爆发年。相比 2015 年，国家和地方政府分别从审批、落实、政策资源等多维角度规范和鼓励全国露营地建设，从地方土地政策的开发、使用和运营，以及露营旅游市场的规范和完善方面，为露营地基础设施建设和服务规范体系创造了经营条件。我国露营地建设的主要地区为长江三角洲经济圈、珠江三角洲经济圈和环渤海经济圈，三个经济圈营地建设与西南的生态环境和西北的丝绸之路形成旅游消费路线呼应（张鸿睿，2017）。

除此之外，在"双碳"政策体系下，如何实现露营产业高质量的可持续发展是露营旅游发展需要考虑的关键问题。作为观光旅游向休闲度假旅游的过渡旅游形式，露营产业在"双碳"经济背景下面临诸多机遇和挑战。第一，绿色发展理念是露营旅游的必然选择，露营旅游低碳发展不仅要求露营者注意减排行为，而且要求在碳约束下实现露营旅游经济高质量进步。"双碳"政策有利于新能源产业、绿色产业等行业发展，为露营旅游低碳发展营造有利氛围，一方面，基于自然环境层面，双碳战略能够减少和约束露营者在露营活动中对自然环境造成的不良影响，增强露营旅游低碳发展韧性，为露营旅游低碳绿色创新驱动提供助力；另一方面，从社会经济角度来说，"双碳"战略的推广能够激励生态旅游、低碳旅游等健康绿色露营旅游发展模式，对于生态修复与自然环境建设、促进露营者回归自然、接触自然、亲近自然，使沉浸式体验自然与"深度游"露营及低碳发展有机融合，带动露营旅游业低碳发展，促进社会经济高水平稳步增长。第二，露营旅游低碳发展面临一些问题，如露营地供需不匹配，设施配套不齐全、露营地仍然存在安全隐患、露营者体验感不佳等。第三，对于露营者个体而言，露营旅游低碳发展的根本动因在于露营者低碳理念的形成和对环保的重视程度。一次性工具的使用，一些不注意垃圾妥善处理的露营者对自然环境造成伤害，对能够进行露营的户外公园环境造成污染。露营者对环境知识的掌握、环境价值观的形成与发展、环境素质的培育是露营旅游低碳发展的根本。因此在露营旅游快速发展的同时，以低碳目标为导向，这才是自然、国家、地方政府、露营地、露营者等多方利益共同体的最优选择。

（3）露营旅游低碳发展案例：龙山房车露营体验公园

本部分基于图6-1"不同分类标准下露营划分"，选取具有典型代表的房车露营作为露营旅游类型代表，根据不同露营旅游特征、存在的问题、基本设计原则等，以龙山房车露营体验公园作为露营旅游低碳发展案例（刘斌，2017）。

房车是汽车与休息室的有机集合体，是可移动的家庭设施，由卧室、休息室（娱乐厅）、开放式厨房和卫生间构成（武孟哲，2016）。房车安全性能良好，不仅是出行游玩的交通工具，还是露营旅游的住宿类型。房车营地类型可以按照功能属性对露营地进行分类，如停靠式房车营地能够满足露营者的基本露营需要，能够让房车进行停驻，同时能够进行露营旅游过程中的排污处理，为房车进行加油和基本维修检查工作。专业型房车营地能够满足露营者的多样化需求体验，不仅满足基本的房车停靠条件，还能进行露营者个体的舒适休憩体验。要在专业型房车基地设立不同的功能服务区，进行分功能体验。

但在露营旅游低碳发展过程中，特别是房车露营，由于交通工具的特殊性，对于露营旅游低碳发展而言仍然存在诸多问题，如房车露营过程中的汽车尾气排放、油烟气体排放及废水处理等，均对露营旅游低碳发展具有扼制作用。要在基于安全首位、经济实用性、可持续发展为基本原则的前提下，规划房车露营旅游低碳发展。

龙山房车露营体验公园依托安徽省芜湖市凤鸣湖风景区，集合龙山、凤鸣湖两个优美的自然生态地成为龙山房车露营体验公园吸引更多露营者进行露营旅游的最佳优势。当前龙山房车露营体验公园占地面积150亩，最多可同时容纳18辆自驾车房车，具有82辆房车露营营位和25个可移动木屋，最多可满足600人同时进行露营休闲旅游活动，可以在森林、野外、空中、花园别墅中欣赏不同的自然风景，感受露营乐趣（刘斌，2017）。

从空间布局和植物景观设计来看，龙山房车露营体验公园属于均衡发展型房车营地。从空间布局角度来说，交通便利，不会对露营者的道路标识造成困扰。结合芜湖地区平原、丘陵地貌相结合的地理特性，充分发挥龙山房车露营地资源优势；同时，将服务娱乐区设置在营地中心位置，方便露营者进行娱乐活动，空间布局合理，具有高度协调性。就植物景观规划而言，龙山房车露营体验公园结合安徽省的亚热带季风性湿润气候特征，考虑季节更迭中寒冬和梅雨时节对植物生长的影响，对植物群落进行多层次结构种植，植物景观以常绿阔叶和落叶阔叶的植物群落为主。同时，为了保护原有植被不受外来物种的侵扰，龙山房车露营体验公园科学配置植被物种和类型，保护物种间生态平衡，维护生态系统自然优化与恢复。

在龙山房车露营体验公园的保护设计方面，首先，从土壤保护设计角度来说，龙山房车露营体验公园背靠龙山，公园内土壤以黏性及弱酸性土质为主，在土壤保护方面，为避免水土流失，龙山房车露营体验公园保留森林、草地、植被等植物群落，按照国家和政府要求，保护植被面积，使用有机地被保护表层土壤湿度。其次，从水体保护角度来说，一方面，龙山房车露营体验公园维护当前水体结构，采用自然驳岸设计将湖水区植被与堤内植物有机融为一体，构成完整的河流生态系统，达到水质净化和增强水体自然韧性的目的。另一方面，利用水资源循环再利用机制，在梅雨季节采用净化装置对雨水进行收集和再处理，用于浇灌植被、冲洗道路等，提高水资源利用效率，节约清洁水资源。最后，从动物保护设计角度来说，由于龙山房车露营体验公园依托龙山和凤鸣湖自然风景区，动物资源和植物资源的保护具有同样的生态价值。龙山房车露营体验公园采用就地保护、划定活动界限和迁地保护三种方式保护动物资源。

从可持续发展角度来说，龙山房车露营体验公园对不同的垃圾进行分级分类处理，以可循环利用为宗旨，进行综合回收和废弃物再处理。如设计专业污水排污处理机制、对可循环使用资源（如矿泉水瓶、纸张、金属等）进行回收、定点放置垃圾分类箱并及时处理垃圾等。此外，充分利用太阳能资源也是低碳可持续发展的必要措施。水电消耗是露营地资源使用的主要来源之一，新能源，如太阳能资源的使用，更加清洁、高效，同时，太阳能资源没有地域条件约束，因此要最大限度对太阳能资源进行使用，降低对其他资源的使用和浪费。资源的循环利用，是低碳可持续发展的重要方式，倡导文明、节约、可循环的露营方式，在露营地建立小型可移动沼气池，既处理了废弃物，也实现了资源的循环使用。

6.2.2　康养旅游低碳发展实践及案例

（1）背景介绍

康养旅游是随着现在旅游业发展而产生的一种新型的旅游业态。2016 年《国家康养旅游示范基地》行业标准实施，并随之确立了首批 5 个示范基地。该标准把康养旅游定义为：指通过养颜健体、营养膳食、修身养性、关爱环境等各种手段，使人在身体、心智和精神上都达到自然和谐的优良状态和各种旅游活动的总和。《2022 年民政事业发展统计公报》显示，截至 2022 年底我国 60 岁以上的老年人已达 2.5 亿，已经进入老年化时代，老年人的增速和数量基数加速了康养旅游的发展。经济的高速发展，城镇化进程的加速，人口聚集等一系列城市与环境的矛盾日益凸显出来，在快节奏、高压力的工作环境和生活环境下，疾病、亚健康等问题的出现，不断地激发出人们对于休闲康养度假的需求。不同年龄层人群、不同程度、不同类型的需求无疑使康养旅游拥有庞大的潜在市场。

2014 年国务院在《关于促进旅游业改革发展的若干意见》中指出，要积极发展休闲度假旅游，推动形成专业化的老年旅游品牌，并发展特色医疗，疗养康复、美容保健等医疗旅游。2015 年国务院办公厅在《关于进一步促进旅游投资和消费的若干意见》中明确指出，积极发展老年旅游具体措施，加快制定实施全国老年旅游发展纲要，各地要加大对乡村养老旅游项目的支持，鼓励进一步开发完善适合老年旅游需求的商业保险产品。2016 年 1 月国家旅游局在《国家康养示范基地标准》中给出了康养旅游的定义，同年 10 月中共中央、国务院在《"健康中国 2030" 规划纲要》中提出健康中国 "三步走" 战略，同年 12 月国务院在《"十三五" 旅游业发展规划》中强调我国旅游业要与健康医疗融合发展，大力发展中药健康旅游，开发多样化老年旅游产品，建设综合性康养旅游基地与森林养生基地等健康医疗旅游示范基地。2016 年，《中共中央、国务院关于深入推进农业供给侧结构性改革加快培育农业农村发展新动能的若干意见》指出，充分发挥乡村各类物质与非物质资源富集的独特优势，利用 "旅游+" "生态+" 等模式，推进农业、林业与旅游、教育、文化、康养等产业深度融合。2018 年中央一号文件指出实施休闲农业和乡村旅游精品工程，建设一批设施完备、功能多样的休闲观光园区、森林人家、康养基地、乡村民宿、特色小镇。2019 年 3 月国家林业和草原局、民政部、国家卫生健康委员会、国家中医药管理局在《关于促进森林康养产业发展的意见》中指出：健全森林康养基地建设标准，建设森林康复中心、森林疗养场所、森林浴、森林氧吧等服务设施；积极发展森林浴、森林食疗、药疗等服务项目，大力开发中医药与森林康养服务相结合的产品；创建一批国家和省级森林康养基地，打造生态优良、功效明显的森林康养环境。2021 年 12 月，国务院印发的《"十四五"国家老龄事业发展和养老服务体系规划》明确要促进养老和旅游融合发展，引导各类旅游景区、度假区加强适老化建设和改造，建设康养旅游基地。在国家顶层设计的推动下，面对庞大的潜在市场，康养旅游得以迅速发展。

（2）发展现状

目前我国的康养开发模式主要分为三类：优势资源依托型、特色文化驱动型、康疗保险植入型。优势资源依托型康养开发模式指的是依托项目区域具有先天优势和一定的康养价值的自然或文化资源进行开发，常见的资源有温泉、森林、气候、滨海、乡村田园等。文化驱动型康养开发模式主要依托于项目地独特的文化资源，如佛教文化、道教文化、茶文化、长寿文化等，这些文化有助于修身养性、放松心情、通过丰富多彩的文化活动最终达到康养的目的。康养保健植入型康养开发模式以医疗服务、康复护理、保健运动等大健康行业为核心业态进行开发。

优势资源依托型的康养产品，一般的结构是一个生态养生环境、一个核心养生资源、N 个生态养生产品、X 个衍生产业。如森林康养依托于森林资源，将现代医学和传统中医学有机结合并配套相应的养生休闲、医疗及康体服务设施，丰富森林游憩体验。这类产品一般选择在森林覆盖面积在 60% 以上、交通可达性较好、生态环境优质，且当地无重大污染的地区。这类产品的核心资源是丰富多彩的森林景观、沁人心脾的森林空气、健康安全的森林产品，内涵浓郁的生态文化，依托这类核心资源可以衍生出来生态游憩、养生康体、特色酒店、养生养老地产等多个产品。这类产品目前在国内开发较好，较被市场认可的是莫干山裸心谷，将森林山水作为基底，打造以住宿—美食—运动—理疗—娱乐为核心的高品质养生度假产品。

文化驱动型的康养产品，一般的结构是一个养生度假环境、一个核心文化资源、N 个文化养生产品、X 个衍生产业。如宗教文化康养利用道教、佛教等宗教传统中包含的丰富的养生、绿色医疗、自然保健、自我身心保养等资源，深度挖掘项目地独特的宗教文化，结合市场需求及现代生活方式，打造利于身心的旅游产品。这类产品一般选择特色鲜明、历史文化底蕴深厚、交通便利、环境优美的地区，核心资源一般是道教、佛教等宗教文化，围绕这一核心资源可开发观光朝圣、宗教文化、禅修养心、禅养度假、养生养老地产等一系列衍生产品。这类产品目前国内市场认可度较高的是无锡灵山小镇拈花湾，以禅意生活方式为理念，围绕核心资源开发欢乐抄经、吉祥花供、拈花禅游等丰富多彩的体验活动，打造极具文化底蕴的东方禅文化度假体验区。

康养保障植入型的康养产品，一般的结构是由一个养生度假环境、N 类功能型养生产品、N 个留客产品、X 个衍生产业组成。在一些文化和自然条件不突出的地区，依托旅游区出现的特色医疗资源为平台或者引入国内外优秀的医疗资源，打造康养治疗、养生保健、慢病疗养、旅游观光、休闲度假等多功能式度假区，开展 SPA、瑜伽、推拿、中药保健、医学美容等活动。例如中药类康养产品，其核心资源是传统的医疗康养项目，以及医疗康养度假氛围。围绕这类核心资源可以开发医药种植、医药康疗养生、医药养生文化博览、医药文化科教体验、养生养老地产等多个功能型产品。这类康养型产品目前在国内认可度较高的是大泗镇中药养生小镇，大泗镇中药文化历史悠久，老中医、老药铺众多，历史上曾经出现"一街十六药铺"的盛况，中药康养旅游将中药资源和旅游有机地结合在了一起。

（3）康养旅游低碳发展案例：广元市

广元市位于四川省，与甘肃、陕西、南允、绵阳、巴中为邻，处于四川省的边缘地带，是四川盆地北部过渡地带，气候上属于亚热带温润季风气候。广元市统计局公布的 2022 年统计数据显示，广元市下属有 3 区、4 县，2021 年常住人口为 228.3 万人，拥有 5A 级景区 1 个，4A 级景区 21 个，3A 级景区 20 个，2A 级景区 8 个。近几年广元市利用丰富的旅游资源，融合低碳视角大力发展生态旅游项目。2016 年 12 月 29 日中国共产党广元市第七届委员会第二次全体会议通过《中共广元市委关于推进绿色发展实现绿色崛起建设中国生态康养旅游名市的决定》，提出到 2020 年建成中国生态康养旅游名市。经过不断的努力，广元市生态康养发展水平不断提升。在 2024 年由中国网·微视中国、中华网文化等部门联合举办的 2024 中国文旅经济高质量发展建设峰会上，广元市朝天区获评"中国最佳生态康养旅游名区"（人民网，2024）。

广元具有建设康养旅游的优势。广元有充沛的阳光、适宜的湿度、洁净的空气、安静的环境、优质的市政基础设施，在广元，康养旅游者可以通过运动健身、休闲度假、医药调理等手段来缓解紧张情绪，为忙碌的生活添加一丝平静与祥和。由于独特的气候带，在广元既可以体验到南方的湿润气候，也可以感受到北方的天高云淡、艳阳高照。

广元市是国家低碳城市试点市，在 2012 年广元市作为四川首个低碳试点城市开展低碳示范，可见其低碳发展位于四川省前列。2014 年，广元市又被国家能源局确认为首批创建新能源示范市的城市；与此同时，广元市是中国西部唯一受邀参加联合国德班气候大会的城市。广元市已经建成国家森林城市、国家卫生城市、国家优秀旅游城市，并取得了全国首批低碳发展突出贡献城市、中国低碳生态先进城市、中国绿色发展优秀城市等称号。

为打造生态康养旅游城市，广元市进行了多方面的筹划和布局（张厚美，2017）。首先，构建科学的规划体系。强化了低碳背景下的养生旅游总体设计，以自然山水为底色，突出"女皇故里"这一文化品牌；建设了旅游目的地的核心区域，着重发展这些核心区域。广元市以剑门关这一 5A 景区为核心，整合周边昭化古城、剑州古城等古城资源，建设精品旅游目的地，打造城市旅游新的经济增长点，与国家整体的宏观战略相对接，建设属于广元市的康养旅游经济带。利用丰富的绿色康养资源，建设唐家河、米仓山等高端绿色康养旅游示范区。其次，广元市着力构建环境资源保护体系，夯实了康养旅游的基础，在市内大规模进行绿化，构建森林、江河、湿地等生态系统，整体提升康养旅游的生态基础，积极参与国家公园建设，陆续建成国家级湿地公园、森林公园、自然保护区等多类型的生态旅游景区。广元市还积极参与秦岭——大巴山国家公园的建设，为嘉陵江上游的生态屏障贡献自己的力量。广元市实施严苛的环境制度，推动"蓝天行动""碧水行动""净土行动"等环保行动，实现整个城市的低碳绿色发展，维护广元市的生态。最后，广元市构建全域旅游目的地体系。加大现有旅游资源的开发，提升现有旅游资源的品质，推动现有旅游资源的全面发展。在提升剑门关 5A 级旅游区品质的同时，争取将米仓山也提升到 5A 景区的行列，积极建设相关的水上休闲游，形成四季皆可浏览的新格局。依托自然资源、古建筑群落、民俗风情，打造以低碳为背景的康养旅游，塑造"蜀道人家"品牌形象。

6.2.3　民宿旅游低碳发展实践及案例

（1）背景介绍

民宿的发展是和我国快速城市化进程同步推进的，城市生活中产生的交通拥堵、环境恶化等一系列问题严重影响着居住环境，加之与日俱增的工作生活压力，使城市人群反而对乡村田园生活更为向往，乡村休闲旅游也因此日益升温；乡村悠闲的生活体验、农耕文化和闲置民房等受到了城市人群的极大关注，进而促使大批民宿建筑的出现（李琼，2017）。因民宿能满足人们对于个性化、休闲、度假、社交、可分享的需求，其逐渐成为人们热衷的住宿方式之一。如今民宿经济成为大多数农村实现经济振兴的重要途径，民宿建设较大地推进了当地乡村旅游经济发展，成为农村经济建设的重要手段之一（赵永红，2023）。除了乡村民宿外，城市居民也嗅到了商机，近些年，不少城市区域居民利用自己闲置的住房办起了富有特色的民宿，极大地丰富了城市住宿业的品类，给消费者提供更多元化的住宿选择，提升了消费者的住宿体验。

随着民宿行业的发展，我国相关部门先后推出了十余项相关政策解决民宿行业评价标准缺失、土地流转、民宿消防安保、民宿建设融资、环境等问题。《中国民宿发展报告（2022）》对中国民宿政策进行了梳理，认为中国民宿政策的发展进程经历了四个阶段，第一阶段是地方先行先试，作为全国唯一的民宿服务认证试点省份，浙江省各地市和县、区率先出台民宿政策以引导民宿产业健康发展（中国质量报，2023）。第二阶段是国家鼓励探路，从2015年起，国家开始关注民宿的发展，在《国务院办公厅关于加快发展生活性服务业促进消费结构升级的指导意见》（国办发〔2015〕85号）和《中共中央国务院关于落实发展新理念加快农业现代化实现全面小康目标的若干意见》（中发〔2016〕1号）两个文件中，首次将客栈民宿纳入生活性服务业范畴，民宿有了正式的"身份"，文件鼓励各地依据自身具体条件，有规划地开发休闲农庄、乡村酒店、特色民宿、自驾露营、户外运动等乡村休闲度假产品。第三个阶段是省级积极推进，在浙江的带动下，2017年后各省级单位陆续出台民宿发展政策。第四个阶段是全国上下联动，在国家和浙江省的带动下，全国各级政府上下联动，国家级、省级、市级、区县级甚至乡镇级民宿政策纷纷出台。

2022年7月，文化和旅游部等十部门联合印发的《关于促进乡村民宿高质量发展的指导意见》明确指出力争到2025年，初步形成布局合理、规模适度、内涵丰富、特色鲜明、服务优质的乡村民宿发展格局，既为乡村民宿提质升级提供了遵循依据，也为行业发展注入了新的动力（徐文婕，2023）。

随着民宿业规模的不断壮大，产生的碳排放量也越来越大，因此民宿业同样担负着节能减排的社会责任，特别是在生态环境脆弱的区域，民宿业的发展直接影响当地的自然生态环境与旅游业的可持续发展（鲍黎丝，2019）。

（2）发展现状

虞佳玮（2021）根据其定位和创新点将我国民宿行业的发展分为三个阶段：以个性多元的主人文化为主导的"民宿1.0"时代；以高端设计师介入的小而精文化为主导的"民宿2.0"时代；集周边行业的对接、政府的关注、资本的进入、众筹的方式于一体的全新发展格局的"民宿3.0"时代。

我国民宿行业自2016年开始进入快速发展阶段，宿宿网的数据显示，截至2019年9月30日，中国大陆民宿（客栈）数量达到169477家，相比2016年的53452家，涨幅达到217.06%。受全球新冠肺炎疫情的影响，2020年初旅游行业瞬间进入冰冻期，对民宿产业影响巨大。随着2023年对新型冠状病毒感染实施"乙类乙管"，我国旅游业迅速复苏，《携程乡村旅游振兴白皮书（2023）》显示，2023年携程平台乡村旅游订单量恢复到疫情前的2.6倍，民宿数量增幅达到44%，创造了2018~2023年以来最高的增长率，总量达到33万家。

《民宿蓝皮书：中国民宿发展报告（2022）》显示，从2021年开始，中国民宿由狂热高速增长阶段转向了内涵建设品质提升的新阶段。传统的单一住宿型民宿颓势已经出现，体验化、个性化、特色化民宿纷纷涌现。民宿的功能不再局限于提供住宿，而逐渐成为一个地区或景区文化的重要载体，主人文化突出的民宿对于对应的细分市场更有吸引力，民宿的娱乐和文化传播功能逐渐增强。与此同时，城市民宿逐渐发展起来，民宿主通过主题的打造，增强城市民宿的竞争力，如猫咖民宿、鲜花民宿、怀旧民宿等。

虽然民宿带来的积极影响很大，但是不可否认，目前已经出现了因为开发民宿而导致的环境破坏、污染等负面影响（郭晓和扶玉枝，2023）。当前的民宿早已不再局限于对已有传统民居的改扩建，更多则是择址新建，且因受市场等多方面复杂因素的影响，出现了破坏式开发、重复性建设、高耗能建造等浪费资源的现象，严重破坏生态环境及景观品质，给区域未来发展造成了不可逆式的破坏（毛伟娟和解丹，2019）。从民宿改建环节废旧建材的处理、周边绿植的损害，到能源的消耗，再到生活垃圾和污水的处理，最后到废弃民宿的拆除和处理等都会产生碳排放，对环境造成一定破坏。倡导低碳节能型民宿的建设成为民宿发展的主旋律。现阶段我国学者对民宿低碳化发展的研究主要集中在环保建筑材料、节能民宿空间的设计、环保能源、垃圾和污水处理等方面。也有部分地区的民宿走在了低碳化发展的前沿，目前在低碳方面做得较好的有浙江省富春江镇民宿、德清县民宿集群、云南省大理市双廊镇民宿业等，主要在清洁能源、农房民宿化改造、低碳激励模式等方面有所建树。

（3）民宿旅游低碳发展案例：小立春民宿①

小立春民宿是一家坐落在郴州市苏仙区，由老社区住宅改造而成的极具怀旧风格的城市民宿。郴州市地处湖南省最南端，毗邻广东省韶关市，近年来，依托丰富的旅游资源及人文资源，涌现出上千家旅游民宿，成为郴州旅游的"新招牌"，为郴州文旅产业高质量发展赋予了动能。因政府高度重视民宿业发展，出台一系列激励政策，郴州的民宿发展具备较好的区位条件（何良安，2021）。

小立春民宿有效利用了城市中的闲置住宅，减少了建造和使用过程中的碳排放，相比酒店更加低碳，丰富了城市中的住宿业态。小立春民宿所在的房屋建于1998 年，三室两厅，距离郴州市著名景区 20 分钟车程。房屋主人嘉树一家搬入新房后，旧房因长期无人居住导致室内空气不流通，湿度大，墙体阻挡层脱落，家具和墙壁逐渐被侵蚀，出现不同程度的老化。出于保护老房子的初衷，房屋主人决定将其改造成为民宿。在改造过程中遵循低碳的原则，尽可能不对房屋结构作出调整，不丢弃屋内原有家具，并以怀旧为主题打造温馨的"家文化"，以此作为该民宿的核心吸引力。

在改造筹备阶段，小立春民宿在老房的硬装上基本保持原有风貌，只对墙体进行了简单粉刷，减少室内装修带来的碳排放；对软装的购置遵循高品质耐用原则，拒绝使用质量差需经常更换的摆件，并置换掉能耗大的家电，全部换成节能环保型家电。此外，小立春民宿保留了屋内所有的大件家具，将原有的旧沙发翻新，将书桌、沙发、餐桌写成故事，发布在小立春微信公众号上，记录房子的年代感。对于拖鞋、洗漱用品、厨具等生活用品，小立春民宿选购品质上乘的，以彰显待客之道。

小立春民宿主打主人文化，民宿主人原为当地广播电视台记者，策划、采写了百余个电视专题报道，采访了数百人，在许多人眼中，她是一位有情怀的记者。与小立春民宿同期创建的"小立春"文字工作室，不仅是民宿主人文化的发源地，也承载了她对生活的感悟、人情的思考，为他人提供豁达的人生观念、文艺的生活方式、温暖的处事之道。小立春民宿希望为住户提供一个"远方的家"，和住户交朋友，为旅行的人提供当地旅游资讯，为赶路的人提供放松休憩

---

① 资料来源：笔者采访和调查所得。

之地；这里远离街道、背靠山林，可以喝一杯心静的茶，做一餐温馨的饭；可以全情投入地读书，酣畅淋漓地书写；可以被窗外的绿色治愈，和绽放的花儿偶遇。赶路的人，可以以最慵懒的姿势，在此卸下疲惫；热爱独处的人，可以随着性子，放空自己的思绪；可以和伴侣跳脱琐碎的日常，在此过一过"一屋两人、三餐四季"的生活；可以和家人寻得一份安逸，闲话家常，唠一唠旧时光；可以三五好友从日明到月落，紧密相连，促膝长谈①。主人将旅客对住宿硬件上的高要求转移到精神层面的需求，不仅很好地利用了老房子，也规避了新建民宿对环境造成的污染。

小立春民宿以一种新颖的业态出现在民宿行业中，其主人文化是否能得到消费者的认可，是否拥有其精准的客户群体，其经营期间的安全问题如何保障，能否赢得消费者的信赖，该模式民宿是否值得推广、如何攻破问题更好地推广，值得进一步探究。下面利用 SWOT 分析法对小立春民宿的优势、劣势、机会、挑战进行剖析，研究其可推广性。

1）小立春低碳民宿的优势。

一是怀旧禅意的主人文化。小立春民宿拥有富有人情味的管家服务，能让民宿的客人寻得一种理想的生活方式，得到精神共鸣。在民宿的装修风格上，小立春主打怀旧和禅意，宅中保留了经典的老物件，并且民宿主将每一个物件的故事写在公众号中，每一个扫码进入公众号的客人都可以看到每个家具的故事，增强了入住的趣味性；以暖黄色装修为主，添置了茶几、茶具、信箱、风铃、老式唱片机、木质灯具、自己亲手画的水粉画，富有禅意，有别于酒店高强度的 LED 灯具，它传递的是一种居家式的松弛感。怀旧的主人文化和低碳住宿的理念相契合，将消费者对高能耗的住宿需求转为低能耗的度假式体验。

二是充足的旧房房源支持。随着城市住房结构的不断优化，20 世纪末风行的家属住宅房逐渐退出主流住宅类型，被新购的电梯房所替代，因此空置的家属房为民宿的改建提供充裕的房源，不仅有效利用了城区住房资源，还节约了民宿主的开发成本，减少了建造民宿过程中所产生的碳排放。

三是套房的强私密性。小立春拥有两室两厅和一个书房，空间大且生活设施齐全，能满足结伴而行或者全家出游的游客对私密性和联结性的需求，并且在总成本上也比在普通酒店开两个房间更为实惠，性价比更高。

---

① 引自小立春民宿创始人嘉树的公众号文章。

2）小立春低碳民宿的劣势。

一是安全问题。由于小立春民宿处在社区中，虽然它隐私性很好，但与此同时也带来相应的安全问题，民宿主并不像酒店24小时都有值班人员现场监管，如遇安全问题民宿主无法在第一时间出现在现场进行处理。要推广小立春民宿必须完善安保机制，在入门口安装安全防范监控系统，集中进行24小时监管，室内张贴服务热线，确保任何紧急情况能随时联系到服务人员进行处理。确保电路安全，定期对电路进行检验，购置灭火器放在显眼位置，并安装消防警报系统。

二是扰民问题。小立春身处居民区，经营过程中存在扰民问题，城市民宿的经营和乡村民宿的经营大不相同，目前各地差异化政策出台，对于城市和乡村民宿的监管扶持也呈现两极分化。比如，厦门禁止在住宅小区和商业综合体的住宅内开展民宿经营，深圳和重庆则要求经得小区有利害关系业主同意。湖南目前对居民区改建住宅并没有文件明确禁止，但存在的扰民问题仍不可忽视。针对扰民问题，可从两个方面着手解决：一方面从硬件入手，优化房源的选择，楼梯房尽可能选择低楼层，以免陌生旅客的进出对居民造成影响。小立春民宿位于楼梯居民房第二层，正好符合这一要求，除此之外要在装修时选择隔音效果较好的门窗。另一方面从旅客入手，制定入住章程，在民宿预定界面文字提示"本民宿不宜举办嘈杂的聚会"，筛选掉部分客人，并在民宿内放置温馨提示，提醒入住客人不要大声喧哗。

三是社区环境欠佳的问题。由于小立春所处小区系1998年所建的单位住宅房，房龄久，小区的环境设施略显陈旧，安保和配套设施也没有新型小区齐全，在居住环境上处于劣势。不过小立春所处院落绿树成荫，民宿主在楼下窗外都栽种了"有故事"（早年栽种，并将故事写在民宿简介中）的鲜花绿植，巧妙地将陈旧的环境转化为别出心裁的复古风格。因此，为解决社区环境欠佳问题，可以优先选择绿化面积大，或较有特色的小区，也可通过后期改造，对环境进行适当优化。

3）推广小立春低碳民宿面临的机遇。

一是多元化的市场需求。城市民宿的竞争力在于其独具一格的风格，选择民宿也是选择民宿主，选择感受一种生活态度，体验一种生活方式，让生活的理想以理想的生活方式得以实现（刘桐，2019）。如今都市工作和生活压力较大，城市的运行节奏快，大部分人出游的首要目的就是放松，小立春虽身处城市，却闹中取静，相较于酒店宾馆节奏更慢，这更贴合那些追求放松的游客需求。

二是贴合低碳发展要求。小立春民宿对于建筑的改动很小，有效地利用了老房子、老家具，装修工程量小，丢弃的物品也非常少，仅用民宿主人文化就给老旧物件穿上了华丽的外衣，这非常符合当下低碳环保的时代要求，有利减轻城市的环境压力，助力"双碳"目标的实现。

4）推广小立春低碳民宿面临的挑战。

一是缺少文化认同。由于民宿主是当地记者，在郴州地区有一定知名度，这对来郴州的外地游客具有吸引力。但若在其他城市推行小立春民宿，可能会产生"水土不服"的现象，因此，若要在其他地区推行该类型民宿，需要在民宿主人文化上稍作调整。民宿主还可以通过举办主题娱乐活动、线上线下同步打造粉丝互动平台，传播美好的生活态度；通过沙龙进一步壮大粉丝队伍，赢得消费者的文化认同。

二是知名度低。小立春民宿运营成本低，在宣传上投入的成本并不高，导致其知名度低，缺乏品牌效应。消费者对新事物持观望态度，难以对小立春民宿建立信任感。民宿的星级评定是消费者和民宿主之间的桥梁，它既为民宿提供了客观的评价，也为民宿提出了要求，是当前消费者比较信赖的依据之一。

基于以上分析，小立春民宿应严格按照《旅游民宿基本要求与评价》的相关要求对民宿进行改造，健全民宿营业执照，参与星级评定，赢得消费者的信赖。小立春民宿要丰富宣传途径，利用抖音、哔哩哔哩、小红书等社交平台推广主人文化、生活态度、娱乐活动，推出入住体验 vlog 和有趣的打卡方式，吸引更多年轻人入住打卡。要将低碳理念植入宣传中，获取更多环保主义者的青睐。通过建立低碳践行者会员制度将粉丝变为低碳践行者会员，在房费上给予会员一定的优惠，优先享有参与活动的权益，逢年过节给予会员一定的优惠券（可转赠他人），这样利于吸纳新的客人，提高客户黏性。小立春旧房改造低碳民宿的主人文化独具吸引力，很好地利用了城市房屋资源，以其低耗能、低二氧化碳排放的优点成为民宿业可持续发展的新路径，为城市打开了民宿行业的新蓝图，为节能减排助力；但在产品和服务的规范化、品牌形象的建立、安全保障方面仍需下功夫。如能克服困难、抓住机遇、迎接挑战，小立春民宿的推广将赐予老城区新的生命力。

6.2.4　国家公园低碳旅游发展实践及案例

（1）背景介绍

国家公园是指由国家批准设立并主导管理，边界清晰，以保护具有国家代表性的大面积自然生态系统为主要目的，实现自然资源科学保护和合理利用的特定陆地或海洋区域。其首要功能是保护重要自然生态系统的原真性、完整性，兼具科研、教育、游憩体验等综合功能的定位（国家林业和草原局，2020）。世界上第一个国家公园是美国于1872年批准设立的黄石国家公园。此后，国家公园作为一种合理保护并利用自然文化资源的发展模式，在美国逐渐发展并完善，形成了现今世界上最系统、最完善的国家公园体系。自美国建立起世界上第一个国家公园之后，世界各国陆续建立起国家公园，根据全球自然保护地数据库（WDPA）2023年1月公布的自然保护地数据，全球国家公园约有6000处，保护面积超过600万平方千米。旅游和国家公园相伴相生，而低碳旅游低能耗、低污染的特点与国家公园保护自然生态系统原真性、完整性的主要目的不谋而合，发展低碳旅游能够充分协调好生态保护和旅游开发的关系，是国家公园实现其游憩、教育等功能的重要途径。

（2）发展现状

我国国家公园的发展起步较晚，但发展迅速。2013年，党的十八届三中全会明确提出了"建立国家公园体制"的改革目标。截至2021年，中国已正式设立三江源、大熊猫、东北虎豹、海南热带雨林、武夷山等第一批国家公园。2022年，中国提出建设全球最大的国家公园体系，并发布了《国家公园空间布局方案》。根据该方案，我国系统规划布局49个国家公园候选区，涉及28个省份，用以保护中国最美丽和最具生态价值的国土，其保护总面积约110万平方千米，占陆域国土面积的10.3%。

低碳旅游可以划分成两个方面：旅游生产的低碳化和旅游消费的低碳化。国家公园发展低碳旅游需要为旅游活动构建一个低碳的环境。当前，国家公园内的特许经营企业受到政府部门的监管，其生产经营活动符合生态、绿色、低碳的原则，在经营过程中运用清洁能源、使用再生材料、发展循环经济等。尽管当前国家公园的低碳旅游逐步受到重视，但其发展仍然面临着诸多问题：第一，低碳旅游意识淡薄。据相关调查显示，大多数的游客在制订旅游计划时仅从经济方面进行考虑，而没有考虑低碳环保方面；其在参与旅游活动时，也无法及时准确地意识到自己在出行、饮食、住宿、购物等各方面的选择上是否在非低碳行为范畴中。第二，从业人员专业水平不强。由于低碳旅游在我国起步较晚，还没有形成系统有效的培训相关从业人员的制度，大多数从业人员在低碳旅游方面的相关知识和技能的培训不到位，导致旅游工作人员在引导游客低碳旅游方面的能力不足，无法在旅游互动中向游客传递低碳理念、知识与技能。第三，相应的法律制度不够完善。有效的法律是监管和保护的最根本依据。虽然我国目前已经出台了关于低碳旅游、国家公园建设的一系列法律法规，但是对于低碳旅游的相关标准并不明确，具体的管理制度也不够完善；对于景区的开发利用、游客的行为举措、经营者的运营标准等缺乏明确的管理条款，相关的监督与惩戒机制也尚未完成。第四，绿色低碳技术应用不足。我国旅游产业的低碳技术与国外相比仍有较大差距，特别是针对旅游经济发展过程中的高能耗环节，关键低碳技术开发不到位，制约了旅游经济的低碳发展，在景区基础设施建设、服务方式等方面应用低碳技术的力度都有待深化（王云燕，2021）。

（3）国家公园低碳旅游发展案例：三江源国家公园

三江源国家公园位于中国西部青藏高原的腹地，是长江、黄河、澜沧江的发源地，并以此为分类标准划分为长江源、黄河源、澜沧江源 3 个园区，各个园区按照功能的不同，划分为核心保育区、生态保育修复区、传统利用区及游憩体验和居住服务区四个区域。其中游憩体验和居住服务区主要用于民生改善设施建设、保护站点建设和环境宣教、探险旅游等配套服务设施的建设。旅游活动主要集中在传统利用区及游憩体验和居住服务这两个区域。

1）三江源国家公园低碳旅游发展的优势。

一是旅游资源丰富。三江源国家公园旅游资源储量丰富，既有壮阔的自然景观，又有积淀深厚的文化遗产。自然景观资源包括冰川、冻土、高海拔湿地等自然地貌和各种珍稀濒危野生动物，以及五彩梯泉池、岭珠姆王妃沐浴瀑布等特色景观；文化遗产既有具有民族风情特色的藏族文化，体现在雕刻、建筑等载体上的藏传佛教文化，也有体现藏族发展史的历史文化，以及莫格德哇遗址、珠姆王妃宫殿等史前文化。在此基础上形成了科考游、教育游、生态游、探险游等各种模式共同发展的旅游局面，为低碳旅游发展奠定了基础。

二是低碳能源充足。三江源地区地理位置优越，有着丰富的水能、风能、光能等低碳能源，并借助此优势积极发展新能源，开启了一条低碳循环的生态化道路。例如，2016～2022 年，国家电投黄河上游水电开发有限责任公司充分利用当地的新能源，新增新能源装机 1040.66 万千瓦，其中，光伏装机比之前增长了 2 倍多，在这个公司 2751.21 万千瓦的发电总装机中，清洁能源的比例超过 90%。此外，到 2022 年为止，青海已经持续 6 年在全省范围内实施全清洁能源供电，时长从最初的 7 天拓展到 35 天（新华网，2022）。

三是制度优势。三江源国家公园是我国首批国家公园之一，公园的建设发展具有明显的制度优势。尽管我国国家公园体系的建设才刚刚起步，但国外国家公园在低碳旅游发展过程中已经形成了许多的先进经验，对于我国国家公园的低碳旅游发展有着很好的借鉴意义。另外，三江源国家公园正式确立之前，进行了多年的试点工作，再加上我国其他类型保护区的发展经验，在生态保护、生态补偿、社区发展、旅游开发等方面进行了相当程度的探索，在这些方面已经初步形成了系统、科学、合理的管理制度，为国家公园低碳旅游的发展提供了制度保障。

2）三江源国家公园低碳旅游发展的劣势。

一是游客低碳旅游的意识不强。意识观念不是一朝一夕形成的，而是需要相当长时间的灌输和培养。由于低碳旅游的概念在我国起步较晚，推广程度不高，大多数公众对低碳旅游的概念和意义并不了解，这就导致了游客在旅游过程中的行为方式、消费方式等产生的碳足迹依然较高，低碳旅游的发展进程缓慢。比如在餐饮方面，大多数游客仍然购买和使用一次性的餐饮用品，过程中产生的垃圾得不到及时分类和处理；在交通方面，许多游客不会选择旅游景区的专用观光车、大巴车等，而是选择驾驶私家车，从而产生较多的碳排放。低碳旅游的发展需要游客的参与和配合，树立公众低碳旅游的观念尤为重要。

二是旅游从业人员相关知识和技能水平不足。旅游从业人员在景区生态环境的日常维护管理，以及在向游客宣传低碳理念、培养游客低碳旅游意识的过程中都发挥着重要的作用。我国发展低碳旅游的时间较短，景区管理机构还没有形成系统、有效的相关从业人员培训制度。因此景区旅游从业人员没有经过正规的低碳培训，缺乏专业的知识体系，无法向游客提供低碳导向性服务，从而制约了国家公园低碳旅游的发展。

三是远离主要客源市场，旅游吸引力弱。客源市场规模是影响旅游发展的一大因素。我国旅游市场大部分集中在东部，而东部主要客源市场的游客要进入三江源地区要花费的经济成本、时间成本和体力成本较高，在大部分假期时间不长的情况下性价比并不高。尽管政府从印制宣传图册、录制旅游节目，到旅交会、博览会等展开各种营销活动，但并未带来三江源地区旅游经济的高水平发展。

3）三江源国家公园低碳旅游发展的机遇。

一是丝绸之路经济带的带动。三江源地区是国家发展"一带一路"倡议的主要地区，丝绸之路经济带的建立，吸引了大批企业和个人来三江源地区进行投资和建设，极大地促进了三江源地区的经济发展。三江源国家公园借助此机会可以大力发展生态旅游、低碳旅游，同时大力扶持当地居民参与到生态、低碳旅游的开发建设中，积极践行习近平总书记"绿水青山就是金山银山"的理念。

二是政府的支持。三江源国家公园的建设是我国生态文明建设的战略规划，得到了政府的大力支持。2018 年国家发展和改革委员会在《三江源国家公园总体规划》中指出，三江源国家公园建设的中期目标是到 2025 年，保护和管理体制机制不断健全，全面形成绿色发展方式，山水林田湖草生态系统良性循环，形成独具特色的国家公园服务、管理和科研体系，将生态文化发扬光大。远期目标是到 2035 年，届时三江源国家公园将成为生态保护的典范、体制机制创新的典范、我国国家公园的典范，建成现代化国家公园。在具体执行上，政府通过低碳技术，加强交通基础设施建设，推行新能源和清洁能源交通运输设备的应用，加快推进天然气加气站、充电桩的建设，大大减少游客在旅游过程中的碳足迹。同时充分利用本地的生态资源，开发一系列基于生态资源的低碳旅游项目，例如科考游、探险游、生态观光游、文化体验游等。

4）三江源国家公园低碳旅游发展面临的挑战。

一是低碳技术开发与应用不足。低碳技术的水平关系着低碳旅游的发展，发展低碳旅游，最重要的便是利用低碳技术进行国家公园的开发、园内基础设施的建设、环境资源的监控及餐饮住宿交通产业的升级等。虽然我国一直在进行低碳技术的研发工作，但与发达国家相比还存在一定的差距，低碳技术还不成熟；再加上新型的低碳技术在实际的应用中成本较高，导致低碳技术在相关设施和产业的应用率比较低，在一定程度上制约着国家公园低碳旅游的发展。

二是旅游发展竞争力不足。三江源地区属于高原地形，对游客的身体素质有着一定的要求，多数游客在考虑到高原时会有畏惧心理，这会使一部分游客转向考虑其他旅游地；而且游客在选择旅游目的地时，多会选择知名度较高的旅游景区，而目前三江源国家公园已有的旅游产品与其他旅游地相比，并没有突出的优势。

5）三江源国家公园低碳旅游发展的对策。

综合对三江源国家公园低碳旅游进行的 SWOT 分析，发现三江源国家公园发展低碳旅游的优势是大于劣势的，政府应该抓住机遇，积极推进三江源国家公园低碳旅游的开展，在"双碳"的背景下，积极采取措施迎接挑战。

一是培养游客低碳旅游的意识。追根溯源，旅游是游客的活动，游客在旅游过程中的行为方式是影响碳排放的直接因素，而游客的客观行为主要由游客的主观意识决定。三江源国家公园要加强对游客低碳旅游理念的宣传，可以通过增加园内有关低碳知识的标牌、举办低碳知识讲座和比赛、引导工作人员和居民对游客低碳知识的传递等形式使游客树立低碳旅游的意识，让游客在旅游过程中主动进行低碳行为。

二是加强对旅游从业人员的培训。旅游从业人员在游客旅游过程中起着重要的引导作用。大部分游客尚未具备低碳意识或低碳相关知识，有的游客在旅游过程中意识不到自己行为方式会增加碳排放，有的游客虽然有低碳意识但并不能明确地区分出哪种行为方式可以减少碳足迹，因此旅游从业人员的引导就显得格外重要。三江源国家公园要制定一套切实可行的从业人员培训方案，培养他们掌握低碳技术和低碳旅游的相关知识，提高引导游客低碳行为的能力，对达到标准的从业人员进行资格认证并定期进行再学习，让从业人员充分发挥引导作用，促进三江源低碳旅游的发展。

三是加大低碳技术的研发与应用。低碳技术在低碳旅游过程中起着重要作用，首先，政府要加大对低碳技术研发的支持，大力培养和引进相关人才，积极引进国外发达国家成熟的技术，吸收相关的经验，突破技术壁垒，研发出适合我国实际的低碳技术；其次，在能源供给上，充分利用三江源国家公园充足的光能、风能、水能等能源优势，逐步减少传统的高碳能源的使用，加快三江源国家公园的能源转型；最后，要加大低碳技术在三江源内的应用，比如在园内交通工具的配备上，由于三江源国家公园范围辽阔，园内需要配置大量的游览观光用的专车，三江源可以利用低碳技术制造新能源车，减少碳足迹。

四是建设低碳服务设施。三江源国家公园发展低碳旅游，需要建设和完善低碳服务设施，为游客构建一个低碳旅游的环境。首先，管理机构可以在公园内部增加低碳旅游的宣传牌、宣传标语等，还可以在园内举行低碳旅游的宣讲会等相关活动来传播低碳旅游的知识，提高游客低碳旅游的意识。其次，在游览方面，园区可以推出低碳源的旅游线路，如湿地生态游、文化山水游、科普研学游、乡风民俗游等。再次，在园区内部交通设施方面，应开设使用新能源、清洁能源的旅游专线列车，同时建设步行道、骑行道等慢行交通系统，为游客提供安全舒适且低碳环保的交通环境。最后，园区还应建设低碳卫生设施，在建设过程中，使用循环污水处理装置、生态垃圾桶，建设低碳环保厕所等（吴贤贤和范洪军，2023）。

6.2.5 世界遗产旅游低碳发展实践及案例

（1）背景介绍

世界遗产（World Heritage Site）是被联合国教育、科学及文化组织和世界遗产委员会认定为具有突出普遍价值（Outstanding Universal Value，OUV）的文化遗产和自然景观，具有自然和文化的重要意义。自然遗产含有水和气候调节系统，完好的森林和沿海栖息地可以帮助储存碳，提供重要的生态系统服务，包括抵御风暴和洪水；文化遗产也是无价之宝，是地区核心和独特文化元素。世界遗产不仅是历史遗留的财富，与现代生活密不可分，还影响着人们的未来，是不可替代的生命之源和灵感之源，对当代全人类和子孙后代具有共同的重要性。截至2023年9月17日，在沙特阿拉伯利雅得召开的联合国教育、科学及文化组织第45届世界遗产大会通过决议，将全球首个茶主题世界文化遗产——中国普洱景迈山古茶林文化景观列入《世界遗产名录》，至此我国世界遗产数量达到57项，其中文化遗产39项、自然遗产14项、文化与自然双重遗产4项，在世界遗产名录国家中排名第一。

目前随着世界遗产地旅游的不断兴起，旅游利用和世界遗产保护不可避免地交织在一起，两者之间存在着一种共生或竞争关系。世界遗产的品牌效应本身就具有附加价值，旅游业的发展可以为世界遗产创造新的价值观和社会关系，对当地社区有重大的经济影响，有助于国家形象建设和推广目的地品牌，经常被视为消除贫困和促进可持续发展的工具。但是发展旅游业也面临着一系列的挑战，比如高度密集的旅游需求带来的巨大人口压力，以及对世界遗产地的空气、水、植被、土壤等环境污染的加剧破坏，包括但不限于资源冲突、栖地碎裂化、非物质文化遗产的丧失及社会矛盾，这些都对世界遗产地的生态系统及文化完整性造成了一定的威胁，尽管许多世界自然遗产的生态系统具有一定程度的气候恢复力，但随着过度旅游导致的生物栖息地丧失、退化和破碎化等方面的压力，气候恢复力将会降低，尤其是气候变化的速度和栖息地连接的缺乏将严重限制生态系统的响应。目前许多世界遗产地深受其害，比如智利的拉帕努伊国家公园、厄瓜多尔的加拉帕戈斯群岛、意大利的威尼斯城、美国的黄石国家公园等。所有这些压力以不同的方式影响世界遗产的文化和自然，限制旅游的发展，因此采用顺应时代和创新的旅游管理方式对于世界遗产的持续保护和调节就具有重要意义，不仅能从根源上减缓对世界遗产地本身生态系统的破坏、加强世界遗产地的适应及恢复能力、减少二氧化碳的排放、改善气候变化、发挥世界遗产地的生态系统调节功能、缓解对世界遗产地的破坏，还能够通过低碳旅游引领世界遗产走向更可持续的未来，提高人们对气候变化、文化多样性、生物多样性的认识，是促进旅游与世界遗产保护协调共生的有效法宝。

（2）发展现状

关于世界遗产旅游业的研究最早于 20 世纪中期开始，但是最初形势并不乐观，在《保护世界文化和自然遗产公约》诞生之前，部分专家认为战争、城市化、旅游活动会破坏古迹遗址和自然平衡，将旅游视为遗产保护的威胁，一直持续到 20 世纪末，随着遗产的数量、种类不断增多及社会对遗产价值的多元化认识，遗产的范围从物质到非物质，从有形到无形，从文化到自然，世界遗产旅游开发类型变得多种多样（张朝枝等，2021），如农业遗产旅游、工业遗产旅游及非物质文化遗产旅游等，对世界遗产地的保护产生了积极作用，其带来的乘数效应也对社区经济具有重要意义，人们开始持续关注世界遗产旅游的重要作用，致力于研究世界遗产旅游的资源管理技术，探索环境保护与旅游发展之间协同发展的方法。

气候变化是世界遗产面临的最重大风险之一，计划不善和缺乏管理的旅游将会加剧气候变化威胁的乘数效应，增加世界遗产地的脆弱性，因此低碳旅游发展刻不容缓。早期的联合国教育、科学及文化组织主要监测和关注的是世界遗产本体的保护，目前还期望从政府、社区、居民、游客等多角度出发，通过旅游的社会经济效益促进世界遗产的发展。2007 年，世界遗产委员会在其战略目标中增加了"第五个 C"——社区，强调了当地社区在保护遗产中的重要作用，关注社区居民的看法和态度，强调社区支持与可持续旅游之间的关系，通过社区生计多元化、社区参与理论、利益相关者理论等来寻找世界遗产旅游适应性管理策略，制定更加科学的旅游发展路径。

在我国的世界遗产地旅游实践中，较早地系统探索并建立了世界遗产地旅游影响监测体系，把世界遗产作为气候变化观测站，通过收集有关应用和测试的监测、减缓和适应实践的信息，建立意在减轻气候影响的学习实验室，将其作为测试和最终实施弹性管理战略的场所。近年来在联合国世界旅游组织的推动和学校科研团队的参与下，我国率先在安徽黄山、湖南武陵源、河南龙门石窟建立了旅游可持续发展观测点，对相关指标进行了长达十多年的持续监测。由于世界遗产低碳旅游行为是一个前瞻性和战略性较强的时代命题，目前鲜有系统量化和制定符合世界遗产地区低碳行为的绩效指标，因此在体系构建上依旧缺乏借鉴的标准，难以全面地把握世界遗产地景区低碳行为绩效的演化规律；另外，在分析低碳旅游行为的基础上，是否与景区碳排放空间分布格局一致，能否针对性地有效减少二氧化碳的排放等问题都需要不断地加强研究（王凯等，2019）。

（3）世界遗产旅游低碳发展案例：黄山

黄山古称徽州，自然风光以"五绝"——奇松、怪石、云海、温泉、冬雪享誉全球，渊博文化以"五胜"——悠久的历史遗存、书画、文学、传说、名人著称于世。1990年被联合国教育、科学及文化组织列为中国第一个混合世界名山，是我国的世界文化与自然双重遗产，2004年进一步被选为世界地质公园，2007年入选国家5A级旅游景区，具有丰富的价值，见表6-3。

表6-3　黄山世界文化与自然双重遗产所具有的价值

价值	具体内容
创造价值	具有独特的艺术风景，被誉为"震旦国中第一奇山"。在中国历史上的鼎盛时期，通过文学和艺术的形式（例如16世纪中叶的山水风格）受到广泛的赞誉
交流价值	对建筑艺术、纪念品艺术产生了重大影响，如新安画派、新安医学、徽派盆景等
见证价值	见证了历史文明或文化传统，产生了大量徽州山水画
典范价值	成为了杰出的范例，如徽派建筑、徽州四雕等
环境价值及生物多样性价值	黄山市有着丰富的动植物资源，自然分布着700多种树木，加上引种培育的树种，共有1000多种，另有活跃的飞禽走兽200多种，其中属于国家保护的珍贵鸟兽有20多种，溪、河、塘、坝中的鱼类120多种，并且含有丰富的矿产资源
景观美学价值	山峰种类繁多，拥有"天下第一奇山""天开图画""松海云川"之称，具有极强的美学价值，黄山有五绝三瀑。五绝，是指中国安徽省黄山的五种独特景观，分别为奇松、怪石、云海、温泉、冬雪。黄山名瀑："人字瀑""百丈泉"和"九龙瀑"
地球科学和生态学价值	具有突出的地质结构和地理结构，黄山集八亿年地质史于一身，融峰林地貌、冰川遗迹于一体，兼有花岗岩、泉潭、溪、瀑等典型地质景观

资料来源：根据黄山景区管委会网站（https：//hsgw.huangshan.gov.cn/index.html）和黄山市政府网站（https：//www.huangshan.gov.cn/index.html）搜集到的公开资料整理而成。

黄山以其壮丽的自然风光和丰富的植物资源而闻名，在保护许多地方或国家植物物种方面发挥着至关重要的作用，具有突出的地质和地理结构，山峰种类繁多，发展低碳旅游对黄山具有重要意义，以下是对黄山的 SWOT 分析（见表 6-4）：

表 6-4　黄山发展低碳旅游 SWOT 分析

分析	内容
优势	● 世界文化与自然双重遗产的品牌优势，具有不可替代性，有持久的吸引力和极强的竞争力，其生态环境、旅游发展受到全国甚至世界的关注 ● 政策环境。党中央、国务院加强生态保护和建设，对低碳高度重视，创造了宽松的政策环境，有助于调整工业结构，发展特色旅游业 ● 丰富的低碳发展经验。黄山曾经多次承担林业重点项目建设，如公益林区规划、景区资源保护提升工程、黄山风景区生物多样性保护等，具有丰富的项目实施和管理经验，科技成果应用能力较强
劣势	● 资源压力加大。随着国民经济的快速发展和人民生活水平的不断提高，建设项目用地需求量日益增大，由于黄山风景区是山岳型景区，无论是景区扩展还是交通建设，对林地的占用量都不可避免 ● 黄山本身的森林资源发展低碳旅游具有限制。黄山风景区林地结构不合理，突出表现在龄组结构以过熟林为主，树种结构以针叶林为主，在一定程度上制约了二氧化碳的吸收，进而制约了黄山风景区旅游的发展
机遇	● 区位优势、交通条件。黄山风景区区位优势明显，交通便利。有利于增加资金投入、改善投资环境、扩大开放、吸引人才和发展科技教育等，为世界低碳旅游产业发展提供了良好机遇 ● 政策发展机遇。黄山风景区旅游业是安徽旅游发展的龙头，和九华山、太平湖共同形成了"两山一湖"皖南黄金旅游带 ● 市场转型。市场环境有助力实施旅游业"双碳"战略，乡村、林业、农业旅游的发展推动黄山旅游产品结构的复杂化和多样化，增强旅游产业抗风险的能力
威胁	● 过多的游客。虽然黄山风景区资源有较长的生命周期，但是大量的游客会给资源带来破坏，造成生态的破坏和环境的污染，造成资源的短缺或吸引力的缺乏 ● 植被破坏，造成山体滑坡、塌方现象出现。黄山的基础建设越来越规模宏大，索道改建、登山道、水库和宾馆等服务设施建设需求增加。稳定的山体边坡和植被遭受不同程度的破坏，对旅游活动产生一定的影响 ● 当地低碳意识较低，没有完全普及，各要素中并没有秉持节约绿色的理念

自黄山被确定为世界文化与自然双重遗产以来，旅游业迅速发展，游客人数明显增加，长期依靠自然风光的过度饱和式经营，造成了当地亭台楼阁被废弃，植被破坏、环境污染严重，一些物种甚至濒临灭绝，生态环境压力剧增。过多的

人流量造成的环境损伤和高碳排放将增加世界遗产的生态风险，低碳旅游能直接影响世界遗产地生态环境和社会经济体系的协调有序发展，通过当地政府的支持和相关社区配合，以及对游客旅游行为方式的改变，协调改善黄山生态环境，具体措施如下：

一是地方政府：①黄山风景区政府积极响应国家政策，发挥主导作用。可建立生态环境日常执法监督体系，统筹黄山的保护与修复，强化世界遗产地旅游中的能耗、水耗等目标管理，增强黄山旅游综合评估和风险管理能力，保障生态系统的安全性和稳定性。②加大与企业之间的合作，统筹推动各方利益相关者。推动多方共同促进黄山区域山水林田一体化保护和修复，实施生物多样性保护重大工程，通过测算旅游者的碳足迹，构建旅游目的地的碳排放模型，全力保障黄山的生态环境安全。③限制人流量。黄山风景区从生态安全角度出发，综合考虑生态资源处理、旅游住宿、交通负荷等多方面因素，合理估测旅游目的地的承载力，维持合理的游客密度，对莲花峰、天都峰、始信峰等景区进行封闭式保护，限制过度的旅游活动，3~5年进行轮换，以便植被休养生息，促进生态平衡。

二是当地社区：①社区参与授权低碳旅游，维持和保护所处环境。黄山当地社区和原住民根据当地文化和民俗习俗的特点进行产业化管理，将物质文化遗产、相关民俗、非物质文化遗产、传统农业实践作为旅游吸引力和支撑产业驱动GDP，降低工业二氧化碳的排放，实现多重变革。②积极遵循"旧料利用"的原则，为适应气候变化进行有效的个性化管理战略。通过积极参与修缮古建筑，提供循环可利用的商品减少能耗。③申请国家、省政府专项保护资金和市场运作募集社会资金。可将旅游带来的益处回馈到黄山生态建设中，黄山每年从旅游门票收入中征收20%的文物保护资金，同时向县、镇、村三级投入和村民个人自筹，共同筹措资金，投入遗产保护和生态修复。

三是游客：①培养游客的主人翁意识。安徽省世界文化遗产保护基金会建立了文物认领保护机制，通过网络平台广泛吸引民间投资，实行易主保护，如旷古斋、大夫第等，让游客参与其中，积极参加黄山保护活动。此举不仅能够有效保护古民居，也能避免新的建筑工业二氧化碳的产生，有助于黄山的低碳可持续发展。②游客加强低碳旅游意识。通过参加黄山保护宣传教育，包括防火教育、资源保护、野生动植物保护、环境卫生等活动提升自我，对不文明行为进行制止，进行相关维权。

6.3　本章小结

坚持走生态优先、绿色低碳的发展道路，建设生态文明，推动经济社会的低碳发展是实现旅游业可持续发展的关键。在国家大力推动和地方的积极响应下，我国旅游业低碳发展初见成效。其中，低碳景区、低碳交通和低碳酒店及国家公园发展建设是各地旅游业低碳转型的重点。本章将龙山房车露营体验公园作为露营旅游低碳发展案例；将广元市的康养旅游经济带作为康养旅游低碳发展案例，利用突出的绿色康养资源，建设唐家河、米仓山等高端绿色康养旅游示范区；分别以小立春民宿、三江源国家公园和黄山作为民宿旅游、国家公园和世界遗产旅游低碳发展的案例进行探讨，并据此提出我国旅游产业低碳优化模式与提升策略。

第7章 我国旅游产业低碳优化模式与提升策略

7.1 旅游产业低碳优化模式

7.1.1 旅游交通

(1) 完善旅游公共交通布局

旅游交通在旅游产业中碳排放较高,飞机相比于火车、自驾游相比于公共交通,碳排放量明显更多。因此,完善旅游公共交通布局是提高旅游公共交通出行、降低旅游交通碳排放,实现旅游交通低碳发展的有效途径之一。一方面旅游交通是城市内与旅游景点之间的公共交通。城市规划、交通、文旅、酒店等多方联合,规划好旅游公共交通布局,包括公交车、共享单车、轮渡等基础设施建设、站点位置、指示牌、行驶路线、发行班次及城市自行车绿道等,完善市内景区周边交通网络,以实现景区可达性。对公共交通无法满足景区便捷往返的,可联合景区增设景区与公共交通站点之间的接驳环保车,实现景区与公共交通的无缝连接。对远离城市,没有日常生活、工作所需的公共交通线路的景区,可联合旅行社、酒店等增设旅游大巴,以缓解旅游景区交通不便的矛盾,最终形成方式多样、低碳环保、方便安全、经济实惠的旅游公共交通体系,同时可规划几条具有代表性、合理性、便捷性、观赏性的低碳旅游交通线路,串联起景区与城市商业圈、住宿、车站等,让旅游者能享受到旅游公共交通出行的便利性与经济性,从而主动选择低碳的旅游公共交通。另一方面旅游交通是城市内与机场等外来旅游者落地处之间的公共交通。构建机场、火车站、客运站、轮船等出行方式之间,以及外来旅游者落地处到城市内、景点的公共交通网络,使旅游者在旅游途中的公共交通换乘便利，从而减少出租车、网约车等的碳排放量。

（2）拓宽旅游公共交通市场

旅游公共交通布局的完善，政府起着重要作用，但光靠政府是远远不够的。政府可通过出台优惠政策、加大扶持力度等，让市场在交通体系中发挥作用。一方面，应当放宽市场准入门槛，出台优惠政策，引导和鼓励社会企业进入，强化政府和市场之间的合作；另一方面，可加大财政扶持力度，对旅游交通企业进行资金补贴，特别是旅游公共交通线路在旅游淡季人少时，或因自然灾害等不可抗力没有营收时，无法满足企业运营的，政府应在资金补贴和政策倾斜上共同发力，以缓解企业压力，最终建立起多主体的旅游公共交通市场，以构建起旅游公共交通网，满足旅游者低碳出行的需求。多市场主体的旅游公共交通体系，既可以增加和完善旅游公共交通网络布局，更好地实现旅游景区的可达性和满足旅游者选择低碳旅游交通的便利性；也可以激发旅游公共交通市场活力，在竞争中优化服务，促进旅游公共交通的低碳发展。

（3）维护旅游公共交通秩序

旅游景点的黑车现象并不少见，政府、交通部门、出租车行业协会等应加强对景区周边交通秩序的维持，重点打击黑车，以维护旅游者的旅游交通利益。在机场、火车站、汽车站、景区正门等显著位置，公开旅游交通投诉热线，让旅游者遭遇黑车后，能及时投诉申报，也能有利于执法部门对黑车的取缔。同时，在拓宽旅游公共交通市场后，旅游公共交通主体既有政府，也有不同的企业，而旅游公共交通具有一定的社会公益属性，因此健全旅游公共交通定价机制是很有必要的，以避免个别企业为了利益而在旅游旺季时抬高票价，损害旅游者利益和城市旅游形象。根据景区位置、往返里程等信息，确定旅游公共交通票价，使旅游公共交通在具备便利性的同时，能让旅游者结伴出行时选择公共交通的花费比自驾游低，这才能让旅游者更主动地选择旅游公共交通低碳出行方式。同时，可制定票价浮动机制，旺季时票价适当上调、淡季时票价下调，或政府给予企业一定的票价补贴，以调节旅游公共交通定价。

（4）加大旅游交通低碳投入

一方面，对旅游交通低碳出行进行经济激励，可以通过降低公共交通票价、共享单车收费标准等方式，激励旅游者乘坐公共交通进行旅游，以降低私家车、出租车等交通工具的高碳排放量。另一方面，为了降低旅游交通碳排放，可以借助机动车年检等项目，逐步淘汰耗能高、碳排放高的交通工具，同时可加大低碳技术应用，如加大环保电车等碳排放更低的交通工具的投入，使用清洁能源替代高碳能源。在景区周边道路平缓、平整的路段，可联合企业设置共享单车骑行路线，方便旅游者低碳旅游。同时，可在景区停车场内另辟一块专门停放电动车、自行车的区域，以方便距离景区较近的旅游者的低碳交通出行选择。另外，加大旅游交通电子网络的投入力度，联合新媒体、企业等，构建旅游交通信息网，让旅游者通过手机软件或公众号、小程序等，即可知晓旅游公共交通信息，包括站点、换乘、路线等，以满足旅游者自由行时能够便利地选择公共交通进行旅游需求。

（5）提高景区交通低碳水平

旅游交通既包括往返景区的外部交通，也包括景区的内部交通。景区内，应采用绿色低碳的交通工具和方式，如设计人性化的绿色游览步道，连通景区内各个景点，并在其中设置休息处，如凉亭、桌椅、摇床等，使旅游者在景区内步行游览时更方便、惬意。提供环保车和自行车等低碳交通工具，并设置方便、合理的乘用点供旅游者选择，并禁止私家车等进入景区，有效减少景区交通碳排放。另外，多数景区内虽提供环保车和自行车，但大多为收费项目，市内景区，尤其是免费或门票较低的景区，可允许旅游者骑自己的自行车进入景区游览，建设自行车车道，规划自行车低碳游览路线，以鼓励和方便景区周边旅游者的低碳出行和景区内的低碳交通游览。景区还可联合政府等部门，对乘坐公共交通旅游的旅游者给予一定的景区优惠，如对景区内环保车和自行车的游客给予折扣等方式，激发旅游者在旅游全程中选择低碳交通的主动性和积极性，以形成景区内外交通共同低碳发展的良好布局。

7.1.2 旅游住宿

（1）拓展旅游住宿低碳应用

首先，旅游住宿企业在设计和装修时就要实现低碳节能，在规划整体布局、建设基础设施、选择建筑材料、采购节能设备、引入低碳技术等方面，加大低碳、节能、环保、循环等技术和设备的应用，在建筑材料方面，选择符合国家规定的绿色环保材料，同时尽量就地取材，以减少运输过程中产生的碳排放。对于现有旅游住宿企业，也可以通过采用水循环系统、零能耗、节能环保等智慧设备和技术，对住宿企业内部运营进行改进，以降低企业碳排放。同时，旅游住宿企业星级越高，其装修往往越豪华，产生的碳排放量就越大。星级酒店与露营、民宿等相比，其碳排放较多，因此景区周边具备民宿、露营等低碳旅游住宿条件的地区，可以依托当地文化特色，鼓励居民对自家房屋进行简单装修，发展特色民宿，政府规划露营区域，提供露营场所、设施等，这样不仅符合旅游住宿低碳发展，还能做到旅游住宿的差异性和独特性，吸引旅游者打卡体验。其次，在日常经营中做好低碳节能工作，进一步改进企业能源结构，如使用太阳能、风能、地热能等清洁能源替代高碳能源，节约使用水电气等能源，经营过程中产生的废水、废气、废物等进行低碳化无害化处理达标后排放，对可再次利用的废弃物进行回收，实现资源的高效循环利用等，在各个环节加大低碳应用、减少碳排放。最后，低碳设备和技术的应用，往往需要旅游住宿企业负担额外的资金投入，部分旅游住宿企业可能承担低碳费用有困难，因此政府可对旅游住宿企业进行经济补贴和政策扶持，帮助旅游住宿企业加大低碳设备和技术的应用和改造，实现低碳转型发展。

（2）加强旅游住宿低碳管理

酒店或民宿等企业或个体是旅游住宿产业实现低碳发展的重要主体，关系到低碳政策是否落实、执行到位，以及日常经营管理是否践行低碳原则等，对资源保护和节能减排至关重要。首先，旅游住宿企业要树立低碳发展意识，重视自身节能减排，将政府、行业协会等部门制定的低碳旅游相关法律、法规、标准等政策和要求切实落实到位。同时，可通过成立旅游住宿行业协会，对旅游住宿企业进行规范化管理，加强对旅游住宿企业如何落实低碳政策、进行低碳经营等方面的监督和指导。其次，旅游住宿企业在经营过程中产生的碳排放不容忽视，因此旅游住宿企业在经营管理中，要践行低碳原则。如在酒店大厅、前台、电梯、走廊等处根据旅游者需求，设定不同的灯光亮度，对广告牌灯光等根据天气情况实施分组开关，利用自然光和反射原理等满足部分住宿区域的照明需求，这样既做到了节能减排、提高能源利用效率，又降低了部分维修成本和材料成本，间接促进旅游住宿低碳发展。旅游住宿企业在日常工作中，要减少一次性用品的使用，对可再利用的物品进行循环使用，如办公用纸两面使用，对废旧纸张、纸箱、塑料瓶等分类回收，对污损的床单、被罩、毛巾、浴巾等，也可以清洗干净后剪裁下还可使用的部分，用作抹布等，延长物品的使用期限，这些既是对企业员工的要求，也可以鼓励旅游者参与。又如，夏季空调温度推荐标准为 26 度，然而实际使用中，往往低于 26 度，造成旅游住宿企业的高电耗和高碳排放量，因此可以通过中央空调进行集中管理或对独立空调进行设定，将温度恒定于 26 度；还可设置电源自动关闭，旅游者离开房间后自动断电，降低企业资源消耗和经营成本。此外，企业内部要营造低碳、绿色、环保的企业文化氛围，创建旅游住宿低碳环境。可以通过绿地、树木、绿植、花卉等在旅游者途经的住宿等区域进行绿色布置，营造绿色环境氛围，既能进行部分碳补偿，也能增添旅游住宿企业风景，提高旅游者的住宿满意度和舒适度。同时加强对员工绿色低碳、节能减排观念的培训教育，提高企业员工的低碳工作和服务意识。一方面，培训节能设备的使用和日常工作中的节能减排方法；另一方面，培训对旅游者的低碳引导，可实现旅游住宿系统整体的低碳发展。

（3）强化旅游住宿低碳服务

按照旅游住宿低碳服务质量标准等政策文件，强化旅游住宿低碳服务。首先，丰富旅游住宿低碳服务内容，加大对绿色低碳的营销宣传。旅游住宿企业在进行市场营销时，可强调企业绿色低碳特色，吸引旅游者入住。在旅游者使用住宿节能设施时，要详细介绍使用方法。还可以在旅游住宿企业显著位置处，设立低碳消费、低碳住宿等宣传牌及具体如何进行低碳的图文说明。其次，不主动提供一次性梳子、牙刷、牙膏、拖鞋等一次性物品，减少旅游住宿过程中的碳排放。可售卖便于携带的木梳、牙刷、牙膏、拖鞋等物品，并保证物品质量，让旅游者住宿后方便带走进行循环使用。再次，引导旅游者实施低碳旅游住宿行为。鼓励旅游者住宿时，自带牙刷、拖鞋、毛巾等洗漱用品，节约使用水、电等资源，引导旅游者将夏季空调温度设置为 26 度等。最后，可在床头放置低碳提示卡，引导和提醒连续入住的旅游者，住宿服务不主动提出更换床单、被罩等用品，以减少其换洗频率，降低在洗涤、烘干、熨烫、运输等过程中的碳排放。为鼓励旅游者主动实施低碳住宿行为，游客可获得旅游住宿企业赠送的一份低碳住宿认证冰箱贴等纪念品。部分旅游住宿企业除住宿外，还涉及餐饮部分。这些企业应尽可能地选用当地食材提供特色餐饮，在减少食材运输过程中的碳排放的同时，也能更好地吸引旅游者品尝。这些企业还引导旅游者科学饮食、荤素搭配、少点餐饮、减少浪费等，同时不提供一次性筷子等餐具，减少碳排放。

7.1.3 旅游餐饮

（1）加大旅游餐饮低碳应用

首先，旅游餐饮企业在装修时，要选择符合国家规定的绿色环保材料，同时尽量就地取材，以减少运输过程中产生的碳排放。在基础设施、技术设备等方面，加大低碳、节能、环保、循环等技术和设备的应用。可以通过采用零能耗、节能环保等智慧设备和技术，降低企业碳排放。同时，旅游餐饮企业同旅游住宿企业类似，等级越高，其装修往往越豪华，由此产生的碳排放量就越大。景区周边可以鼓励居民发展农家乐等特色餐饮。其次，在日常经营中做好低碳节能工作，进一步改进企业能源结构，如使用电能、太阳能、风能、地热能、沼气等清洁能源替代高耗能源，节约使用水、电、气等能源，经营过程中产生的废水、废气、废物等进行低碳化、无害化处理达标后排放，对可再次利用的废弃物进行回收，实现资源的高效循环利用等，在各个环节加大低碳应用，减少碳排放。最后，低碳设备和技术的应用，同样需要旅游餐饮企业负担额外的资金投入，部分旅游餐饮企业可能承担低碳应用有困难，政府可对旅游餐饮企业进行经济补贴和政策扶持，帮助旅游餐饮企业加大低碳设备和技术的应用和改造，实现低碳绿色转型发展。

（2）加强旅游餐饮低碳管理

饭店或农家乐等企业或个体是旅游餐饮产业实现低碳发展的重要主体，其对低碳政策是否落实、执行到位，以及日常经营管理是否践行低碳原则等，对资源保护和节能减排至关重要。首先，旅游餐饮企业要树立低碳发展意识，重视自身节能减排，将政府、行业协会等部门制定的低碳旅游相关法律、法规、标准等政策、文件、要求切实落实到位。同时，可通过成立旅游餐饮行业协会，对旅游餐饮企业进行规范化管理，加强对旅游餐饮企业执行低碳政策、进行低碳经营等方面的监督和指导。其次，旅游餐饮企业在经营管理中，要践行低碳原则。从食材原料的采购、加工，到餐饮的售卖、服务，再到厨余垃圾等废物处理的全过程，都进行低碳化管理。如选用当地食材或应季食材、绿色有机食材等，提供当地特色餐饮，既能减少食材运输过程中的碳排放，也能更好地吸引旅游者品尝。在加工过程中，以清淡少油、素食为主，简单的烹饪方式、适度的食材加工，都是有效降低旅游餐饮碳排放的方式。又如，在游客不多的时间段，开放部分就餐区域，其他区域关闭灯光，以减少碳排放；夏季空调温度设定为26度，减少电耗和碳排放量，降低企业资源消耗和经营成本。最后，在企业内部营造低碳、绿色、环保的企业文化氛围，创建旅游餐饮低碳环境。可以在旅游者就餐区域摆放绿植花卉，营造绿色环境氛围。同时加强对员工绿色低碳、节能减排意识的培训教育，提高企业员工的低碳工作和服务意识。一方面，培训节能设备的使用和日常工作中的节能减排方法；另一方面，培训对旅游者的低碳引导，以实现旅游餐饮整体系统的低碳发展。

（3）强化旅游餐饮低碳服务

旅游餐饮企业按照《绿色旅游饭店》行业标准等政策文件，强化旅游餐饮低碳服务。首先，旅游餐饮企业在进行营销宣传时，可强调企业绿色低碳特色，吸引旅游者就餐。在显著位置处，设立低碳消费、低碳就餐等宣传牌以及具体如何进行低碳的图文说明。其次，不提供一次性筷子等餐具，提供可重复使用的消毒餐具，让旅游者放心使用。引导旅游者实施低碳旅游餐饮行为，适量点餐、多素少肉、光盘行动，节约使用水、电等资源，吃不完的进行打包等，减少旅游餐饮碳排放。

7.1.4　旅游景区

（1）坚守旅游景区低碳开发

旅游景区是旅游者活动的主要场所，也是旅游业低碳发展的重要环节。首先，旅游景区要以可持续发展为开发原则，根据当地自然资源特点或人文社会特色等，因地制宜地进行最低程度的旅游开发，坚守生态承载力底线，加强景区环境建设的低碳化，多采用绿色环保材料建设景区，积极响应旅游业低碳发展。严格禁止建设与旅游资源和环境保护无关的工程，限制土地利用率，以免破坏植被，影响旅游景区生命周期。同时，旅游景区在发展过程中，可制定景区开发长期规划、环境保护与生态修复方案、低碳发展保障政策等，将低碳应用于景区开发建设、运营管理的全过程中，打造低碳景区；还应紧跟社会经济、时代发展和供需情况等，开发和改造景区旅游资源。此外，还可以开发当地特色资源产品，即常说的土特产，在保证生态环境平衡的前提下，就地取材进行售卖，既是当地特色，能满足旅游者的猎奇心理和旅游的异地体验，也因没有运输过程中的碳排放而符合低碳绿色发展。在景区建设中，要采用先进的低碳技术，引入低碳设备，使景区内建筑、设施、废物处理等满足低碳化要求。如景区建筑采用当地材料或绿色环保材料，景区的用电采用风能、太阳能、水能等清洁能源，采用污水处理循环利用设备等，进行旅游景区的低碳开发，为之后景区运营过程中的垃圾分类处理、废物循环利用等打下坚实基础。另外，旅游景区要从环境、旅游者、景区等多角度考量，科学合理地制定景区游客最大承载量，并在经营过程中严格执行，以此减少对生态环境的破坏，保障旅游者的安全和满意度，助推旅游景区低碳发展。

（2）建设旅游景区低碳设施

旅游景区要实现景区设施的低碳化，一方面要加大对基础设施低碳化的投入力度，引入节能减排技术、智能化系统等，采用清洁能源。另一方面，要与政府、科研单位、高校、企业合作，以达到将太阳能、风能、水能等清洁能源应用于景区建设和日常运营中，提高旅游景区设施低碳化程度的目的。景区建设低碳设施，一方面是对景区自身和从业人员而言，另一方面是对旅游者而言。景区的低碳设施面向和使用最多的还是旅游者，为旅游者提供低碳设施能有效地减少旅游者和景区的碳排放。因此，旅游景区要根据实际情况，建设提供旅游低碳产品、设施和活动，避免无用设施造成的资源浪费和环境污染。对设施运行实行科学规范的管理，提高设施的利用率，减少能源浪费。如使用环保观光车，设置分类垃圾箱，建设生态停车场、生态厕所、绿色步行游览道、自行车道等；在景区内建设绿色餐厅，提供当地特色餐饮，不提供一次性餐具等；实行景区智慧化，从门票到景区内餐饮、娱乐等各项旅游活动，都能通过电子系统完成，如手环、指纹、刷脸等，减少纸张使用，降低碳排放。对景区交通、餐饮、游乐项目、旅游纪念品等进行低碳认证，让旅游者能明晰哪些是低碳的，有助于旅游者进行低碳选择。利用 LED 电子屏等进行低碳知识、景点信息、天气情况、客流分布等宣传和介绍，既能减少纸张宣传带来的碳排放和环境污染，也能让旅游者更好地了解景区信息和低碳行为。还可联合政府、企业、媒体等，宣传和树立景区低碳形象，可在旅游景区或文旅官网、微信公众号、小程序、APP 等，推出云旅游，提供代看景、代体验和解说等服务，将景区营销与低碳宣传相结合，在介绍景区时将低碳融入其中，既能满足线上旅游者的旅游需求，也能潜移默化地影响旅游者的低碳选择，在宣传景区的同时，也减少了碳排放。提供低碳旅游游乐项目，如以人力游船代替煤油游船，推广骑行观光车等，让旅游者能够体验低碳旅游的快乐。根据旅游景区自身特色或当地文化等，创办一些景区特色低碳旅游活动，借助媒体资源推广传播，吸引旅游者打卡体验，促进旅游景区低碳发展。

（3）实行旅游景区低碳管理

首先，旅游景区的经营管理者和从业人员，要树立生态意识、低碳意识、环境意识，认识到景区低碳发展的重要性，在日常经营管理和工作中，时刻牢记低碳发展，做到自身低碳，同时引导旅游者进行低碳旅游。旅游景区要对旅游从业人员开展低碳旅游相关培训，如低碳知识、技能等，可以通过开展低碳评比等方式，对践行低碳节能的员工给予奖励，对浪费能源、损害资源的员工进行谈话、惩罚等，形成景区低碳环境氛围。同时引进一些具备低碳观念的人才，既能够对景区整体低碳情况进行管理，对旅游从业人员进行低碳教育和培训，也能以自身的低碳行为带动其他人。其次，旅游景区应贯彻执行政府出台的低碳相关政策，如建立景区管理制度等，对景区低碳发展进行自我约束和监督，促进景区低碳可持续发展；同时应用智能化系统，对景区进行环境和客流等进行实时监测，既可以控制景区客流量不超过最大承载力，也可以对旅游者进行分流疏导，还可以预防和追溯个别旅游者对景区生态环境的破坏。

（4）加强旅游景区低碳引导

旅游景区应加强对旅游者的低碳引导：一是宣传低碳理念和低碳知识、技能。旅游景区和旅游从业人员要多宣传低碳旅游知识，对旅游者进行低碳教育，提高旅游者低碳旅游意识，了解低碳旅游方式方法，引导旅游者采取低碳旅游行为。如不使用一次性塑料袋、不购买瓶装水、少参加高碳排放旅游项目等。二是可以进行一定的低碳激励和高碳抑制。如对自驾游的旅游者征收一定的碳补偿费用或提高停车场收费标准等，限制自驾游旅游者数量，减少私家车的高碳排放。还可以联合旅行社，对跟团游的旅游者给予一定的经济优惠，同时发挥导游的低碳引导作用，对整个旅游团的旅游者进行低碳管理；发挥导游的低碳示范作用，以自身低碳行为带动旅游者低碳旅游。三是可以联合政府、企业等推出碳计算工具，让旅游者能够知晓自身旅游全程的碳排放，同时给出这些碳排放需要一棵树木多久才可以完成碳中和等信息，让游客对旅游碳排放有更清晰直观的认识和感受。四是在旅游景区开展碳补偿活动，设立植树区域，游客植树可以获得景区旅游纪念品，如印有景区特色的环保购物袋、门票减免等物质奖励，或者景区低碳徽章、称号等精神奖励，激励旅游者的低碳行为和碳补偿行为；也可通过认购绿植等活动抵消旅游者产生的碳排放，或向高碳排放的旅游者征收碳补偿税等抑制旅游者的高碳旅游行为。

7.1.5 旅游产品

（1）丰富旅游产品低碳类型

旅游产品大多为旅游景区提供的游客设施、项目或旅游纪念商品等，总体而言，我国目前的低碳旅游产品并不多，低碳旅游产品市场缺乏活力。现有的低碳旅游产品一般只有徒步旅行、露营等，种类单一、数量较少。因此，丰富旅游产品低碳类型是低碳旅游产业发展的重要一环。旅游景区或其他旅游主体应在充分调研市场的前提下，结合自身资源特色和优势，将低碳融入旅游产品的各个环节，为旅游者提供多种多样的低碳旅游产品；设计动静结合的旅游产品，旅游者既能静态参观游览，也能动态参与体验。同时要考虑到旅游者性别、年龄、旅游动机等个体差异，开发不同类型的低碳旅游产品。例如，可以开发城市周边的乡村旅游，利用其较为优良的自然环境，开展种植、养殖、采摘或是加工制作等旅游产品；也可以鼓励旅游者选择自行车、电动车和公共交通等低碳交通工具前往，吃农家菜、住民宿、买农产品，这类活动既能让城市中的人体验到乡村的慢节奏生活，感受乡村风土人情，享受难得的休闲时光，也能减少餐饮、住宿、大型游乐设施等建设造成的资源消耗和碳排放，还可以增加农民收入。让旅游者主动参与到旅游产品体验中，一方面，减少了传统旅游产品在生产、运输等过程中的碳排放和资源消耗、能源消耗；另一方面，旅游者主动体验带来的愉悦感和满足感更加深刻和持久。

（2）优化旅游产品低碳设计

旅游产品的低碳设计应体现可持续原则，即在人与自然和谐相处的前提下，应既满足当代人的旅游需求，也保障子孙后代的旅游权益。旅游产品设计应将低碳与文化相结合，将富有当地特色的传统文化注入低碳旅游产品，这样既能让旅游者领略到旅游产品传达的文化信息、感受到低碳理念，也能唤醒当地居民的文化记忆，激发文化自信和自豪感。旅游纪念品是旅游产品中的重要一项，也是旅游者旅游时经常购买作为纪念品和伴手礼。旅游纪念品可以承载当地文化、民俗等特有的地理信息、文化信息、旅游信息等，并将其通过旅游者传播至其他地方。在旅游产品的设计上，首先，要注重产品制造的低碳性。旅游产品使用各种材料制造而成，在材料的选取上，应使用可降解的、可再生的、能循环利用的材质，同时提高材料、资源的利用率，尽量选用当地材料，减少运输中的碳排放，实现旅游产品本身的低碳化。其次，要考虑旅游者的审美和需求，以及旅游产品的美观性、实用性、功能性等，毕竟旅游者才是旅游产品的主要购买者。再次，要注重创新性，创新是低碳旅游产品占有市场的保障。最后，应进行市场调研、旅游者调研等，结合市场需求和自身资源，可以通过简单色彩、环保材质等方面入手，引进低碳环保设备和技术，开发低碳旅游产品。

（3）增强旅游产品低碳引导

首先是低碳消费理念的引导。旅游产品设计的低碳性会引发旅游者消费的低碳转变。随着社会发展和生活水平的日益提高，过度消费现象随之产生，旅游者在旅游过程中也会出现过度旅游消费的情况。多数游客还是有"我消费了就要更多消耗能源，才对得起我花的钱""反正一次性花钱了，不用节约资源，也不会多收费"等的错误思想。因此，在旅游产品设计时，在低碳的同时也要激发旅游者的情感共鸣，使旅游者愿意主动地选择低碳旅游产品和降低自身碳排放。其次是低碳使用方式的引导。旅游产品一般都是旅游者先购买，然后才可以使用产品或享受服务。在旅游产品低碳方式中，可以将购买转换为租赁。旅游者在旅游途中购买的旅游纪念品，多少都会存在买回家之后发现没什么用，过一段时间就成了家中的闲置物品，或是经过一段时间的使用出现了损坏而无法继续使用，因此旅游景区可联合旅游纪念品生产企业、废物回收企业等，对旅游者购买的旅游纪念品进行回收再利用，给予旅游者一定的经济补贴或景区门票、游乐项目减免优惠，或是折扣购买新的旅游纪念品等，提高旅游者对旅游纪念品的爱护程度，调动旅游者对旅游纪念品回收的积极性，以实现资源的最大化利用，减少碳排放。最后是低碳行为方式的引导。旅游者的低碳认知、低碳意识和低碳行为，与低碳规范和低碳环境密不可分，因此，景区可联合政府、媒体等，共同宣传低碳，营造低碳氛围，以引导旅游者选择低碳旅游方式。对低碳旅游产品进行认证，一方面可以引导生产企业向低碳方向转变，另一方面可以便于旅游者在消费时做出选择。通过旅游产品的低碳设计，如产品材质都采用可循环利用原料或再生原料，加入旅游者与旅游产品之间的低碳互动，如手摇发电等，使旅游者在使用旅游产品时受到低碳引导而产生低碳行为方式，形成旅游产业链的共同低碳发展。另外，旅游者购买旅游纪念品多数是为了送人，因此会产生过度包装问题。一方面可以在售卖旅游纪念品时，明确告知旅游者不同包装所产生的碳排放量，通过数字的直观对比，引导旅游者选择低碳的简单包装。另一方面，可以对旅游纪念品的额外包装进行收费，限制旅游者选择过度包装。

7.1.6　旅游者活动

（1）树立旅游活动低碳理念

旅游者是旅游活动的主体，也是旅游产品的终端消费者，在旅游活动全程中，低碳理念、低碳素养会在食、住、行、游、购、娱各环节对旅游者的低碳行为、碳补偿行为产生影响。根据计划行为理论，旅游者具有低碳理念、低碳意识，其低碳旅游主观规范性增强，会使其产生较为强烈的低碳旅游意向，而意向越强烈，其低碳旅游行为发生的可能性越大。作为旅游者，应不断学习低碳旅游知识，提高自身低碳素养，主动学习和掌握低碳旅游的具体方式，了解哪些旅游行为、旅游活动、旅游产品是低碳的，并从自身做起，践行低碳旅游。此外，还可以通过示范效应，向身边的亲人、朋友、同事等，宣传推荐低碳旅游，以带动形成良好的低碳旅游社会氛围。在我国碳达峰、碳中和目标背景下，低碳、碳补偿成为旅游者活动热词。旅游者具备低碳理念，更易倾向于参与到旅游碳补偿活动中。旅游者应学习碳补偿相关政策和知识，了解旅游碳补偿机制和措施，主动参加旅游碳补偿活动，如植树等。树立旅游活动低碳理念、具有低碳意识和意愿、具备低碳知识和技能，且愿意为碳补偿付出一定的时间、金钱、劳动等，这些既是助力我国碳达峰、碳中和目标实现的重要基础，也是促进旅游低碳可持续发展的重要保障。

（2）践行旅游活动低碳方式

旅游者在旅游全程中的各个环节践行低碳方式，是低碳旅游活动的重要特征。旅游活动低碳方式，是指旅游者在旅游活动中通过实施低碳行为减少自身旅游碳排放，具体地说，就是在食、住、行、游、购、娱各旅游环节践行低碳行为的方式。在低碳饮食上，尽量少食肉类，多选择蔬菜食品，既能减少二氧化碳排放量，也有利于身体健康；选择当地的应季食材，既能品尝到当地特色，也能减少食材在运输中的碳排放量；选择简单烹饪的菜品、适量点餐、光盘行动、吃不完的打包带走，既能减少碳排放量，也能减少浪费、节约资源；不使用一次性筷子等餐具，尽量自带水杯，不购买瓶装水，减少对环境的污染和生产、运输等环节产生的碳排放。在低碳住宿上，选择公共交通便捷的住宿地点和出行游玩方式，减少出租车、网约车、私家车等的高碳排放；住宿简洁舒适即可，不盲目追求豪华高级的酒店，可以选择当地民宿，体验当地建筑特色风格；养成良好生活和旅游习惯，在外住宿时，随手关闭电视等电器的电源，夏季空调温度设置为26度等，节约用电，减少碳排放；住宿时自带牙刷、牙膏、拖鞋等，既干净卫生，也能减少资源浪费和碳排放。在低碳出行上，选择公共交通工具，如用坐火车代替坐飞机、用跟团游代替自驾游、用公交、地铁等代替出租车、网约车等私家车，减少旅游交通碳排放；近距离的旅游活动，也可以选择骑自行车或步行前往。在景区内，也尽量选择步行，既能更好地领略景区风光，也能减少景区交通碳排放。在低碳游览上，旅游者在游览过程中，应减少旅途垃圾，减少一次性物品的使用，同时进行垃圾分类。使用电子地图等低碳游览方式，减少自身旅游排放。在低碳购物上，选择当地采摘或生产的土特产等，减少运输过程中的碳排放；购买旅游纪念品时，主动要求不包装或简单包装，从而减少碳排放、资源浪费和对环境的污染。在低碳娱乐上，优先选择低碳游乐项目，如徒步、采摘、观光等，少选择高碳排放量的大型游乐设施等。另外，旅游者还可以通过参加植树等活动，对自身旅游碳排放进行碳补偿行为，实现旅游活动的低碳发展。

（3）完善旅游活动低碳支持

旅游者在旅游活动中的低碳行为，离不开外界的低碳支持，既包括精神层面的宣传教育，也包括物质层面的设施环境等。一是加大低碳旅游政策的引导和低碳旅游的相关宣传力度，通过拓宽宣传渠道、加大宣传力度，讲解低碳旅游政策、旅游产业低碳发展前景、旅游活动低碳化的重要意义、旅游者活动低碳能带来的益处等，营造良好的旅游活动低碳氛围，提升旅游者旅游活动低碳理念和低碳素养，增强旅游者对低碳旅游的认知，提高旅游者对低碳旅游知识和技能的掌握及应用水平，吸引旅游者积极主动地践行低碳旅游。在全社会倡导低碳旅游文化，通过青少年的低碳教育带动家庭的低碳旅游行为，利用示范效应、从众心理等，促进旅游者活动向低碳发展。二是完善旅游者在旅游活动中的物质支持，包括经济激励和设施环境便利等。如在餐饮中提供当地应季食材、绿色有机食材等，简单烹饪的美味佳肴、消毒餐具、便利的饮水设备，住宿上提供干净、卫生、有特色的民宿，完善公共交通增加景区的可达性，便利的自行车乘用点，推出简单方便的景区电子门票、游览电子地图和游览路线、线上的电子导游，提供更多的低碳旅游纪念品、低碳旅游活动、低碳游乐项目等低碳旅游产品，以及生动有趣的低碳教育活动、践行低碳的经济激励等，让旅游者选择低碳旅游活动方式时，不会降低其旅游舒适度、体验感和满足感，从而更倾向于进行低碳旅游。

7.1.7 其他利益相关主体

（1）政府

旅游产业低碳发展涉及多方利益相关者，不同利益相关者由于经济实力、管理能力、资源水平等存在差距，加之缺乏有效的沟通交流，导致在践行低碳方面存在较大差异。因此政府在其中承担着重大职责，即政府需要发挥协调、引导和监管作用，为旅游产业低碳发展制定政策，与行业协会联合细化低碳节能标准，指导旅游企业低碳行为，并通过资源整合和共享，发挥旅游系统产业优势。政府不仅能直接影响旅游企业的低碳决策与具体低碳实施程度，在全民低碳教育中还发挥着不可替代的作用，提升旅游业所有相关者的低碳意识和低碳能力，共同实现旅游产业低碳发展。

一是政府要编制旅游产业低碳发展规划，制定旅游业低碳发展行动方案，明确旅游业节能减排目标等。将旅游纳入城市整体发展规划中，联合和指导企业开发低碳旅游，形成城市低碳旅游网络。出台旅游产业低碳发展政策、制度、奖惩机制等，规范旅游产业的低碳行为。将碳排放量作为景区、企业等的考核标准之一，督促景区、企业等旅游产业主体加速低碳转型。对践行低碳成效好的景区和企业给予金钱奖励、税收优惠、荣誉称号等进行激励，对践行低碳成效不好的景区和企业给予征收碳税、通报批评、约谈问责等进行督促，逐渐形成一系列完整的制度和监管体系。通过设立低碳旅游示范区、绿色饭店等低碳示范单位，树立行业标杆，促进行业之间的低碳经验交流，引领行业低碳发展。同时，制定旅游者低碳消费和碳补偿激励机制，对践行低碳旅游行为和参与旅游碳补偿活动的旅游者，给予一定的物质奖励和精神奖励，通过对旅游者低碳行为的肯定，激发旅游者的低碳旅游热情，对碳排放过高的旅游者，可征收一定的碳税以限制其碳排放量，强制进行碳补偿；也可动员旅游者对旅游景区等进行监督，畅通投诉渠道，让旅游者成为旅游产业低碳发展的有效推动力量，既能更好地帮助政府监管旅游企业的低碳践行，也能加深旅游者的低碳认识，形成旅游业低碳发展的良好生态链。

二是运用微博、微信、抖音等 APP，以及电视、报纸、官网网站等多种渠道，加大对低碳旅游重要性、意义、价值、理念、知识、方式和途径等内容的宣传，倡导低碳旅游新风尚，营造旅游产业低碳发展环境，加深旅游者的低碳认同，自主开展低碳旅游行动。将低碳纳入国民教育，使低碳成为公民的必备素养，融于公民的日常学习、工作和生活中，使公民形成低碳习惯，在旅游过程中自觉践行低碳理念。国民低碳素养的提高，有助于企业落实低碳管理、旅游者和社区居民践行低碳理念。可以以学校为宣传阵地，引导青少年进行低碳旅游，并在家庭中发挥带动作用，使其父母及其他长辈等共同加入低碳旅游队伍中。也可以以社区为宣传阵地，开展旅游低碳宣传，在日常工作和生活中宣传低碳旅游相关内容。另外，政府应对景区、商家等旅游经营者开展低碳节能教育培训和低碳宣传，提升景区、商家、旅游社区居民的低碳素养，营造浓厚的低碳旅游氛围。

三是通过在技术和资金等方面提供政策支持，激发旅游市场低碳活力。旅游产业要实现低碳发展、减少碳排放和能源消耗，新能源技术、环保材料、节能设备等是必不可少的。政府应发挥引领作用、整合作用，与高校、科研机构、企业等建立合作，共同研发低碳技术和设备，加速旅游低碳发展。人才是旅游产业低碳发展的根本保障，政府应加强低碳旅游专业人才培养，提供教育资源和政府支持，吸引并留住优秀人才扎根旅游产业，为旅游产业低碳发展注入科学力量。进一步加深加快文化和旅游的融合、先进低碳技术与旅游的融合，为旅游者提供更多低碳绿色的旅游产品，促进旅游者的低碳消费。政府牵头发展智慧低碳旅游，整合旅游资源，包括旅游咨询、景区景点介绍、推荐低碳游览路线、公共交通方式、导游线上讲解、旅游产品碳排放量等信息，让旅游者通过一部手机就能完成旅游活动全程，引导旅游者科学有效地实施低碳旅游行为，降低旅游者的碳排放；还可研发推广旅游者碳排放量测量程序，对旅游产品界定碳排放量，让旅游者能够自行操作完成旅游活动全程的碳排放量测量，清晰地知晓一次旅游所产生的全部二氧化碳排放量，从而对碳排放和低碳旅游有更深的认识，同时给出旅游者此次旅游活动产生的碳排放量需要多少棵树多久时间才能完成碳中和，引导旅游者通过植树进行旅游活动碳补偿。

（2）旅行社

目前，大众旅游依然是旅游市场的主流模式，跟团游在旅游市场中依然占据较大比例，因此，旅行社在旅游产业低碳发展中发挥着重要推动作用，既在旅游企业与旅游者之间发挥资源和信息的对接作用，也在旅游全程中对旅游者践行低碳旅游目标发挥引导作用等。

一是建立旅行社低碳系统，引导旅游者实施低碳旅游行为。一方面是旅行社自身经营管理中的低碳行为，包括简单装修、减少办公用纸、节约用电、废物循环利用等。另一方面是对旅游全程涉及的各方面进行低碳选择，包括低碳景区、绿色低碳餐饮住宿、低碳交通、低碳游览路线、低碳旅游商品等，旅游者跟团游时，所有的旅游行程离不开旅行社的安排，因此旅行社对低碳旅游的选择，在很大程度上代表着旅游者在这次旅游活动中的低碳行为。旅行社应该积极贯彻低碳旅游理念，在旅游食、住、行、游、购、娱各环节中，尽量选择低碳产品，引入低碳内容。如在餐饮方面，选择当地的应季菜品或有机绿色食品，以及少肉多素的饮食搭配，适量配餐，减少浪费。在住宿方面，选择规模较小但干净卫生的环保绿色酒店，或是当地特色民宿等；在交通方面，短途游一般是旅游大巴，长途游尽量选择火车出行，少安排飞机行程；在游玩方面，多选择徒步、骑自行车、观光游览等低碳旅游项目，少安排高碳排放量的游乐项目。同时引导旅游者在旅游活动全程中践行低碳旅游行为。

二是培养和引进低碳旅游人才。在旅游活动过程中，尤其是在跟团游中，与旅游者接触最多、对旅游者影响最大的，就是旅行社从业人员。因此，旅行社应加强对旅游从业人员的低碳旅游教育和培训，提升旅游从业人员的低碳理念、低碳意识、低碳技能、低碳知识、低碳责任，以更高效地引导旅游者进行低碳旅游，同时发挥示范作用，带动旅游者共同践行低碳旅游行为。在导游介绍景区景点时，也要将低碳融入其中，介绍低碳旅游行为、注意事项、相关的环境保护和低碳政策要求等，引导和规范旅游者的低碳旅游行为。引进低碳旅游人才，自主设计开发低碳旅游路线和产品，如湿地游、森林游、乡村游等，既能满足旅游者追求的旅游差异性体验，实现旅行社的营收；也能促进旅游产业的低碳发展，实现经济、社会、环境等方面的共赢。

（3）社会组织和社区居民

社会组织作为政府和企业之外的第三方主体，在低碳环保方面发挥着重要作用，是补充政府对企业监管的重要力量，因此要充分发挥社会组织在旅游产业低碳发展中的协助作用。一是加强与政府各部门、各旅游企业之间的合作，共同完善旅游产业低碳发展政策，健全旅游产业低碳发展规划等，为旅游产业低碳发展献言献策。二是为旅游景区、旅游饭店、旅游酒店、旅行社、旅游者等旅游从业人员和参与人员提供低碳旅游知识和技能培训，以及为旅游景区和旅游企业提供资金和低碳技术等方面的支持。三是发挥监管作用，对旅游景区和旅游企业进行低碳旅游监督和低碳落实评价等，为政府对旅游景区和旅游企业的低碳奖惩提供现实依据和数据支撑。

社区居民也是旅游低碳发展中不可忽视的群体。多数旅游景区周边都会存在当地居民的活动，社区居民的低碳行为及良好的低碳氛围，可以间接影响旅游者的低碳行为。因此，应将低碳融入社区居民的日常生活中，在旅游者旅游时，潜移默化地受到低碳环境的影响，提升低碳旅游行为。社区居民的低碳生活行为，是对旅游环境的保护，也是旅游产业低碳发展的基层力量。

7.2 旅游产业低碳发展提升策略

7.2.1 制定低碳转型设计 扩大政策资金支持

（1）制订旅游相关行业低碳转型计划

要想实现旅游产业的低碳转型，需重点考量旅游产业的顶层设计。政府和相关部门应对旅游产业碳排放量进行基本的测算，并依据不同区域的旅游相关行业制订计划，使其符合旅游产业的高质量发展的目标，根据碳达峰、碳中和的目标，分析旅游产业现阶段所面临的改革过程中存在的重点和难点，制定切实可行的实施路径。在此过程中，政府应对旅游产业中的各相关主体实行相应的激励政策，以推进碳减排策略。在进行顶层设计的过程中，分行业、分区域、分规模制定恰当的转型路径。

（2）政府制定可行的低碳政策

在政府层面，政府应对碳排放数据的整理计算做到精细化管理，每间隔一段时间进行落实到企业自身的排查，要求企业完善碳信息，做到公开透明。应该充分利用政府部门的权威性及主导性，从制定行为规则的角度，让旅游地的相关行业和当地居民认识到低碳环保的重要性。通过实施低碳政策，强制性地转变传统旅游思维方式，带动低碳旅游产业的快速转型。地方政府应加快出台切实可行的低碳旅游实行政策。根据双碳目标，结合当地特点，制定地方旅游业碳减排的具体行动方案，与旅游业相关人员合作制定旅游业低碳行为规范，并制定符合旅游当地的低碳化标准和旅游发展规划，以及设置相应的考核标准，推进自然风光类景区的低碳改革。建立约束机制，政府逐步建立适合旅游目的发展的推进低碳运营的政策体系，并提供相应的政策和资金的支持，政府人员应定期与旅游企业进行座谈，了解旅游企业在实施低碳经营活动过程中遇到的困境和难题，并给予一定的帮助和支持。与此同时，要随时监督旅游企业的碳排放量，动态观测碳排放量的变化，制定严格的奖惩制度，做到赏罚分明，以提高旅游主体实施低碳行为的积极性，提升旅游企业开展低碳经营的行为意愿。同时，政府要加强企业进行低碳经营的引导，鼓励当地居民进行低碳活动，与当地电视台、广播电台、广告公司沟通，拍摄公益宣传片，大力宣扬低碳环保、绿色出游等行为。在群众中培育低碳环保的理念，在潜移默化中让游客或潜在的旅游消费者认真考虑低碳出行、低碳旅游的方式。在旅游行业层面，对旅游企业定期进行指导，树立低碳经营意识，改变传统旅游观念，实现旅游企业的快速转型和旅游产业的转型升级。在旅游景区建立低碳排放标准，对景区实行等级评定，从管理水平、环境、技术、设施和文化等方面，对旅游景区的低碳转型结果进行判断，对符合标准的低碳景区、度假区、酒店、交通线、旅游供应商等投入资金，并推广到其他地区，建立试点扩大范围。

（3）拓宽资本投入渠道

在实现旅游低碳化的过程中，无论是加强科技支撑力还是实现资源的优化配置，都必须建立在资金充足的前提条件下，只有拥有雄厚的资金储备，才能进行低碳旅游的基础设施建设，所以加强资本投入是实现低碳旅游的物质保障。通过加强资金的支持力度，提高旅游企业进行低碳旅游的积极性。第一，为了保证低碳旅游服务的正常运行，地方政府应加大资金的投放力度，通过相应的税收法律法规，合理安排财政收入，减少低碳旅游企业的税收，减少旅游企业的信贷利息，提高旅游企业开展低碳的土地审批速度，并提供相应的技术支持，以推动低碳旅游的稳步发展，从政策支持的角度保障低碳旅游服务的效率。第二，低碳旅游服务本质上属于一种资本与技术相结合的综合性产业，相关数据表明，固定资产投资对低碳旅游服务有着直接的影响，固定资产投资每提高 1 个百分点，低碳旅游服务效率提高 3.839 个百分点，因此固定资产投资尤为重要（刘长生，2012）。旅游企业应增加固定资产的投资额度，固定资产投资包括购买土地使用权、不动产投资等，如旅游景区、酒店的建设、电动车及索道设备的投入，节能设备的购入等，固定资产投资为旅游产品的低碳化奠定了物质基础。第三，旅游目的地当地政府应在财政收入中提取一部分作为低碳旅游的转移支付补助，进一步优化投融资环境，引进国外先进的管理经验，引入高新技术企业入驻当地的旅游目的地。创新融资机制，要建立多种融资渠道，采取多种方式，引入政府财政资金、吸收企业闲置资金，扩充金融机构的融资担保方式，向银行、财务公司、担保公司等筹措资金，吸引社会资金的投入。

（4）选择权益性筹资方式

为降低旅游企业自身的财务风险，可以选择权益性筹资方式，如吸收股权投资，发行股票，利用内部留存收益等方式筹集权益性资金，在获取资金的同时，自身财务风险不会升高；在投入旅游创新项目时，选择合适的投资机构；在评估风险时，选择风险较低的项目，在当前形势下，以保全流动性资金为前提，进行稳定性经营；在选择特色旅游项目时，需要政府、高校、科研机构与旅游企业共同参与，秉持收益共享、风险共担的原则，对旅游资源统筹规划，以较低的成本实现较高的收益；在对收益进行分配时，按照投资比例进行分成，并将获得的收益在基于融资约束的情况下，先满足未来投资的需要，再将剩余部分对外进行分配，优先保证未来的资金需求。在使用资金过程中，合理设置监督约束机制，包括政府、社会媒体、合同与道德约束，对旅游企业营造公平客观的投融资环境和良好的营商环境，从长远的角度维持当地旅游产业的健康的发展。政府要把握基本的准则，进行宏观调控，科学制定当地的低碳旅游经济战略，颁布惠民的政策法规，进而保障旅游相关产业的联动发展，搭建良好的发展平台。

7.2.2 调整旅游产业结构 优化旅游资源配置

（1）加强政府与旅游企业的协同效应

根据目前国内旅游产业结构失衡的现状，为了保证旅游目的地低碳发展的效率，保证旅游目的地经济的发展，需要重点调整旅游产业的结构，而旅游产业结构的优化需要加强政府与旅游企业之间的相互协调与配合，提高当地土地资源的利用率。调整我国当前的旅游产业结构，不仅对区域旅游经济增长具有一定的促进作用，还能拉动旅游产业经济的快速增长，这需要当地政府职能部门给予一定的政策支持。在此过程中，政府职能部门应结合当地的旅游资源，从生态保护的角度合理调整旅游产业结构，优化其比例构成，高效利用地方的优势资源，并提高资源的利用率，同时加强地方各职能部门之间的合作关系，为当地旅游经济的发展提供政策支持。旅游目的地的相关行业要基于可持续的发展目标对旅游资源进行开发，如景区在扩大地方旅游目的地规模的同时，要着重保护当地的自然环境，采用先进的现代化方法，利用大数据测算的方法计算碳排放量，合理控制碳排放量，合理优化旅游地的能源结构，降低旅游业能源消耗强度，不破坏、不浪费，提高一次性能源的使用效率。同时，要提高政府的管理手段，加强各省份及地区之间旅游产业链之间的交流合作，提高低碳化旅游实施的效率和效果。只有这样，才能使旅游目的地的产业释放出市场活力，为我国低碳旅游经济的发展做出优异的成绩。

（2）优化旅游产业结构

提高旅游企业转型升级的积极性，激励旅游企业低碳化创新，旅游景区要根据所在地特点，开发有机农业、低碳旅游、亲子旅游、生态旅游等形式多样的旅游活动。加大推进城市及乡村的风貌，改造旅游目的地的景观。开展旅游目的地当地的环境整治工作，清路障、清淤泥、清垃圾，提高旅游目的地资源的开发水平，为低碳旅游产业发展转化提供物质保障。以往旅游资源局限于旅游当地的自然资源，如自然风光、特有的国家级保护动物、丰富的动植物等，上述旅游资源容易受到生态保护的限制，不易创造更多的收益，属于比较传统的旅游模式，生态环境极易遭到破坏，容易引起高碳排放量，不利于旅游的可持续发展。为改变现状，需要合理优化旅游资源的配置，调整传统的旅游产业结构，改变传统旅游形态，激发旅游的创新性，扩充旅游的兼容性，提升旅游的韧性，将丰富的自然资源和传统资源价值转化，拓宽旅游的边界，开发旅游周边产品，实现旅游资源的优化配置和共享，突破瓶颈，实现旅游资源价值最大化。

（3）提高资源利用率

旅游资源兼具自然资源与环境资源的属性，能够产生巨大的经济效益。因此，优化旅游资源配置，使之发挥经济效用，是地方政府和企业重点关注的部分。对旅游资源的合理配置，既加强了对自然资源的利用和保护，也提高了经济资源效率配置。科学合理配置旅游资源，一方面强调旅游目的地资源环境的可持续利用，另一方面也是对旅游目的地当地的经济发展与当地生态环境保护的必然要求。从旅游资源优化配置的内核来看，从宏观角度分析，将自然资源合理地分配给旅游产业，在对其进行开发的过程中，要注意保护植被、野生动物、水资源、土地资源等，注意生态环境与经济效益之间的平衡，注意当地居民的生活与收入的合理配置，不能只注重短期效益，而是要将自然的优势资源配置于最适合其发展的部分，创造可观的地方财政收入；从微观角度分析，旅游目的地当地的景区或相关行业要使资源发挥最大的效用，加大政府的主导作用，重点区域加强招商引资的力度，创建良好的营商环境，出台绿色金融、碳税、碳积分等支持低碳化政策。

（4）打造"旅游+"复合型模式

要想调整旅游产业结构的优化，可从以下几个方面入手：刺激消费、增进就业、促进招商。扩大低碳旅游市场的覆盖面，促进低碳化的产业结构升级。坚持打造绿色旅游基地，实现相关产业相联，提高旅游服务质量和旅游地当地全民参与度，部分旅游目的地可以以当地的农业、林业为基础，打造"生态+低碳旅游"的旅游产品；结合目前形势，以养生旅游为目标，将温泉酒店与医药相结合，推出康养式的银发旅游产品；打造以森林为基点的"森林+旅游"的休闲旅游服务，推进"旅游+历史文化""旅游+商务"等旅游产品，借着冬奥的契机，推进冰雪旅游产业的稳步发展，将旅游区的特点深度进行挖掘，为城市的产业结构调整做充足的工作，为城市的产业升级实现正效应，打造城市的新名片。推进旅游重大项目的建设，对于二线城市而言，由于受到地域、气候、经济发展等条件的限制，必须从全国统一大市场的角度，实现国内国际双循环，借助不同城市之间的协调发展，互助互利，抓住难得的机遇，乘着政策的东风，利用周边城市、省会城市交通便利的优势，实现旅游经济的跨越式发展。

7.2.3 提升城市集约水平 完善基础设施建设

（1）提高旅游地资源利用率

随着城市化水平的迅速发展，土地资源紧缺，大量耕地改为商业用地，生态环境受到了一定程度的影响。保护旅游目的地的生态环境是在发展低碳旅游过程中必须重点关注的内容，因此要想保证旅游产业的低碳可持续发展，必须要关注旅游地的资源和环境问题。旅游地的土地作为稀缺资源，是开展低碳旅游的空间载体，旅游地的土地的集约高效利用是关键的一环。首先要保证土地的合理使用，格外关注旅游目的地的土地利用率，严格按照低碳、绿色的发展要求，不能破坏土地表面的植被，强调土地的循环使用能力。相关研究表明，城市土地的集约化水平与碳排放量具有相关性。通常情况下，土地集约化程度高，碳排放量相对较高；土地集约化程度低，碳排放量相对较低。因此，要提高土地的利用程度，提升城市土地集约水平的利用率；提高相关产业的专业分工，加强不同产业之间的互动与合作。将旅游企业、物流业、电信业、零售业、餐饮业、酒店、娱乐业、商场、在线平台、直播电商等行业联成产业集群链，将不同行业形成有效的串联，通过提供高质量的旅游服务，形成综合性的竞争力来共同推动产业结构的升级。其他产业以旅游为核心，旅游作为主导产业向周围辐射，形成一个网络结构，发挥联动效应，利用产业集群，形成内部的协调和资源集中效应。在此过程中，以温室气体排放作为一个定量标准，以标准值作为标杆，协调资源，降低成本，提升竞争力，推动城市集约水平的提升。

（2）提升城市集约水平手段

提升城市集约水平可以从以下三个方面入手：首先，加大招商引资，形成旅游目的地的低碳文化产业群，除了旅游目的地当地的自然景观，人文景观也是旅游中极其重要的一部分，旅游目的地当地的民俗文化、历史文化同属于非物质文化遗产中的一部分，其重要性等同于景区的自然风光，使游客在游览自然风光的同时，真正了解旅游地的历史文化和传统。其次，旅游目的地要实现旅游低碳化的战略目标，在加大招商引资的同时，要着重打造旅游目的地的非物质文化，结合当地的饮食特色、建筑特征、服饰特点等文化资源打造城市产业群，以产业集群的形式实现旅游目的地的文化价值，拓宽低碳旅游的市场空间，形成低碳旅游新业态。最后，发展数字经济和智慧旅游，实现旅游资源的集约化管理，加快开发在线平台云旅游、虚拟旅游等旅游新业态，实现"一部手机可旅游"的迭代升级，推动低碳旅游的虚拟化、在线化，拓宽低碳旅游的市场，推进整个旅游产业的碳达峰和碳中和。加强绿色产品的研发与创意设计，从消费源头将供给侧结构性改革与绿色低碳生产全面关联起来，以绿色供给推动绿色低碳消费增长。

（3）完善旅游地基础设施建设

对于城市旅游地或城市近郊旅游地，为实现城市景区的低碳化水平，要重点建设城市景区中的自然景观和人文景观，尤其是自然风光的构建，强调人与自然、人与人之间和谐的旅游休憩方式，从中渗入低碳的旅游休闲模式，使城市的居民能够全身心地放松，享受低碳、绿色的旅游休闲度假模式。建立低碳停车场，方便游客低碳化出行，减少旅游出行产生的温室气体的排放。针对旅游购物，设计节能环保包装，推广可循环使用的商品，打造一体化的旅游低碳经济服务项目，根据一体化的旅游低碳经济发展，更新旅游设备设施，打造具有特色的旅游业态服务模式，进而提升中国旅游经济发展，推助中国旅游经济在国际上的良好发展。例如，在景区内建设绿色停车场，建立垃圾分类回收装置、使用节能空调设备，建设低碳旅游环境；减少纸质景区门票的出售，鼓励游客购买电子门票，开具电子发票，减少纸张的使用。另外，加强电子商务、物流、作息流、5G 网等基础设施的建设，以"旅游+电商""旅游+绿色物流""旅游+室内剧本杀""旅游+生态文化"等方式，宣传低碳旅游目的地模式。

（4）完善乡村旅游地基础设施建设

在开展低碳化旅游的过程中，为提高低碳化旅游的效率，要注重完善旅游目的地的基础设施建设。为实现低碳旅游的有效运行，旅游目的地应结合自身情况，根据成本效益原则，完善旅游目的地设备的更新改造。针对乡村旅游来看，首先要对旅游目的地的环境进行绿化和美化，乡村的绿化率在一定程度上代表了绿色低碳的能力，而乡村的美化率能够提高旅游吸引力。绿化率要求尽量维持乡村的原始风貌，减少人为的毁改，改善乡村的环境，做到清洁、绿色、原始等特点。乡村目的地的文化建设能够有效提升旅游目的地的核心竞争力，以"绿色+乡村文化"为目标，引导乡村旅游者开展低碳消费行为，创建低碳旅游乡村，建立民宿，形成新的乡村品牌，并以乡村特色吸引游客，以乡村田园、绿色庄稼、远离城市喧嚣为主题，进一步推广低碳旅游，加大乡村文化与低碳旅游的融合，提供绿色乡村的休闲体验服务，发展有机农业、康养旅游，助力乡村低碳游的新发展。

乡村的美化率要求加强道路维修，提高交通运输能力，加强电网的建设，注意垃圾分类回收的建设，强化农村的现代化交通建设、加强 5G 网建设，提高乡村旅游的信息化建设，与外界建立有效联结，开展以民宿、民居为主的田园式旅游。文化是旅游的根基，要深入挖掘旅游目的地的文化资源，走创新发展之路，把文化融入旅游中，提升旅游目的地的人文气息；把文化融入景区风光中，为低碳旅游的发展铺垫道路，还要通过创新驱动，研发更多的文化产品，提升内涵和包装设计水平、拓展产品功能、形成品牌等，增强旅游目的地的吸引力。

（5）完善景区交通建设

景区应关注交通的可进入性，打通交通节点，为游客省去在目的地交通不便的困扰，在火车站、飞机场等地提供租车服务，设计自驾路线，打造自驾车露营地。打造全域旅游大巴体系，利用公共交通实现节能减排，在景区附近安排停靠站点，实现对景区的导流。健全共享单车系统，解决景区"最后一公里"问题；在景区内打造自行车游览项目，倡导游客绿色出行，减少景区的二氧化碳排放量。各地应规划多条绿色观光道路，在满足休闲娱乐功能的基础上，实现绿色出行与节能减排。为不同年龄段的游客提供个性化的游玩路线，丰富旅游标识系统，设计全域旅游标识地图，在图中显示重要交通街道，以及重点景区、火车站和机场等地点。还应在游客集中场所建设指引地标，为游客提供优质的标识引导服务，减少因低效出行而排放的二氧化碳。

7.2.4 加强科技支撑能力　推行低碳景区试点

（1）利用现代化科技手段

低碳旅游与传统旅游的区别在于低碳旅游的能源消耗较低，对景区的生态环境破坏力比较小。为了能够实现旅游服务的低碳化，政府必须有现代化的技术手段与新时代的科技设备作为技术支撑。首先可提供低碳旅游服务技术含量相对较高、资本投入较多的体验式服务产品，通过提升科技支撑能力，积极探索低碳旅游转型的实施路径，采用机器学习的方法对旅游目的地的碳排放数据实施动态监测，动态抓取温室气体的排放量，采用先进的计算机方法对数据进行计算，使用高精度的方法对温室气体进行识别和分类，将地理数据和旅游数据相结合，采用量化的方法对旅游景区的碳数据融合计算，并根据城市和乡村旅游区的数据，设计相应的生态旅游模式，开展低碳旅游活动。其次可通过建立碳排放监测机制，利用技术创新手段，实施碳减排与绿色旅游、生态旅游实施策略。将先进的绿色、低碳技术应用于旅游业。将新能源的储备方法、碳循环使用等技术应用于旅游产业。设计低碳型的旅游产品或服务，建设生态旅游示范区、低碳旅游服务区、康养旅游体验、绿色亲子家庭游、低碳研学游等新的旅游出行方式，进一步推动低碳旅游、去碳化旅游的发展和壮大。

（2）提升科技支撑的传播能力

提升科技支撑的传播能力，首先要结合数字经济加强低碳旅游的传播力。把低碳旅游的环境主导力纳入旅游传播体系中。在扩大低碳旅游传播的过程中，加强理论建设，从网络、电视、广告、短视频、网红博主等渠道进行低碳旅游文化传播，从技术角度加强低碳旅游的植入和渗透，采用增强现实技术（AR）等方式，增强真实感，采用全景交互等技术手段，增强低碳旅游的体验感和沉浸感。科技支撑能力的提升能够引致低碳旅游产业能力的提升，低碳旅游产业的升级依靠现代化的科技力量。在传统旅游中加入互联网技术、模拟仿真、AR、现代装备技术、碳储存技术等元素，优化了传统自然资源性质的服务产品，实现旅游资源的扩充和旅游业的高质量发展，带动了旅游业向低碳方向前进。

（3）配置高效的碳排放量测算设备

借助遥感技术，评估树木的结构、土质类型，通过分析植被吸碳数据，观察并测算景区碳循环指标，利用微气候模拟软件（ENVI-MET）、计算流体力学（Computational Fluid Dynamics，CFD）等工具研究土地的降温效应，利用I-TREE软件计量植被的固碳能力，利用芯片标记树木的生长情况，通过可视化的图像或数据来体现树木对于碳减排的效用，以提升游客或潜在旅游主体对植物的重视和吸引。只有将游客与自然风光景区内的植被联系起来，实现人与自然之间和谐共处才能使资源得到更合理的配置，使人们生活得更舒服，使人们居住的地球更健康，能够持久地运转下去，通过上述情形，让人们更倾向于选择低碳活动，进行更合理的决策，维持低碳旅游的可持续性。

（4）增加低碳景区试点的数量

推行低碳景区试点工作，研究结果表明，对不同城市推行低碳景区试点，能在一定程度上激励旅游产业有效实行绿色旅游，既能实行多种技术创新，也能推动当地政府投入资金，并在政策上有一定的倾斜。低碳试点的实施促进了绿色景区的绿色低碳改革，而且有一定的成果。因此，通过总结经验，汲取教训，对成功的案例进行复制和升级，提炼出更高效率的措施实施，对失败的案例进行改良和修改；与专业人员进行经验交流和沟通，推行低碳工作的进一步开展，发挥技术创新手段，实现低碳效应的最大化。此外，政府应实时跟进景区试点的工作，在随访阶段，督导组或检察组要下沉到试点，切实了解旅游企业存在的问题，杜绝"假大空"的面子工程，能在资金上、技术上、政策上给予一定的支持，以实现景区的低碳化，改善旅游产业整体的困境，实现旅游产业的低碳转型升级，并带动其他产业的有效发展。

（5）提高景区试点的低碳技术质量水平

增加低碳景区试点的数量既能从规模上反映出低碳化的程度和水平，也能代表一程度上的低碳技术水平，但是数量并不能代表质量，低碳水平的高低需要重点衡量其质量，通过评估低碳景区的质量，观察绿色低碳技术实施的效果。政府要计算低碳技术专利的数量，并对技术专利的质量进行检察，根据质量的高低，适当进行奖励，并给予一定的政策支持。制定旅游相关行业准入市场的竞争机制，对旅游市场中出现的各类主体进行资质审查，适当提高旅游产业准入门槛，将信誉差、绿色程度低、能源消耗大的旅游企业排除在外，或者是给予一定时间的整改期限，要求在规定的时间内将企业内部的碳排放量控制在标准内，达到要求即可加入旅游产业联盟，对在组织内的成员企业给予支持，促进企业成员技术创新，鼓励旅游企业转型升级，改善传统的高碳排放旅游业经营模式，促进旅游企业绿色创新质量的优化。

（6）开展低碳景区试点的差异化经营

由于我国是个资源大国，地大物博，不同地区具有不同的地质特色和不同的自然风光，形成了风格迥异的自然风景区，这些风景区有一部分属于已开发资源，还有一部分属于尚未开发资源，政府及各景区应结合自身所处地理位置，对低碳景区试点进行差异化经营，针对不同区域、不同位置、不同省份、不同人文特点建设不同的低碳旅游景点，做到因地制宜，适当开发。针对传统的具有历史气息的人文景观和风光宜人的自然景观，进行低碳节能的方式方法是截然不同的，因此，要"按方抓药"，不能"一刀切"，加强对地方国有企业、高碳排放旅游企业的碳排放能力培养，鼓励中小微企业、旅游企业加强低碳技术创新能力。政府应注意协调统筹资源，加强低碳激励能力，丰富技术手段，改善企业低碳创新的短板，提高旅游企业低碳技术创新意愿，真正为低碳旅游产业助力。

（7）保持自然风景类景区的物种多样性

相较于其他景观绿化方式，自然风光类景区适合栽种花草树木的方式，成本相对更低、低碳效果更好。为减少旅游业碳排放量，可在自然风光类景区内部增加树木的种类和数量，多培育耐寒抗旱的树木和花草。每增加一棵树就会吸收一定数量的二氧化碳，树木等植物的增加对低碳旅游带来正面的作用。因此，应该适量增加景区内部植被的数量，增加植物的种类的丰富度。绿色的植被不仅能对低碳产生正面效应，还有利于人们放松紧张的情绪、缓解压力，给旅游的人们带来极优的体验感，有利于旅游景区实现更高的收益，能够有充足的资金进行低碳的基础建设，形成良性循环，进一步实现物种的多样化和低碳的高效性。另外，收集不同树种的碳汇能力，将数据进行分析测算，可以为不同的自然风光类景区提高碳减排效率提供数据支持。

7.2.5　深化低碳合作交流　重视人才培养培训

（1）开展国际交流合作

在应对全球气候变化、世界低碳经济转型的大背景下，绿色节能低碳的创新发展策略已逐步成为了各国共识。我国低碳旅游的发展要积极加强国际合作研究与开发，引进国外低碳旅游先进技术与发展经验，引入国际先进的低碳管理模式，构建良好的国际化合作交流平台，加大各方对低碳技术研究的支持力度。应当从国家和企业两个层次着手扫除国外低碳技术引进障碍，加强国外先进低碳技术的引进—消化—吸收—再创新。并探索利用政府和社会资本合作（PPP）等模式引进国外资金，进行生态环境保护与修复。在实现技术共享的基础上，推动我国与发达国家和地区在低碳旅游发展领域的经验交流与技术合作，以促进我国旅游业的低碳可持续发展，同时提升我国旅游业在国际上的整体竞争力和影响力。

（2）加强与旅游相关行业的合作

景区可与旅游目的地的交通部门进行合作，建设旅游目的地智能化的交通服务体系，实现交通旅游的低碳化出行目的。在旅游体验消费前引导游客选择公共交通工具，尽量减少私家车的使用，减少碳排放量，降低污染。与能源部门合作，减少景区火力发电的使用，提高风能、水能、太阳能等新能源的利用；与房屋建筑部门、设计部门沟通，建设低碳类型的旅游休闲中心、绿色酒店，例如在旅游目的地中的景区、度假酒店、交通工具、餐饮、旅游装备制造企业，旅游消费品零售店等上下游企业，针对游客在游玩过程中产生的消费链条，逐一对关联产业进行低碳技术升级改造、绿色运营，实现全面的绿色低碳发展。在此过程中，采用合作交流，运用先进技术，实现能源低消耗化、旅游服务低碳化、旅游产品绿色化、景区生态化。

（3）注重旅游产业链协调

在旅游产业低碳化的运行过程中，要注意协调旅游产业链中的相关行业。注意调动旅游产业链低碳发展的积极性，推动旅游相关行业与地方高校、科研机构建立深度的合作关系，利用科研机构先进的技术解决旅游实践过程中存在的问题，加强产教融合的能力，加快低碳技术在旅游行业中的应用，以提高旅游行业的低碳转化能力；在国家重点示范景区建立低碳试点，通过建立低碳参观厅等方式，将低碳渗透于景区的各个环节，使游客享受到沉浸式的低碳体验。同时，要注重生态效益与经济效益的平衡。在旅游产业链中，首先要从源头上保证旅游景区的自然环境，不要过度开发自然资源，不要破坏自然景区的原始生态，尽量保证生物的多样化。利用各大网站、APP平台的大数据，测算游客在进行旅游活动时所涉及的数据，对相关活动的碳排量数据与标准数据进行对比，通过对比，发现过程中碳排放数据所存在的问题，分析其根源，找出依据，并从中找到相应的对策，在此过程中，必须考虑经济效益与生态效益之间的平衡点，寻求游客体验效用和旅游企业经济利益最大化的平衡点，据此做出合理的决策。

（4）改善旅游人才储备的激励措施

低碳旅游的发展离不开科技的创新，科技的创新离不开专业的旅游高端人才，因此旅游人才的培养至关重要。在现阶段，旅游产品竞争力要素不仅包括生态环境、旅游服务、智能化设备，旅游服务人才的竞争是其中关键的要素。目前，低碳旅游处于初步发展阶段，诸多政策、技术服务手段都处于萌芽阶段，因此人才的投入是决定低碳旅游程度的关键因素。加强旅游业人才的培养，激励旅游人才的积极性，强化旅游业人才队伍的梯队建设，是当下极其重要的一环。地方政府要加大人才建设投入力度，制定各种惠及人才的政策，为中高端人才的吸纳制定各种优惠政策，把最优秀的旅游产业人才留下来。健全旅游业工作人员队伍培养机制，提高旅游服务人员的综合素质。建立地方产教融合的模式，将三方主体（政府、企业、高校）相互沟通合作，将学校中旅游专业的学生输入旅游企业，进行实习和服务；将企业的工作人员请到学校，将旅游服务实践内容真正地教给学生。高校及社会培训机构可以开设培训班，政府在技能培训方面要加大资金投入。

（5）丰富人才培养模式

在旅游人才供给侧方面，旅游目的地可以采纳"自主培养+人才引进"的模式。从节约成本的角度来看，对当地的旅游专业学生或居民进行培训通常即可满足旅游地的人才需求。当需要高端人才服务时可以引进国外高端技术人才或重点企业的高管人才，以推进低碳旅游的顺利发展。在此基础上，应加强旅游创新人才的储备策略。如培训一批旅游专业与数字经济的复合型人才，发展旅游目的地的智库。可以根据旅游目的地当地的人文景观特色，发展特色旅游专业教育。在此背景下，各高校应该重点研究人才培养方案，设置合理的教学大纲，安排适当的教学课程，设置合理的课时数，注意理论与实践的结合，将科技与旅游融入课程内容，这样才能培养出高质量的旅游从业人员，提高科技转化能力。在对旅游产业从业人员进行培训过程中，要在地理、旅游、历史、语文、计算机、信息管理系统等方面进行培训，尤其要提升其中的弱项，即科技素养能力，培养复合型人才。在课程设置方面，在当前形势下，高校的课程设置应结合低碳经济和生态经济的相关理论，将地理、管理等课程融入旅游专业课程，并设置综合类学科，扩大在相应专业的招生人数，加大培养力度。此外，旅游目的地要积极制定各项吸引人才的政策，不仅能吸引人来，更重要的是能把人留下来。因此，在人才落户后，要制定一系列的政策，创造公平、诱人的工作环境，设置合理的职称晋升路径。更重要的是，高校要与旅游相关部门良好地对接，实行高校与企业的有效融合，让技术人才对接低碳旅游市场。此外，在国内重点旅游景区定期开展低碳旅游、旅游碳中和等方面的培训，结合线上课程与线下课程，设计"景区低碳在线讲堂"，将低碳技术融入旅游领域，以刺激旅游业低碳发展的内生动力。

7.2.6　加强低碳宣传引导　培养低碳旅游意识

（1）加强低碳环保的思想教育

低碳旅游意识的培养需要从源头抓起，加强人们绿色环保的思想教育，让低碳旅游意识深入人们的内心。首先，政府应将低碳观念融入社会的各个部分，如幼儿园、学校、社区，以及交通运输业、邮政电信业、旅游业、电子信息服务业、餐饮业等各相关产业，使人们提高对低碳消费的基本认知，将低碳视为生活、学习、工作中最常见的一部分，接受低碳环保是保护地球和人类的最基本职责。其次，景区应定期开展低碳主题活动，如生态游、周边游、亲子游等。同时，借助公益文化组织，如地方文学艺术界联合会、社区、妇女联合会和工会组织开展世界低碳日、世界环境日、植树节等活动，提高社区居民低碳消费的理念。最后，政府应对低碳活动中表现优异的企业颁发证书或给予税收优惠，进行减税、免税，以鼓励低碳行为的持续性。定期给居民及企业碳积分或碳红包，以此抵减消费，起到激励作用，营造低碳、绿色、环保的氛围。

（2）提升低碳旅游体验价值的认知度

提升低碳旅游体验价值的认知度，定期从 APP、在线平台或旅游网站了解旅游者或潜在旅游者对于低碳旅游的理解和评价，从体验过低碳旅游的主体的口中去了解他们对于低碳旅游方式的接受度和认可度，或者是去挖掘游客们在体验低碳旅游过程中遇到的问题或困惑，以及让他们体验感较差的情况，以便旅游企业或经营者发现问题，分析原因，并进一步去改善环境，提升游客的体验感。这能够加强相关主体对于低碳旅游的未来规划和改进方向。采用实地调查、深度访谈、问卷、网络爬虫等方式获取相关数据，并采用专门的方法，分析不同因素对于低碳旅游的影响和游客行为，以此掌握人们对低碳旅游的态度，并在此基础上，预测人们感兴趣的关键点，重点挖掘，形成旅游吸引物，吸引更多的人参与低碳旅游活动。

（3）培育正确的低碳消费观

在旅游活动中，旅游者的消费行为意愿和消费偏好影响着低碳旅游活动。因此，低碳旅游的未来发展在一定程度上是由旅游参与者决定的，游客的参与度高，说明低碳旅游发展良好，反之，游客的参与度低，说明低碳旅游的发展态势不好。故而，要想发展低碳旅游，需要重视游客低碳旅游观念的树立，只有能够推广低碳旅游这种旅游方式，将低碳旅游的活动内化于游客的潜意识中，使他们产生低碳旅游的意愿，才能够为下一步的低碳旅游行为产生能动性。低碳意识的培养需要时间去经营，通过加强低碳公益广告的宣传，培养人们的绿色消费价值观念，通过引导人们减碳、零碳，树立低碳的消费观，使人们能正确、理性地对待低碳行为，而不仅是停留在口头上；要让低碳消费真正地落到实处，发挥真正的效用。首先，让人们有意识地进行环保消费，购买可循环使用的商品或服务，通过购买环保产品，能够获取碳积分或碳账户，每次购买同种类型的产品都会在碳账户中获取相应的存款或碳货币。提倡购物少使用塑料袋，使用布袋子、菜篮子、可降解的塑料袋，减少一次性产品的消费，提高居民的低碳消费意识。其次，城市重点推广共享单车、拼车、电动车、租车、地铁等出行服务，外出旅游尽量选择公共出行交通工具，减少自驾车旅游等燃油类出行，尽量实行低碳的交通出行方式。最后，政府机构应发挥主导作用，建立能源节约型标准，节约用水、电、燃气、燃油，实现政府主体的带头作用，以带领其他企业和居民共同建立正确的低碳消费观念。同时，各大中型企业、小微企业、个体工商户推行无纸化办公，推进信息系统建设和数据共享，减少碳排放量。

（4）树立低碳旅游理念

自国内提出"双碳"目标后，各行业陆续开始了低碳化经营的道路，旅游业作为服务业中的重要成员，低碳旅游的重要性不言而喻。为降低温室气体的排放量，旅游业开始了低碳经济发展，为了保证低碳旅游的有效运行，应树立低碳旅游的理念，促成消费者对于低碳思想的接受，推进旅游向低碳化方向努力。加强低碳旅游的传播引导，促进旅游企业与游客接受低碳理念，让游客意识到降低温室气体的排放量对于维护生态平衡、抑制温度上升，起到了至关重要的作用。保护自然环境，保护不可再生资源，是为了维持人类最基本的生活环境，更是为子孙后代造福。在此背景下，采用现代化的技术手段，尽一切可能扩大宣传，将低碳意识植根于企业与旅游个体的思想中，从根本上树立低碳旅游的观念。另外，让广大游客意识到生态环境的破坏程度已经非常严重，对温室气体的控制已经迫在眉睫的事实，突出推行低碳旅游的紧迫性。

（5）提升旅游目的地对低碳旅游的认知度

首先，发挥政府主导的功能，树立低碳旅游的权威性，从政策制定者的角度广泛宣传低碳经济对于地方经济的重要性与可持续性。政府应加强与媒体的交流互动，将政府意志传达至媒体，依靠媒体的宣传性将低碳旅游的思想向地方居民与企业传达，以提升旅游目的地对低碳旅游的认知度，将绿色旅游、低碳消费、生态旅游纳入低碳旅游建设的整体规划之中，贯穿整个旅游供应链；将低碳旅游融入国民的思想意识中，使低碳意识成为基本常识，为未来低碳旅游的发展和可持续性提供支持。其次，旅游行业的引领者与执行者应深刻地意识到低碳旅游的重要性与必要性，认清低碳的发展趋势，及时进入低碳开发的领域，打造低碳服务的新旅游经济模式。最后，旅游行业应及时树立低碳旅游观念，使社会大众早日接受低碳旅游的新模式，能够进一步引导潜在消费者，使消费者产生低碳旅游的消费意愿，形成真正的线下消费，将低碳旅游渗透于游客的日常活动中，使游客从内心深处真正地接纳低碳旅游、享受低碳旅游，并对低碳旅游的美好体验做出评价，并将这种体验分享给更多的潜在消费者，金碑银碑不如口碑，低碳旅游的体验者的宣传能力强于其他任何形式的宣传，因此要促进游客的宣传行为，并以此传播促进低碳旅游的思想。依靠大众的口碑、媒体机构的宣传推广，进一步强化增强旅游者或潜在消费者的低碳意识，使低碳内化成为自觉行动。

7.3　本章小结

本章从旅游交通、旅游住宿、旅游餐饮、旅游景区、旅游产品、旅游者活动及其他利益相关主体方面提出了旅游产业低碳优化模式，并从制定低碳转型设计、扩大政策资金支持、调整旅游产业结构、优化旅游资源配置、提升城市集约水平、完善基础设施建设、加大科技支撑能力、推行低碳景区试点、深化低碳合作交流、重视人才培养培训、加强低碳宣传引导、培养低碳旅游意识等方面提出了旅游产业低碳发展的提升策略，以期助力我国旅游产业低碳转型，加快提高旅游产业低碳发展水平。

第8章 结论与展望

8.1 主要结论

　　旅游业与气候变化息息相关。随着旅游业的升级和旅游市场的扩大，旅游业的碳排放已经成为了全球碳排放不可忽视的重要组成部分。对我国而言，旅游业的低碳转型更是推动和实现"双碳"目标的关键一环。因此，宏观把握我国旅游业二氧化碳排放现状，分析低碳发展效率及其影响因素，是旅游业低碳发展和节能减排的重要前提。本书在对国内和国外相关的学术研究成果进行分析与梳理之后，以可持续发展理论、低碳经济理论、经济增长理论、脱钩理论、效率理论、旅游系统理论、利益相关者理论等理论为指导，运用自下而上法估算了我国旅游产业二氧化碳排放量的时间和空间变化情况，讨论了旅游业二氧化碳排放与旅游经济的脱钩关系，对碳排放约束下我国旅游产业效率与全要素生产率进行了评价，分析了我国低碳旅游产业效率的影响因素，进而提出了我国旅游产业低碳优化模式与提升策略。本书的研究结论主要包括：

　　第一，我国旅游业二氧化碳排放的时空变化。从时序变化的角度来看，旅游业二氧化碳排放的总量自 2000 年的 3795.36 万吨增加到 2019 年的 11777.78 万吨，年均增长率达到了 6.43%；人均旅游业二氧化碳的排放量在整体上呈现下降的态势，由 2000 年的 0.046 吨/人下降到 2019 年的 0.019 吨/人，旅游业二氧化碳排放强度总体上呈现下降趋势。从其构成比例来看，首先是旅游交通，其二氧化碳排放量所占比例最大，有缓慢下降的趋势；其次是旅游住宿，有逐渐增加的趋势；旅游活动所占比例最小，变化相对平稳。从总量变化的情况来看，旅游交通、旅游住宿和旅游活动三个方面的二氧化碳排放量均呈现增加的趋势。其中，旅游交通的二氧化碳排放量与旅游业二氧化碳排放总量在增加态势上保持一致，这说明与旅游交通相关的二氧化碳排放是整个旅游业二氧化碳排放的重要来源。从年平均增长率的角度来看，旅游活动二氧化碳排放的年均增长率最高，这就意味着推动作为旅游活动重要场所的旅游景区实现节能减排和低碳发展对旅游业整体实现低碳发展来说是十分必要的。从空间变化的角度来看，我国旅游业二氧化碳排放量较高的区域大部分集中在北京、上海、广东等东部省份，以及中部地区的一些省份；随着旅游业的不断发展，这些地区旅游业二氧化碳排放量也在持续增加，增幅明显。我国西部地区，如甘肃省、宁夏回族自治区、青海省、西藏自治区等，则是我国旅游业二氧化碳排放量最少的地区。但是随着交通设施的不断改善、旅游接待能力的持续提高及旅游者数量的增多，这些地区旅游业二氧化碳排放量的增长速度较快。

第二，我国旅游业二氧化碳排放与旅游经济的脱钩关系分析。厘清旅游业二氧化碳排放与旅游经济增长之间的脱钩关系，是如何在旅游经济持续增长的基础上实现旅游业低碳发展的关键问题之一。总体来看，自 2000～2019 年，我国旅游业二氧化碳排放与旅游经济发展的脱钩状态一共经历了负脱钩—弱脱钩—负脱钩—强脱钩—弱脱钩多个交替演变的阶段。全部年份的平均脱钩指数为 0.67，旅游业二氧化碳排放量的增长率小于旅游经济的增长率，这也就意味着我国旅游业的二氧化碳排放在整体上已经实现了弱脱钩，表明我国旅游业的经济增长在能源利用方面是有效率的。各省份旅游业二氧化碳的排放量和旅游经济的增长之间存在着弱脱钩和负脱钩两种状态的脱钩关系。其中，西藏、上海、天津、海南、北京等省份旅游业二氧化碳排放与旅游经济发展之间的脱钩指数大于 1，处于负脱钩状态，是旅游业低碳发展的不可取状态。而其他绝大部分地区旅游业二氧化碳排放与旅游经济发展之间的脱钩指数小于 1，处于弱脱钩状态，是旅游业低碳发展的相对理想状态。分析旅游业二氧化碳排放量与旅游经济二者间脱钩关系不断变动的情况，对推动我国旅游业的节能减排意义重大。

第三，碳排放约束下我国旅游产业效率与全要素生产率评价。在不考虑碳排放时，旅游综合效率面临下降的风险，且空间均衡性较差。旅游纯技术效率和旅游规模效率这两个对旅游综合效率分解之后得到的旅游效率均出现了下降态势，所以旅游综合效率也面临持续走低的风险。从空间分布特征来看，北京、天津、上海和浙江等经济强省（市）的旅游综合效率超过了 80%，但甘肃省、青海省、宁夏回族自治区和新疆维吾尔自治区等经济发展相对较弱的地区的旅游综合效率则均处于低于 30% 的水平，旅游综合效率的空间均衡性较差。考虑碳排放的情况下，碳排放约束降低了旅游效率的波动幅度，通过旅游规模效率对不同地区的旅游综合效率表现出不同程度的影响。对比不考虑碳排放时的旅游效率，碳排放约束下的旅游综合效率时序波动较小且空间均衡性得到了提高。旅游纯技术效率前后没有显著变化，旅游综合效率的变化主要由旅游规模效率的变化引起。对比不同地区旅游效率受碳排放约束影响程度的大小可以发现，不考虑碳排放时旅游规模效率较低且碳排放量比较小的地区，如西藏、甘肃、青海和宁夏等受碳排放约束影响较大；不考虑碳排放时旅游规模效率水平较高的地区，如北京、天津、上海和江苏等受碳排放约束的影响则较小。技术进步是碳排放约束下旅游产业全要素生产率提高的关键。本书通过对 Malmquist 指数进行分析得到的结果表明，技术进步对于排放约束下旅游产业全要素生产率提高的贡献最大，纯技术效率也起到了一定的积极作用。尽管整体看来规模效率的变化不太明显，但也限制了旅游产业全要素生产率的进一步提高。

第四，我国低碳旅游产业效率的影响因素分析。使用 Tobit 回归模型分析了产业结构、交通便利程度、经济发展水平、对外开放程度和科技发展水平五个方面的影响因素，结果表明各因素均对旅游效率有不同程度的影响。除对外开放程度对旅游纯技术效率无显著影响，以及科技发展水平对旅游产业规模效率无显著影响这两种情况以外，其余因素则都会对旅游纯技术效率和旅游规模效率产生不同程度的影响。因此，本书分析到的各个因素都对旅游产业的综合效率有不同程度的影响。其中科技发展水平的影响程度最大，产业结构的影响程度最小。正向影响因素多于负向影响因素，且正向影响因素的影响程度普遍高于负面影响因素的影响程度。交通便利程度、经济发展水平和科技发展水平对旅游效率有正向促进作用且影响程度较强，产业结构和对外开放程度这两个影响因素则对我国的旅游效率起到负向影响的作用，但影响程度较弱。

第五，我国旅游产业低碳发展实践的现状与案例分析。分别从政策措施和发展成效双重维度，阐述我国旅游产业低碳发展实践现状。基于背景介绍、低碳发展现状、低碳发展意义和低碳发展对策对露营旅游、康养旅游、民宿旅游和国家公园旅游作为旅游业低碳发展重点类型进行案例分析。首先，露营旅游低碳发展要尊重自然、具有安全保障、实现交通便捷和全面协调，以人为本。其次，康养旅游涉及政府、旅游企业、旅游者、当地社区、非政府组织、社会公众等利益相关主体，这些利益相关者需齐心协力才可以推动康养旅游的低碳发展。再次，民宿旅游需从生态安全、旅游资源、交通和配套设施、宏观布局等方面优先考虑选址布局和节能绿色环保型建筑材料在民宿中的应用，引导消费者低碳行为，制定民宿低碳化运营规章制度，鼓励当地居民带动游客实施低碳行为等。最后，对于国家公园旅游低碳发展，本书提出了加强低碳旅游理念的宣传教育，加强旅游工作人员的培训，引导游客树立低碳旅游观念；积极倡导低碳旅游消费方式，促进低碳旅游产品的开发，合理配置低碳旅游设施，加强低碳技术的研发与应用；完善法律制度体系，依法治理等低碳发展路径和策略。

第六，我国旅游产业低碳优化模式与提升策略。本书从旅游交通、旅游住宿、旅游餐饮、旅游景区、旅游产品、旅游者活动及其他利益相关主体方面提出了旅游产业低碳优化模式，并从制定低碳转型设计、扩大政策资金支持、调整旅游产业结构、优化旅游资源配置、提升城市集约水平、完善基础设施建设、加大科技支撑能力、推行低碳景区试点、深化低碳合作交流、重视人才培养培训、加强低碳宣传引导、培养低碳旅游意识等方面提出了旅游产业低碳发展的提升策略。

8.2　主要创新点

本书的创新点主要体现在两个方面：一是通过多种定量方法精确测量了旅游业二氧化碳排放并分析其与经济增长的关系；二是运用含非期望产出的 DEA 模型和 Tobit 模型评估旅游业效率和揭示影响因素，为旅游业的绿色可持续发展提供了科学依据。

第一，针对旅游业研究的热点和前沿性问题，本书利用自下而上法测算了全国及各省份的旅游业二氧化碳排放量，同时，应用脱钩理论从时间和空间两个层面分析了我国旅游业二氧化碳排放量与旅游经济增长两者之间的关系。前者是探明我国旅游业二氧化碳排放的总量与结构特征的基本方式，后者则是厘清其与旅游经济关系的重要前提之一。

第二，充分考虑了旅游业发展的环境要素约束，将旅游业二氧化碳排放作为非期望产出，将旅游业能源消耗强度作为测算的投入指标，使用考虑非期望产出的 DEA 模型对我国旅游业的产业效率和全要素生产率进行评价，并且从省域层面和是否考虑环境因素等角度进一步通过对比进行分析。同时，利用面板数据 Tobit 模型从时序变化和空间差异特征的角度分析其中存在的影响机制，明晰了能源消耗和碳排放约束等环境要素，以及社会经济等因素对我国旅游产业效率的影响程度。

8.3 研究不足与展望

考虑到旅游产业碳排放的复杂性及数据的局限性，本书基于现有研究，初步评估了旅游业的碳排放和能源消耗量，并分析了其产业效率。然而，为获得更准确的结果，需进一步改进研究方法和数据收集方法。同时，鉴于新冠肺炎疫情对旅游业的冲击，对后续年份的旅游业碳排放和低碳产业效率的研究亦至关重要。

第一，确定旅游产业二氧化碳排放构成比较复杂，缺乏完备的统计数据。由于受到研究方法有限和研究数据难以获取等客观条件的约束，本书在充分参考了国内外现有学术成果的基础上，从旅游交通、旅游住宿、旅游活动三个方面测算我国旅游业的碳排放量和能源消耗量，可能会导致测算结果与实际情况存在一定的偏差。要做出更加准确的计算，还需要进一步改进研究框架和方法，进行更深入的实证调查研究，以获取符合中国国情和旅游业发展实际的关键数据。

第二，限于研究条件，本书借助数据包络分析软件 DEAP2.1 进行了碳排放约束下我国旅游产业效率与全要素生产率评价。未来研究可借助 MaxDEA 软件，并综合运用考虑非期望产出的 Super-SBM 模型，对我国低碳旅游产业效率进行评价。此外还可使用空间计量模型，更深入地揭示规模效应、结构效应和技术效应等对各省份低碳旅游效率的影响，为旅游产业节能减排政策的制定提供更具体、更准确、更符合实践的理论参考。

第三，2020 年新冠肺炎疫情后，旅游业遭到重创，成为受疫情影响最严重的行业之一。考虑数据的可比性，本书的研究时间截至 2019 年，未来可进一步深入研究和继续完善 2020 年以后的我国旅游业二氧化碳排放特征及低碳产业效率。

参考文献

［1］Alastaire S A, Nassibou B, Franck N W. Comparative Countries' Tourism Technical Efficiency Assessment: A Stochastic Output Distance Function Approach ［J］. Scientific African, 2022 (15): e01096.

［2］Alzua-Sorzabal A, Zurutuza M, Rebón F, et al. Obtaining the Efficiency of Tourism Destination Website Based on Data Envelopment Analysis ［J］. Procedia-Social and Behavioral Sciences, 2015 (175): 58-65.

［3］Andersen P, Petersen N C. A Procedure for Ranking Efficient Units in Data Envelopment Analysis ［J］. Management Science, 1993, 39 (10): 1261-1264.

［4］Ane E R, Josep M R. Tourism Indicators and Airports' Technical Efficiency ［J］. Annals of Tourism Research, 2020 (80): 102819.

［5］Assaf A G. Benchmarking the Asia Pacific Tourism Industry: A Bayesian Combination of DEA and Stochastic Frontier ［J］. Tourism Management, 2012, 33 (5): 1122-1127.

［6］Aurkene A, Mikel Z, Fidel R, et al. Obtaining the Efficiency of Tourism Destination Website Based on Data Envelopment Analysis ［J］. Procedia-Social and Behavioral Sciences, 2015 (175): 58-65.

［7］Aurélie C, Nicolas P. On the Determinants of Tourism Performance ［J］. Annals of Tourism Research, 2020 (85): 103057.

［8］Banker R D, Charnes A, Cooper W W. Some Models for Estimating Technical and Scale Inefficiencies in Data Envelopment Analysis ［J］. Management Science, 1984, 30 (9): 1078-1092.

［9］Barros C P. Measuring Efficiency in the Hotel Sector ［J］. Annals of Tourism Research, 2005, 32 (2): 456-477.

［10］Becken S, Patterson M. Measuring National Carbon Dioxide Emissions from

Tourism as a Key Step Towards Achieving Sustainable Tourism [J]. Journal of Sustainable Tourism, 2006, 14 (4): 323-338.

[11] Belle N, Bramwell B. Climate Change and Small Island Tourism: Policy-maker and Industry Perspective in Bbabados [J]. Journal of Travel Research, 2005 (1):32-41.

[12] Bernard F, Khelil T B, Pichon V, et al. The Maldives' 2009 Carbon Audit. Paris: Be Citzen, 2010.

[13] Bernini C, Guizzardi A. Internal and Locational Factors Affecting Hotel Industry Efficiency: Evidence from Italian Business Corporations [J]. Tourism Economics the Business & Finance of Tourism & Recreation, 2010, 16 (4): 883-913.

[14] Brida J G, Deidda M, Pulina M. Tourism and Transport Systems in Mountain Environments: Analysis of the Economic Efficiency of Cableways in South Tyrol [J]. Journal of Transport Geography, 2014 (36): 1-11.

[15] Brouwer R, Brander L, Van Beukering P. A Convenient Truth air Travel Passengers' Willingness to Pay to Offset their CO_2 Emissions [J]. Climatic Change, 2008, 90 (3): 299-313.

[16] Buckley R. Tourism under Climate Change: Will Slow Travel Supersede Short Breaks? [J]. AMBIO, 2011, 40 (3): 328-331.

[17] Cadarso M Á, Gómez N, López L A, et al. Calculating Tourism's Carbon Footprint: Measuring the Impact of Investments [J]. Journal of Cleaner Production, 2016 (111): 529-537.

[18] Castilho D, Fuinhas J A, Marques A C. The impacts of the tourism sector on the eco-efficiency of the Latin American and Caribbean countries [J]. Socio-Economic Planning Sciences, 2021 (78): 101089.

[19] Corne A. Benchmarking and Tourism Efficiency in France [J]. Tourism Management, 2015 (51): 91-95.

[20] Department of Trade and Industry (DTI). Energy White Paper: Our Energy Future-create a Low Carbon Economy [R]. London: The Stationery Office, 2003.

[21] Dubois G, Ceron J P. Tourism and Climate Change: Proposals for a Research Agenda [J]. Journal of Sustainable Tourism, 2006, 14 (4): 399-415.

[22] Dwyer L, Forsyth P, Spurr R. Wither Australian Tourism? Implications of

the Carbon Tax [J]. Journal of Hospitality and Tourism Management, 2012, 19 (1):
15-30.

[23] Erdoǧan S, Gedikli A, Cevik E I, Erdoǧan F. Eco-friendly Technologies,
International Tourism and Carbon Emissions: Evidence from the Most Visited Countries
[J]. Technological Forecasting and Social Change, 2022 (180): 121705.

[24] Fragoudaki A, Giokas D. Airport Performance in a Tourism Receiving Coun-
try: Evidence from Greece [J]. Journal of Air Transport Management, 2016 (52):
80-89.

[25] Fuentes R, Fuster B, Lillo-Bañuls A. A Three-stage DEA Model to Evalu-
ate Learning-teaching Technical Efficiency: Key Performance Indicators and Contextual
Variables [J]. Expert Systems with Applications, 2016 (48): 89-99.

[26] Fuentes R. Efficiency of Travel Agencies: A Case Study of Alicante, Spain
[J]. Tourism Management, 2011, 32 (1): 75-87.

[27] Färe R, Grosskopf S, Norris M. Productivity Growth, Technical Progress,
and Efficiency Change in Industrialized Countries: Reply [J]. The American Economic
Review, 1997, 17 (5): 1040-1044.

[28] Färe R. Productivity Growth, Technical Progress, and Efficiency Change in
Industrialized Countries [J]. The American Economic Review, 1994, 84 (1):
66-83.

[29] Ghosh S. Effects of Tourism on Carbon Dioxide Emissions, A Panel Causali-
ty Analysis with New Data Sets [J]. Environment, Development and Sustainability,
2022 (24): 3884-3906.

[30] Gössling S, Broderick J, Upham P, et al. Voluntary Carbon Offsetting
Schemes for Aviation: Efficiency, Credibility and Sustainable Tourism [J]. Journal of
Sustainable Tourism, 2007, 15 (3): 223-248.

[31] Gössling S, Hall C M. Swedish Tourism and Climate Change Mitigation: An
Emerging Conflict? [J]. Scandinavian Journal of Hospitality and Tourism, 2008,
8 (2): 141-158.

[32] Gössling S, Peeters P, Ceron J P, et al. The Eco-efficiency of Tourism
[J]. Ecological Economics, 2005, 54 (4): 417-434.

[33] Gössling S, Peeters P. Assessing Tourism's Global Environmental Impact

1900-2050 [J]. Journal of Sustainable Tourism, 2015, 23 (5): 639-659.

[34] Gössling S. Carbon Neutral Destinations: A Conceptual Analysis [J]. Journal of Sustainable Tourism, 2009, 17 (1): 17-37.

[35] Gössling S. Global Environmental Consequences of Tourism [J]. Global Environmental Change, 2002 (12): 283-302.

[36] Gössling, S. Calculations of Energy Use in Tourism for 14 Caribbean Countries. In Simpson M C, Clarke J F, Scott D J, et al. CARIBSAVE Climate Change Risk Atlas (CCCRA) [R]. The CARIBSAVE Partnership, DFID and AusAID, Barbados, 2012.

[37] Hadad S, Hadad Y, Malul M, et al. The Economic Efficiency of the Tourism Industry: A Global Comparison [J]. Tourism Economics, 2012, 18 (5): 931-940.

[38] Heintzman P. The Potential for Voluntary Carbon Offset Programs in the Canadian Snow-based Outdoor Recreation Industry [J]. Journal of Outdoor Recreation and Tourism, 2021 (36): 100422.

[39] Higham J, Cohenb S A, Cavaliere C T, et al. Climate Change, Tourist Air Travel and Radical Emissions Reduction [J]. Journal of Cleaner Production, 2016 (111): 336-347.

[40] Kelly J, Williams P W. Modeling Tourism Destination Energy Consumption and Greenhouse Gas Emissions: Whistler, British Columbia, Canada [J]. Journal of Sustainable Tourism, 2007, 15 (1): 67-89.

[41] Kumail T, Ali W, Sadiq F, et al. A Step toward Tourism Development: Do Economic Growth, Energy Consumption and Carbon Emissions Matter? Evidence from Pakistan [J]. Environment, Development and Sustainability, 2022: 1-21.

[42] Kuo N W, Chen P H. Quantifying Energy Use, Carbon Dioxide Emission, and Other Environmental Loads from Island Tourism based on a Life Cycle Assessment Approach [J]. Journal of Cleaner Production, 2009, 17 (15): 1324-1330.

[43] Kytzia S, Walz A, Wegmann M. How can Tourism use Land More Efficiently? A Model-Based Approach to Land-Use efficiency for Tourist Destinations [J]. Tourism Management, 2011, 32 (3): 629-640.

[44] Köksal C D, Aksu A A. Efficiency Evaluation of A-Group Travel Agencies

with Data Envelopment Analysis（DEA）：A Case Study in the Antalya Region，Turkey ［J］. Tourism Management，2007，28（3）：830-834.

［45］Lenzen M，Sun Y Y，Faturay F，et al. The Carbon Footprint of Global Tourism ［J］. Nature Climate Change，2018（8）：522-528.

［46］Lewin A Y，Minton J W. Determining Organizational Effectiveness：Another Look，and An Agenda for Research ［J］. Management Science，1986，32（5）：514-538.

［47］Mair J. Exploring Air Travellers' Voluntary Carbon-Offsetting ［J］. Journal of Sustainable Tourism，2011，19（2）：215-230.

［48］Mardani A，Streimikiene D，Cavallaro F，et al. Carbon Dioxide Emissions and Economic Growth：A Systematic Review of Two Decades of Research from 1995 to 2017 ［J］. Science of The Total Environment，2018（649）：31-49.

［49］McKercher B，Prideaux B，Cheung C，et al. Achieving Voluntary Reductions in the Carbon Footprint of Tourism and Climate Change ［J］. Journal of Sustainable Tourism，2010，18（3）：297-317.

［50］McLennan C J，Becken S，Battyeb R，et al. Voluntary Carbon Offsetting：Who does it? ［J］. Tourism Management，2014（45）：194-198.

［51］Medina F，Gómez I G，Marrero S M. Measuring Efficiency of Sun & Beach Tourism Destinations ［J］. Annals of Tourism Research，2012，39（2）：1248-1251.

［52］Meng S，Pham T. The Impact of the Australian Carbon Tax on the Tourism Industry ［J］. Tourism Economics，2017，23（3）：506-522.

［53］Mishra H G，Pandita S，Bhat A A，et al. Tourism and Carbon Emissions：A Bibliometric Review of the Last Three Decades：1990-2021 ［J］. Tourism Review，2021，77（2）：636-658.

［54］Moutinho V，Costa C，Bento J P C. The Impact of Energy Efficiency and Economic Productivity on CO_2 Emission Intensity in Portuguese Tourism Industries ［J］. Tourism Management Perspectives，2015（16）：217-227.

［55］Nicholls S. Tourism，Recreation and Climate Change ［J］. Annals of Tourism Research，2006，33（1）：275-276.

［56］Oliveira R，Pedro M I，Marques R C. Efficiency and its Determinants in Portuguese Hotels in the Algarve ［J］. Tourism Management，2013（36）：641-649.

［57］ Pace L A. How do Tourism Firms Innovate for Sustainable Energy Consumption? A Capabilities Perspective on the Adoption of Energy Efficiency in Tourism Accommodation Establishments ［J］. Journal of Cleaner Production, 2016 （111）: 409-420.

［58］ Peeters P, Dubois G. Tourism Travel under Climate Change Mitigation Constraints ［J］. Journal of Transport Geography, 2010, 18 （3）: 447-457.

［59］ Reilly J, Williams P, Haider W. Moving towards More Eco-Efficient Tourist Transportation to a Resort Destination: The Case of Whistler, British Columbia ［J］. Research in Transportation Economics, 2010 （26）: 66-73.

［60］ Robaina–Alves M, Moutinho V, Costa R. Change in Energy–Related CO$_2$ （Carbon Dioxide） Emissions in Portuguese Tourism: A Decomposition analysis from 2000 to 2008 ［J］. Journal of Cleaner Production, 2016 （111）: 520-528.

［61］ Rosa M P, José M M, José M G, et al. Analysis of the Role of Innovation and Efficiency in Coastal Destinations Affected by Tourism Seasonality ［J］. Journal of Innovation & Knowledge, 2022, 7 （1）: 100-163.

［62］ Ray S C, Desli E. Productivity Growth, Technical Progress, and Efficiency Change in Industrialized Countries: Comment ［J］. American Economic Review, 1997, 87 （5）: 1033-1039.

［63］ Sellers-Rubio R, Casado-Díaz A B. Analyzing Hotel Efficiency from a Regional Perspective: The Role of Environmental Determinants ［J］. International Journal of Hospitality Management, 2018 （75）: 75-85.

［64］ Simpson M C, Gössling S, Scott D, et al. Climate Change Adaptation and Mitigation in the Tourism Sector: Frameworks, Tools and Practices ［M］. Oxford: Oxford University Press, 2008.

［65］ Stern N. Stern Review on the Economics of Climate Change ［M］. London: Cambridge University Press, 2007.

［66］ Taheri H , Ansari S . Measuring the Relative Efficiency of Cultural-Historical Museums in Tehran: DEA Approach ［J］. Journal of Cultural Heritage, 2013, 14 （5）: 431-438.

［67］ Tang Z, Shang J, Shi C B, et al. Decoupling Indicators of CO$_2$ Emissions from the Tourism Industry in China: 1990–2012 ［J］. Ecological Indicators, 2014

（46）：390-397.

[68] Tang Z, Shang J, Shi C B. Estimation of Carbon Dioxide Emissions and Spatial Variation from Tourism Accommodation in China [J]. Environmental Engineering and Management Journal, 2013, 12 (10): 1921-1925.

[69] Tapio P. Towards a Theory of Decoupling: Degrees of Decoupling in the EU and the Case of Road Traffic in Finland between 1970 and 2001 [J]. Journal of Transport Policy, 2005 (12): 137-151.

[70] Tobin J. Estimation of Relationships for Limited Dependent Variables [J]. Econometrica, 1958, 26 (1): 24-36.

[71] Tol R S J. The Impact of a Carbon Tax on International Tourism [J]. Transportation Research Part D: Transport and Environment, 2007, 12 (2): 129-142.

[72] Tone K. A Slacks-Based Measure of Efficiency in Data Envelopment Analysis [J]. European Journal of Operational Research, 2001, 130 (3): 498-509.

[73] Tsai K T, Lin T P, Hwang R L, et al. Carbon Dioxide Emissions Generated by Energy Consumption of Hotels and Homestay Facilities in Taiwan [J]. Tourism Management, 2014 (42): 13-21.

[74] UNWTO-UNEP-WMO. Climate Change and Tourism: Responding to Global Challenges (Prepared by Scott D, Amelung B, Becken S, et al.) [M]. Madrid: World Tourism Organization, 2008.

[75] UNWTO. Towards a low carbon travel & tourism sector [R] . Report in World Economic Forum: 2009.

[76] Weaver D. Can Sustainable Tourism Survive Climate Change? [J]. Journal of Sustainable Tourism, 2011, 19 (1): 5-15.

[77] Xosé L F, Pablo C, Benito D. The Impact of Tourism on Airport Efficiency: The Spanish Case [J]. Utilities Policy, 2018 (55): 52-58.

[78] Zhu, S J. Modeling Undesirable Factors in Efficiency Evaluation. European Journal of Operational Research [J], 2002, 142 (1): 16-20.

[79] 鲍黎丝. 生态脆弱区旅游民宿低碳可持续发展路径研究 [J]. 产业创新研究, 2019 (12): 196-199.

[80] 蔡萌, 汪宇明. 低碳旅游: 一种新的旅游发展方式 [J]. 旅游学刊, 2010, 25 (1): 13-17.

［81］蔡洋．气候变化对旅游业的影响研究——以南京市为例［D］．南京信息工程大学博士学位论文，2020.

［82］曹芳东，黄震方，徐敏，等．风景名胜区旅游效率及其分解效率的时空格局与影响因素——基于 Bootstrap－DEA 模型的分析方法［J］．地理研究，2015（12）：2395-2408.

［83］曹芳东，黄震方，余凤龙，等．国家级风景名胜区旅游效率空间格局动态演化及其驱动机制［J］．地理研究，2014，33（6）：1151-1166.

［84］曹辉，闫淑君，雷丁菊，等．近十年福建省旅游碳足迹的测评［J］．安全与环境学报，2014，14（6）：306-311.

［85］查建平，王挺之．环境约束条件下景区旅游效率与旅游生产率评估［J］．中国人口·资源与环境，2015，25（5）：92-99.

［86］查建平．旅游业能源消费、CO_2 排放及低碳效率评估［J］．中国人口·资源与环境，2016，26（1）：47-54.

［87］查建平．中国低碳旅游发展效率、减排潜力及减排路径［J］．旅游学刊，2016，31（9）：101-112.

［88］陈海波．旅游概念界定与旅游学科框架构建的一个新视角［J］．旅游学刊，2016，31（4）：62-70.

［89］陈明艺，李娜．中国经济高质量发展绿色检验——基于省级面板数据［J］．上海经济研究，2020（5）：49-59+72.

［90］程占红，徐娇．五台山景区酒店碳排放效率的典范对应分析［J］．地理研究，2018，37（03）：577-592.

［91］蔡萌．低碳旅游的理论与实践——中国案例［D］．华东师范大学博士学位论文，2012.

［92］董红梅．我国不同类型景区旅游效率研究［J］．资源开发与市场，2021，37（10）：1264-1270.

［93］方叶林，黄震方，李东和，等．中国省域旅游业发展效率测度及其时空演化［J］．经济地理，2015，35（8）：189-195.

［94］耿松涛．中国旅游上市公司全要素生产率研究［J］．南京社会科学，2012（5）：15-21.

［95］龚艳，张阳，唐承财．长江经济带旅游业效率测度及影响因素研究［J］．华东经济管理，2016，30（9）：66-74.

［96］古希花.广西旅游业低碳化发展研究［D］.桂林：广西师范大学硕士学位论文，2012.

［97］郭丽佳，李畅，彭红松，等.节能减排约束下中国省域旅游生态效率评估及空间格局研究［J］.地理科学进展，2021，40（8）：1284-1297.

［98］郭向阳，穆学青，丁正山，等.区域旅游交通服务功能对旅游效率的空间溢出效应及其影响机理——以云南省为例［J］.地理与地理信息科学，2021，37（1）：126-134.

［99］郭晓，扶玉枝.国内外民宿研究：综述与展望［J］.全国流通经济，2023（4）：116-120.

［100］国家林业和草原局.LY/T 3189—2020 国家公园资源调查与评价规范［S］.北京：中国标准出版社，2020.

［101］国家统计局.中华人民共和国 2019 年国民经济和社会发展统计公报［EB/OL］.［2020－02－28］，http：//www.stats.gov.cn/tjsj/zxfb/202002/t20200228_1728913.html.

［102］韩春鲜，马耀峰.旅游业、旅游业产品及旅游产品的概念阐释［J］.旅游论坛，2008，1（1）：6-10.

［103］韩国圣，李辉，Alan Lew.成长型旅游目的地星级饭店经营效率空间分布特征及影响因素——基于 DEA 与 Tobit 模型的实证分析［J］.旅游科学，2015，29（5）：51-64.

［104］韩元军，吴普，林坦.基于碳排放的代表性省份旅游产业效率测算与比较分析［J］.地理研究，2015，34（10）：1957-1970.

［105］何俊阳，贺灵，邓淇中.泛珠三角区域入境旅游发展效率评价及影响因素［J］.经济地理，2016，36（2）：195-201.

［106］何俊阳，贺灵，刘中艳.省域旅游业运营效率及其影响因素的实证分析［J］.求索，2015（4）：99-103.

［107］何良安.湖南民宿产业的高质量发展：现状、问题与对策［J］.湖南行政学院学报，2021（3）：102-112.

［108］华旅兴."旅游外交"热词：低碳旅游与健康旅游［EB/OL］.［2018－04－16］，https：//baijiahao.baidu.com/s？id=1597869382496783152&wfr=spider&for=pc.

［109］胡永宏，路芳.数据无量纲化和指标相关性对 DEA 评价结果的影响

研究 [J]. 经济统计学, 2017 (2): 56-72.

[110] 胡志毅. 基于 DEA-Malmquist 模型的中国旅行社业发展效率特征分析 [J]. 旅游学刊, 2015, 30 (5): 23-30.

[111] 黄文胜. 论低碳旅游与低碳旅游景区的创建 [J]. 生态经济, 2009 (11): 100-102.

[112] 黄远水, 宋子千. 论旅游业的概念、范围与层次 [J]. 河北工程大学学报 (社会科学版), 2007, 24 (2): 8-10+13.

[113] 江进德, 马晓森, 白如山, 等. 中部地区旅游碳排放的测度及其时空演化分析 [J]. 阜阳师范大学学报 (自然科学版), 2022, 39 (1): 77-83.

[114] 蒋金荷. 中国碳排放量测算及影响因素分析 [J]. 资源科学, 2011, 33 (4): 597-604.

[115] 焦庚英, 郑育桃, 叶清. 江西省旅游业能耗及 CO_2 排放的时空特征 [J]. 中南林业科技大学学报, 2012 (10): 105-112.

[116] 金春雨, 王伟强. 环境约束下中国旅游业动态效率的测算与分析——基于三阶段 Malmquist 指数模型的实证分析 [J]. 技术经济, 2014, 33 (12): 46-53.

[117] 李风琴, 李江风, 胡晓晶. 鄂西生态文化旅游圈碳足迹测算与碳效用研究 [J]. 安徽农业科学, 2010, 38 (29): 16444-16445+16569.

[118] 李根, 刘家国, 李天琦. 考虑非期望产出的制造业能源生态效率地区差异研究——基于 SBM 和 Tobit 模型的两阶段分析 [J]. 中国管理科学, 2019, 27 (11): 76-87.

[119] 李晖. 三峡库区重庆段低碳旅游发展效率研究 [D]. 重庆师范大学硕士学位论文, 2017.

[120] 李江帆, 李美云. 旅游产业与旅游增加值的计算 [J]. 旅游学刊, 1999 (5): 16-19.

[121] 李锦宏, 肖林. 区域生态效率与旅游产业效率的耦合协调及时空分异——以贵州省 9 个市 (州) 为考察样本 [J]. 生态经济, 2022, 38 (4): 121-127.

[122] 李鹏, 杨桂华, 郑彪, 等. 基于温室气体排放的云南香格里拉旅游线路产品生态效率 [J]. 生态学报, 2008, 28 (5): 2207-2219.

[123] 李倩, 陶玉国, 庄同宁. 中国旅游业碳标签体系构建研究 [J]. 资源

开发与市场，2017，33（10）：1249-1253.

[124] 李琼. 全域旅游视域下的民宿设计浅析 [J]. 西部皮革，2017，39（22）：92.

[125] 李志勇. 旅游景区服务提供效率评价方法——一个低碳经济视角 [J]. 软科学，2013，27（6）：140-144.

[126] 刘斌. 环境友好型房车露营地规划设计研究 [D]. 上海交通大学硕士学位论文，2017.

[127] 刘长生. 低碳旅游服务提供效率评价研究——以张家界景区环保交通为例 [J]. 旅游学刊，2012，27（3）：90-98.

[128] 刘德谦. 旅游学科建设断想 [J]. 旅游学刊，2019，34（12）：3-5.

[129] 刘军，问鼎，童昀，等. 基于碳排放核算的中国区域旅游业生态效率测度及比较研究 [J]. 生态学报，2019，39（6）：1979-1992.

[130] 刘军，岳梦婷. 区域旅游业碳排放及其影响因素——基于旅游流动性视角 [J]. 中国人口·资源与环境，2021，31（7）：37-48.

[131] 刘蕾，焦健，戴彦德. 酒店行业节能调查与分析 [J]. 中国能源，2012，34（11）：17-20.

[132] 刘人怀，刘小同，文彤. 系统论视角下旅游学科提升发展的思考 [J]. 旅游学刊，2019，34（12）：1-3.

[133] 刘桐. 湖南地区民宿类型及其空间形态特征研究 [D]. 湖南大学硕士学位论文，2019.

[134] 刘啸. 论低碳经济与低碳旅游 [J]. 中国集体经济，2009（13）：154-155.

[135] 刘益. 中国酒店业能源消耗水平与低碳化经营路径分析 [J]. 旅游学刊，2012，27（1）：83-89.

[136] 刘雨婧，唐健雄. 中国旅游业绿色发展效率时空演变特征及影响机理 [J]. 自然资源学报，2022，37（3）：681-700.

[137] 罗晓黎，闵剑. 基于超效率 DEA 的星级酒店经营绩效评价 [J]. 财会通讯，2015（17）：24-27.

[138] 马晓龙，保继刚. 中国主要城市旅游效率影响因素的演化 [J]. 经济地理，2009，29（7）：1203-1208.

[139] 马勇，杨洋. 低碳旅游价值解读及发展模式重构 [J]. 生态经济，

2015，31（3）：122-125.

［140］毛伟娟，解丹．基于低碳理念的民宿设计策略浅析：以莫干山裸心谷民宿为例［J］．建筑节能，2019，47（5）：86-89.

［141］彭佳雯，黄贤金，钟太洋，等．中国经济增长与能源碳排放的脱钩研究［J］．资源科学，2011，33（4）：626-633.

［142］潘家华，庄贵阳，郑艳，等．低碳经济的概念辨识及核心要素分析［J］．国际经济评论，2010（4）：88-101+5.

［143］覃道爱，李兴发．基于 SBM-Undesirable 模型的我国农村信用社改革绩效评价［J］．金融研究，2009（10）：193-206.

［144］人民网．把握充电桩建设新机遇（人民时评）［EB/OL］．［2020-01-18］，https：//baijiahao. baidu. com/s？id=1675321184900229304&wfr=spider&for=pc.

［145］人民网．广元市朝天区荣获"中国最佳生态康养旅游名区"［EB/OL］．［2024-04-25］http：//sc. people. cn/n2/2024/0425/c407319-40823730. html.

［146］人民网．贵州：强化基础注重创新 文旅复苏动能强劲［EB/OL］．［2023-01-14］http：//gz. people. cn/n2/2023/0114/c222152-40266782. html.

［147］任毅，刘婉琪，赵珂，等．中国旅游上市公司经营效率的测度与评价——基于混合 DEA 模型的实证分析［J］．旅游学刊，2017，32（7）：27-36.

［148］三亚日报数字报．三亚旅游低碳转型初见成效［EB/OL］．三亚市人民政府，［2022-07-22］，https：//www. sanya. gov. cn//sanyasite/syyw/202207/2966f0b525cb40068fd21bbf00bb4b67. shtml.

［149］邵海琴，王兆峰．长江经济带旅游业碳排放效率的综合测度与时空分异［J］．长江流域资源与环境，2020，29（8）：1685-1693.

［150］石培华，吴普，冯凌，等．中国旅游业减排政策框架设计与战略措施研究［J］．旅游学刊，2010，25（6）：13-18.

［151］石培华，吴普．中国旅游业能源消耗与 CO_2 排放量的初步估算［J］．地理学报，2011，66（2）：235-243.

［152］时朋飞，耿飚，李星明，等．长江经济带旅游业环境生产率测度、空间分异及驱动机制研究［J］．中国软科学，2022，375（3）：78-87+111.

［153］宋瑞．我国生态旅游利益相关者分析［J］．中国人口·资源与环境，

2005（1）：39-44.

［154］宋增文．基于投入产出模型的中国旅游业产业关联度研究［J］．旅游科学，2007，21（2）：7-12.

［155］孙燕燕．上海市旅游碳排放估算及其效应分解［J］．地域研究与开发，2020，39（1）：122-126.

［156］汤姿．旅游业碳排放测算及其与经济增长的脱钩分析［J］．统计与决策，2015（2）：117-120.

［157］汤姿．中国旅游业二氧化碳排放测算及其低碳发展评价研究［M］．北京：旅游教育出版社，2015.

［158］唐承财，查建平，章杰宽，等．高质量发展下中国旅游业"双碳"目标：评估预测、主要挑战与实现路径［J］．中国生态旅游，2021，11（4）：471-497.

［159］唐承财，钟林生，成升魁．我国低碳旅游的内涵及可持续发展策略研究［J］．经济地理，2011，31（5）：862-867.

［160］陶玉国，黄震方，吴丽敏，等．江苏省区域旅游业碳排放测度及其因素分解［J］．地理学报，2014，69（10）：1438-1448.

［161］陶玉国，张红霞．江苏旅游能耗和碳排放估算研究［J］．南京社会科学，2011（8）：151-156.

［162］陶卓民，薛献伟，管晶晶．基于数据包络分析的中国旅游业发展效率特征［J］．地理学报，2010，65（8）：1004-1012.

［163］涂玮，刘钦普．华东地区旅游碳排放与碳承载力关系研究［J］．生态经济，2021，37（11）：144-149+155.

［164］汪清蓉．城市旅游业 CO_2 排放量估算研究——以深圳市为例［J］．地理与地理信息科学，2012，28（5）：104-109.

［165］吴必虎．旅游系统：对旅游活动与旅游科学的一种解释［J］．旅游学刊，1998（1）：20-24.

［166］王慧．东北旅游景区效率的时空差异分析与路径选择——基于优质旅游有效供给［J］．社会科学家，2019（12）：70-76.

［167］王慧英．基于管理与环境视角的中国旅游效率研究［J］．旅游科学，2014，28（5）：31-40+53.

［168］王凯，甘畅，欧艳，等．旅游景区低碳行为绩效及其驱动机制——以

世界遗产地张家界为例［J］. 应用生态学报，2019，30（1）：266-276.

［169］王凯，李娟，席建超. 中国旅游经济增长与碳排放的耦合关系研究［J］. 旅游学刊，2014，29（6）：24-32.

［170］王凯，刘依飞，甘畅. 旅游产业集聚对旅游业碳排放效率的空间溢出效应［J］. 生态学报，2022（10）：1-10.

［171］王凯，夏莉惠，陈勤昌，等. 基于空间聚类分析的中国旅游业碳排放效率［J］. 环境科学研究，2018，31（3）：419-427.

［172］王凯，易静，肖燕，等. 中国旅游产业集聚与产业效率的关系研究［J］. 人文地理，2016（2）：120-127.

［173］王坤，黄震方，曹芳东. 中国旅游业碳排放效率的空间格局及其影响因素［J］. 生态学报，2015，35（21）：7150-7160.

［174］王立国，廖为明，黄敏，等. 基于终端消费的旅游碳足迹测算——以江西省为例［J］. 生态经济，2011（5）：120-124.

［175］王淑新，王根绪，方一平. 中国旅游交通的能源效率及其影响因素（英文）［J］. Journal of Resources and Ecology，2016，7（4）：246-253.

［176］王玉海. "旅游"概念新探——兼与谢彦君、张凌云两位教授商榷［J］. 旅游学刊，2010，25（12）：12-17.

［177］王云燕. 低碳经济视角下促进旅游经济发展的有效路径探索［J］. 商场现代化，2021（14）：135-137.

［178］王兆峰，孙姚. 长江中游城市群旅游产业集聚对生态效率影响及区域差异分析［J］. 长江流域资源与环境，2021，30（4）：796-807.

［179］王梓瑛，王兆峰. 碳排放约束下长江经济带旅游产业效率的时空演化及影响因素研究［J］. 长江流域资源与环境，2021，30（2）：280-289.

［180］魏卫，袁靖靖，李沐纯. 饭店业低碳技术扩散障碍因素的实证研究——以粤港澳饭店业为例［J］. 中国·人口资源与环境，2013，23（2）：66-71.

［181］魏艳旭，孙根年，马丽君，等. 中国旅游交通碳排放及地区差异的初步估算［J］. 陕西师范大学学报（自然科学版），2012，40（2）：76-84.

［182］文化和旅游部. 中华人民共和国文化和旅游部2019年文化和旅游发展统计公报［EB/OL］.［2020-06-20］，http：//zwgk. mct. gov. cn/zfxxgkml/tjxx/202012/t20201204_906491. html.

［183］吴芳梅，曾冰．环境约束下民族地区旅游经济效率及其影响因素研究［J］．经济问题探索，2016（7）：177-184.

［184］吴贤贤，范洪军．海南热带雨林国家公园低碳旅游产品开发研究［J］．旅游纵览，2023（5）：80-82.

［185］武孟哲．复合型汽车露营地规划设计研究——以南京金牛湖峨眉山汽车露营地规划设计为例［D］．南京农业大学硕士学位论文，2016.

［186］武瑞杰．旅行社技术效率和全要素生产率变化研究——基于2001～2010年省际面板数据［J］．云南民族大学学报（哲学社会科学版），2013，30（4）：93-99.

［187］席建超，赵美风，吴普，等．国际旅游科学研究新热点：全球气候变化对旅游业影响研究［J］．旅游学刊，2010，25（5）：86-92.

［188］肖建红，于爱芬，王敏．旅游过程碳足迹评估——以舟山群岛为例［J］．旅游科学，2011，25（4）：58-66.

［189］谢春山，王恩旭，朱易兰．基于超效率DEA模型的中国五星级酒店效率评价研究［J］．旅游科学，2012，26（1）：60-71.

［190］谢园方，赵媛．长三角地区旅游业能源消耗的 CO_2 排放测度研究［J］．地理研究，2012，31（3）：429-437.

［191］新华网．打通最长一"横"我国"八纵八横"高铁网加密成型［EB/OL］．［2021-02-17］，http：//m.xinhuanet.com/bj/2021-02-17/c_1127107644.htm.

［192］新华网．习近平就气候变化问题复信英国小学生［EB/OL］．［2022-04-21］，http：//www.xinhuanet.com/world/2022-04-21/c_1128582449.htm.

［193］熊元斌，陈震寰．我国低碳旅游发展中存在的问题与对策［J］．生产力研究，2014（12）：87-90.

［194］徐国泉，刘则渊，姜照华．中国碳排放的因素分解模型及实证分析：1995-2004［J］．中国人口·资源与环境，2006（6）：158-161.

［195］徐文婕．乡村振兴背景下我国民宿产业的研究及发展建议［J］．商业经济，2023（6）：127-131.

［196］阎友兵，张颖辉．基于自组织理论的湖南旅游系统演化分析［J］．经济地理，2012，32（1）：171-176.

［197］杨存栋，王雪．内蒙古旅游业碳排放估算及低碳化发展策略研究

[J]. 生态经济，2014，30（3）：168-170.

[198] 杨璐，章锦河，钟士恩，等. 山岳型景区酒店碳足迹效率及影响因素分析 [J]. 生态经济，2015，31（3）：126-130.

[199] 杨嵘，常烜钰. 西部地区碳排放与经济增长关系的脱钩及驱动因素 [J]. 经济地理，2012，32（12）：34-39.

[200] 姚治国，陈田，尹寿兵，等. 区域旅游生态效率实证分析——以海南省为例究 [J]. 地理科学，2016，36（3）：417-423.

[201] 尹敬东，穆明娟，周兵. 能源消耗、碳排放与经济增长的脱钩：来自江苏的证据 [J]. 南京财经大学学报，2012（1）：6-12.

[202] 虞虎，朱冬芳，周彬. 不同所有权旅游酒店效率演化特征——以海口为例 [J]. 安徽师范大学学报（自然科学版），2015，38（2）：180-185.

[203] 虞佳玮. 我国民宿行业发展阶段及创新规律 [J]. 中国外资，2021（24）：61-63.

[204] 袁宇杰，蒋玉梅. 基于投入产出分析的旅游碳排放核算——以山东省为例 [J]. 中南林业科技大学学报（社会科学版），2013，7（3）：1-5+8.

[205] 远萌. 1997-2010年中国入境旅游碳排放估算及影响因素分析 [D]. 南京师范大学硕士学位论文，2012.

[206] 岳立，雷燕燕，王杰. 中国省域旅游业碳排放效率时空特征及影响因素分析 [J]. 统计与决策，2020，36（16）：69-73.

[207] 曾贤刚，朱留财，吴雅玲. 气候谈判国际阵营变化的经济学分析 [J]. 环境经济，2011（Z1）：39-48.

[208] 张朝枝，张捷，苏明明，孙业红，邹统钎. 遗产旅游的概念与内涵——"重新认识遗产旅游"系列对话连载（一）[J]. 旅游论坛，2021，14（1）：1-9.

[209] 张大鹏，吴桐，高志勤. 中国旅行社业经营效率测度及营商环境的影响研究 [J]. 旅游导刊，2021，5（3）：38-63.

[210] 张海燕，杜瑶瑶. 基于DEA模型旅游上市公司业绩评价与经营效率分析 [J]. 湖南文理学院学报（自然科学版），2020，32（2）：6-11+59.

[211] 张鸿睿. 风景名胜区中露营地的规划设计研究 [D]. 南京林业大学硕士学位论文，2017.

[212] 张厚美. 广元打造"生态康养旅游"市 [J]. 环境教育，2017

（Z1）：90-91.

[213] 张凌云. 国际上流行的旅游定义和概念综述——兼对旅游本质的再认识 [J]. 旅游学刊，2008，23（1）：86-91.

[214] 章祥荪，贵斌威. 中国全要素生产率分析：Malmquist 指数法评述与应用 [J]. 数量经济技术经济研究，2008（6）：111-122.

[215] 赵先超，朱翔. 湖南省旅游业碳排放的初步估算及脱钩效应分析 [J]. 世界地理研究，2013，22（1）：166-175+129.

[216] 赵兴国，潘玉君，赵庆由，等. 科学发展视角下区域经济增长与资源环境压力的脱钩分析——以云南省为例 [J]. 经济地理，2011，31（7）：1196-1201.

[217] 赵永红. 基于低碳环保理念的民宿室内设计创新研究 [J]. 环境工程，2023，41（1）：282-283.

[218] 甄翌. 旅游生态效率评估——基于生态足迹和碳足迹的比较研究 [J]. 林业经济问题，2014，34（5）：474-480.

[219] 中国饭店协会. 喜临门·第五届中国国际饭店业大会暨 2020 中国绿色饭店年会在海南召开 [EB/OL].（2020-11-28），http：//www.chinahotel.org.cn/forward/enterSecondDary.do？id = b92ba90011ef4de3a786d86fbe161f20&childMId1 = b92ba90011ef4de3a786d86fbe161f20&childMId2 = &childMId3 = &contentId = 0cb6c1a3d6c54ebca5158a43a2207cc7.

[220] 中国旅游报. 2025 年户外运动营地核心市场规模将超 2900 亿 [EB/OL]. 中华人民共和国文化和旅游部，[2023-11-03]，https：//www.mct.gov.cn/preview/whzx/zsdw/zglyyjy/202311/t20231103_949506.html.

[221] 中国旅游新闻网. 绿色、生态、可持续，酒店环保行动进行时 [EB/OL].（2021-03-04），http：//www.ctnews.com.cn/jdzs/content/2021-03/04/content_98873.html.

[222] 中国民用航空局. "十三五"民航节能减排巡礼：坚持绿色发展 守护蓝天白云 [EB/OL].（2020-11-07），http：//www.caac.gov.cn/XWZX/MHYW/202011/t20201107_205164.html.

[223] 中国气象报社. 中国气候变化蓝皮书（2022）发布全球变暖趋势仍持续 2021 年我国多项气候变化指标打破观测纪录 [EB/OL]. 中国气象局，[2022-08-03]，https：//www.cma.gov.cn/2011xwzx/2011xqxxw/2011xqxyw/

202208/t20220803_5016624. html.

［224］中国质量报. 全国首部乡村民宿服务认证标准在浙江发布 46 家德清民宿获首批服务认证证书［EB/OL］. 国家认证认可监督管理委员会，［2023-02-28］https：//www. cnca. gov. cn/xwjj/xydt/art/2023/art_ a9fb04e599f44e0190d52cea 10049a8a. html.

［225］钟林生，唐承财，成升魁. 全球气候变化对中国旅游业的影响及应对策略探讨［J］. 中国软科学，2011（2）：34-41.

［226］钟永德，李世宏，罗芬. 旅游业对气候变化的贡献研究进展［J］. 中国人口·资源与环境，2013，23（3）：158-164.

［227］周敏锐. 基本 DEA 的长江经济带星级酒店经营效率测算［J］. 财会通讯，2020（24）：106-110.

［228］朱磊，胡静，周葆华，徐燕，陈国磊，李燕楠. 中国省域森林公园旅游发展效率测度及其时空格局演化［J］. 长江流域资源与环境，2017，26（12）：2003-2011.

［229］朱璇，刘明. 滨海旅游业应对气候变化策略与实践［J］. 海洋开发与管理，2016，33（1）：57-64.

［230］左冰，保继刚. 1992-2005 年中国旅游业全要素生产率及省际差异［J］. 地理学报，2008（4）：417-427.

后　记

习近平总书记提出"纵观人类文明发展史，生态兴则文明兴，生态衰则文明衰。工业化进程创造了前所未有的物质财富，也产生了难以弥补的生态创伤。杀鸡取卵、竭泽而渔的发展方式走到了尽头，顺应自然、保护生态的旅游发展昭示着未来"。

取之有度，用之有节，则常足。随着生态文明理念逐步深入人心，人们的节约意识、环保意识、生态意识不断增强，回收利用、节能减排等绿色低碳生产生活方式越来越成为社会风尚。通过"光盘行动"，全社会节约粮食、尊重劳动的观念加深，"文明餐桌"蔚然成风；在每年"地球一小时"活动期间，越来越多的人参与其中，关上不必要的照明设备和耗电产品，为地球减负共同行动。自推行垃圾分类以来，截至 2022 年底，我国已有 297 个地级以上城市全面实施生活垃圾分类，居民小区平均覆盖率达到 82.5%，垃圾资源化利用水平实现较大提升。出行方面，人们对新能源汽车消费意愿持续升温，新能源汽车销量占汽车新车总销量的 1/4 以上。实现绿色、低碳、可持续发展，归根结底是要解决好经济社会的发展方式和生活方式问题，这是一个需要国家、社会、企业、个人各方共同努力、共同推动、共同实践、共享未来的过程。

低碳旅游顺应时代需求大势，是旅游业发展的必然趋势。随着疫情的结束，旅游业的逐步复苏，带来了碳排放量的增加，旅游业对气候变化的影响议题再次受到关注。笔者从 2010 年开始进行与低碳旅游相关的论文与课题研究，在博士论文《我国旅游业二氧化碳排放测算及其低碳发展评价研究》的基础上，以旅游产业低碳化发展作为博士后的研究方向，最终研究成果形成了此书。本书定稿之际，适逢第 12 个全国低碳日，2024 年的主题是"绿色低碳　美丽中国"。随着生态文明建设和"双碳"目标的推进，低碳理念和行为已逐渐与日常生活相融合。徒步、骑行、露营、城市漫游等体验式旅游产品也越来越受到青睐，人们正积极地践行绿色低碳生产生活方式，共同推动旅游业绿色低碳发展。

　　此书完成之际，首先感谢我的博士后合作导师哈尔滨商业大学管理学院白世贞教授，从出站报告的选题、构思到成文，都给予了精心指导和悉心鼓励。白院长严谨的治学风范、深厚的理论功底、高度的责任感、诲人不倦的态度都给我很深的影响和启迪，使我终身受益。感谢哈尔滨商业大学旅游烹饪学院石长波教授、陶萍教授、张培茵教授、孙静教授、李晓阳教授，以及各位同事对我工作、学习和生活上给予的无限关怀和鼓励！感谢硕士生黄天玥、王卫丽、薛宇豪在本书写作过程中给予的支持和帮助！在本书写作过程中，参考了众多专家学者的相关著作和论文中的研究理论、研究思路、研究方法等，在此表示崇高的敬意和衷心的感谢！

　　感谢中国博士后科学基金资助项目、黑龙江省政府博士后资助项目、哈尔滨商业大学在站博士后科研支撑计划项目对本书的支持。

　　本书是对前段工作的总结和梳理。由于时间、精力和水平有限，对有些问题的分析还不够细致和充分，有待今后进一步加以完善。对于本书中的不足之处，恳请学界、业界同仁不吝斧正。

　　心之所向，欣然往之；念念不忘，必有回响。凡是过往，皆为序章；凡是未来，皆有可期。希望我们每个人都能成为低碳旅游的参与者、贡献者、引领者。

汤姿

2024 年 7 月于哈尔滨